3D 프린터를 활용한 무한상상 창조교실

3D 프린터를 활용한

무한상상 창조교실

이성웅 지음

BM 성안당

www.cyber.co.kr

3D 프린터를 활용한
무한상상 창조교실

2015. 10. 12. 1판 1쇄 인쇄
2017. 2. 6. 1판 2쇄 발행

저자와의
협의하에
검인생략

지은이 | 이성웅
펴낸이 | 이종춘
펴낸곳 | **BM** 주식회사 **성안당**
주소 | 04032 서울시 마포구 양화로 127 첨단빌딩 5층(출판기획 R&D 센터)
　　　 10881 경기도 파주시 문발로 112 출판문화정보산업단지(제작 및 물류)
전화 | 02) 3142-0036
　　　 031) 950-6300
팩스 | 031) 955-0510
등록 | 1973. 2. 1. 제406-2005-000046호
출판사 홈페이지 | www.cyber.co.kr
내용문의 | inoom2794@naver.com
ISBN | 978-89-315-5437-3 (13000)
정가 | 18,000원

이 책을 만든 사람들
책임 | 최옥현
진행 | 최창동, 최재석
본문·표지 디자인 | 앤미디어
홍보 | 박연주
국제부 | 이선민, 조혜란, 고운채, 김해영, 김필호
마케팅 | 구본철, 차정욱, 나진호, 이동후, 강호묵
제작 | 김유석

머리말

새로운 시대의 혁명! 제3차 산업혁명이라고 불리는 3D 프린터!

최근 국·내외의 모든 매스컴에서 3D 프린터에 대한 방송과 신문기사가 쏟아져 나오고 있습니다. 또한 전시회나 각종 세미나에서 3D 프린터에 대해 많은 시연과 정보가 나오고 있습니다. 하지만 현재 3D 프린터 교재는 어려운 조립과정이나 난이도가 높은 고급 모델링(3DMAX, 인벤터)을 이용하여 전문가 또는 대학생들을 위한 시제품 교재가 대부분인 실정입니다.

이로 인해 처음 3D 프린터를 접하는 학생들의 눈높이에 맞춘 쉽고 빠른 길잡이가 될 만한 교재로 학생들의 갈증을 해소시키고자 노력하였습니다. 쉽게 배우고 익힐 수 있는 그런 교재가 필요한 시점입니다.

"3D 프린터를 활용한 무한상상 창조교실"은 이러한 요구에 맞는 구성과 내용을 담고 있습니다.

- 3D 프린터와 고급 모델링을 몰라도 쉽게 보고 따라할 수 있는 교재!
- 많은 내용의 글보다는 따라하기 해설과 이미지로 쉽게 이해할 수 있는 교재!
- 따라하기만 하면 세상에 없는 자신만의 창작제품을 만들어 낼 수 있는 교재!

상상력이 가장 풍부한 초·중·고 학생들의 기발한 아이디어뿐만 아니라 3D 프린터의 초보자들도 단순 조립의 틀에서 벗어나 무한한 상상력을 펼칠 수 있도록 도움을 주기 위한 징검다리 역할에 그 목적이 있습니다. 자신의 아이디어로 계획하고 발명함에 있어서 실물제품을 만들기 어려운 이들에게 즐겁게 상상하고 겁 없이 도전하며, 만들고, 표현하는 즐거움을 주고 싶었습니다. 이제 생각이 현실이 되는 세상에서 뒤처지지 않고 선도할 수 있는 인재를 만들기 위한 첫걸음이 시작되었습니다. 끝까지 믿고 꾸준히 학습해 주시길 바랍니다.

끝으로 기발한 상상력을 제공하는 사랑하는 딸 아라와 아내에게 고마운 마음을 전하며, 특히 바머스코리아 오동철대표, 부산평생교육원의 남문원대표, 3D창의개발지원센터 김창구 연구원 및 ㈜이조 대표이사와 임직원 외 많은 분들의 도움에 다시 한번 깊은 감사를 드립니다.

지니램프/3D창의개발지원센터 대표, 저자 **이 성 웅**

추천사

RECOMMENDATION

이 책은 다가오는 시대에 빠르게 적응할 청소년의 필독서이다. 청소년에게 빠른 정보의 습득은 매우 중요하다. 빌게이츠가 고등학교에서 당시 첨단매체였던 컴퓨터를 접한 이후 인류 전체 사회와 개개인의 인생을 획기적으로 바꾼 사실은 시사하는 바가 크다. 이런 이유로 청소년에게 새로운 정보와 기술을 빠르고 쉽게 접하게 하는 것은 개인의 인생과 인류 전체의 발전을 가져온다.

이미 선진국에서 기술이 개발된 지 30년이 된 3D 프린팅 기술이 우리 사회에서 최첨단의 정보기술로 인식되는 상황에서 빠르고 쉬운 청소년을 위한 3D 프린팅 교재 개발은 필수적이다.

3D 프린팅은 디지털카메라로 찍은 사진을 프린터로 인쇄하듯이 각종 상품의 설계도를 내려받아 3차원의 입체적인 물건을 인쇄하는 기술로, 저자가 직접 학생들을 상대로 교육을 한 결과 미래의 기술을 빠르고 쉽게 배우며 간단한 부품 등을 손쉽게 제작해 볼 수 있었다는 학생들의 호평이 있었다.

이 책은 체계적이며 쉽게 청소년이 3D 프린팅 기술을 접해볼 수 있는 좋은 교재로, 풍부한 교육 경험을 바탕으로 한 그림과 쉬운 설명으로, 첨단으로 인식되는 3D 프린팅을 빠르게 습득하여 우리 사회를 변화시킬 수 있는 좋은 교재로 적극 추천한다.

부산광역시 건국중 교사 **손은주**

인간의 지식발달과 함께 산업발전은 그 맥을 같이 하며 삶의 질을 향상해온 큰 흐름이며 끝없는 도전의 역사이다. 오늘날도 과학의 발전과 그 시도는 끝없는 진화를 위한 용트림처럼 세계 각처에서 변화와 융·복합을 거쳐 새로운 패러다임을 생산하는 놀랍고도 스피디한 현실 속에 하루하루를 살아가고 있다.

영국의 산업혁명을 거쳐 컴퓨터의 등장은 우리 인간이 이룩한 위대한 업적과 인간의 삶을 업그레이드한 실로 가공할 만한 변화를 가속화시켰다. 이에 못지않은 새로운 발명인 3D와 드론은 인간의 또 다른 변화와 새로운 도전의 출발점에 우리는 서 있다.

이 출발점에서 내일의 실체이며 미래 인재인 청소년들에게 3D를 위한 첫걸음을 안내하며 그들의 꿈이 현실화될 수 있도록 기꺼이 밤과 낮을 그들을 위해 헌신하는 마음으로 이 작은 지식의 장을 마련했다.

변화의 새 물결 위에 우리 청소년들의 창조적인 아이디어가 소용돌이칠 때 세계 속의 한국, 세계의 시작 한국을 만들어 가는 우리의 창조경제가 시작되기를 기원해 본다. 이 책을 통하여 3D에 더 가까이, 더 편하게 다가가 우리 모두가 가정에서나 직장에서 또는 세계 속에 나의 꿈의 조각들이 여기저기서 나를 바라보며 웃는 그 날이 속히 오기를 이 추천사에 담아 본다.

고려평생교육원 대표 **김영탁**

CONTETNS

완성파일 제공
성안당(http://www.cyber.co.kr)에 로그인 하신 후 [자료실]–[자료실]에서 다운로드 받으세요.

3D 프린터란 무엇인가?

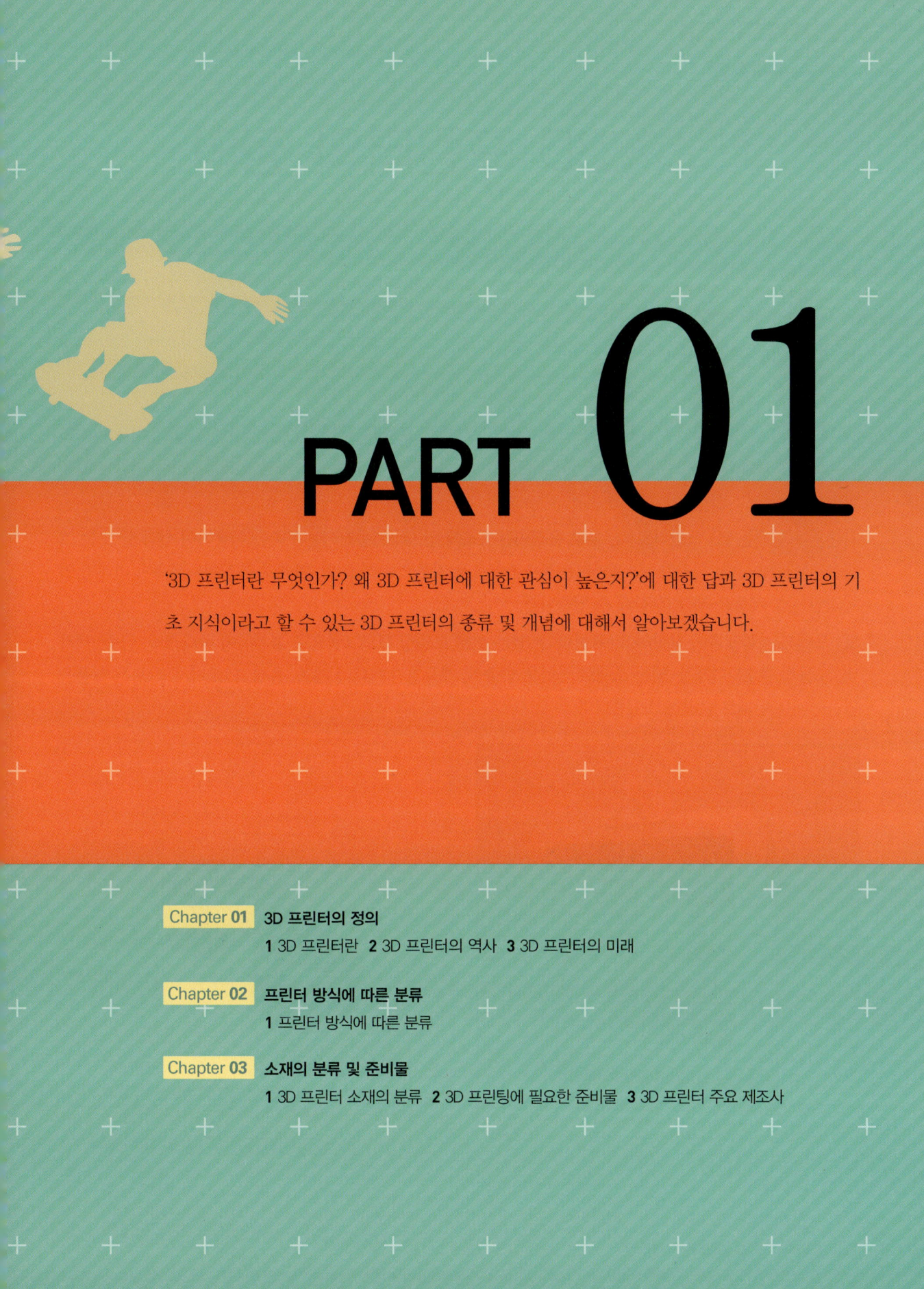

PART 01

'3D 프린터란 무엇인가? 왜 3D 프린터에 대한 관심이 높은지?'에 대한 답과 3D 프린터의 기초 지식이라고 할 수 있는 3D 프린터의 종류 및 개념에 대해서 알아보겠습니다.

3D 프린터의 **정의**

CHAPTER 01
01

3D 프린터란 무엇인지에 대해 이해한 후 3D 프린터가 발전해 온 과정, 앞으로 발전할 방향에 대해 알아봅니다.

1   3D 프린터란

3D 프린터란 컴퓨터, 스마트기기로 작업한 3차원 모델링 소프트웨어(CAD, MAX, 123D 등)를 이용하여 만든 3차원 도면을 바탕으로 3D 프린터의 재료를 열에 녹여서 한 층씩 쌓아올리면서 제품을 만들어가는 것을 말합니다.

기존의 프린터는 2D 프린터로 좌, 우로 움직이는 X축과 앞, 뒤로 움직이는 Y축을 이용하여 선과 글 또는 그림을 인쇄했습니다. 하지만 3D 프린터는 X축과 Y축을 기본으로 하고 위, 아래로 움직이는 Z축이 더해져 입체적인 실물 제품을 제작, 생산할 수 있습니다.

3D 프린터는 학생들이 상상하고, 표현할 수 있는 쉬운 모델링 프로그램으로 설계하여 플라스틱, 금속, 세라믹, 초콜릿 등 100여개가 넘는 소재로 산업용 샘플 및 제품뿐만 아니라 제조, 음식, 의료기기 등 모든 제품을 만들어내는 단계로 발전하고 있습니다.

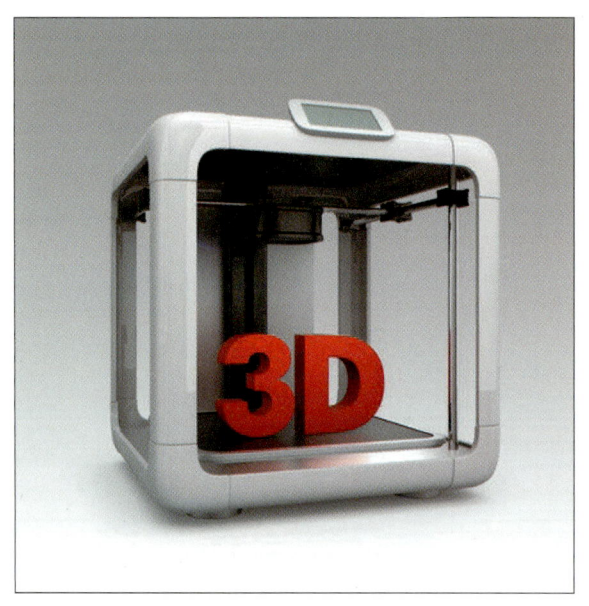

2 | 3D 프린터의 역사

3D 프린팅은 신기술이 아니고 1988년에 만들어졌으며 3D 프린터는 공장, 기업에서 시제품으로 사용되거나 대학교, 산업연구소에서 연구용으로 이미 사용되고 있습니다.

년도	국가	장비 제조사	구현 방식
1988	미국	3D SYSTEMS	광경화적층 방식(SLA) 출시
1991	미국	STRATASYS	FDM 방식 최초 출시
	독일	EOS	SLS 방식 최초 출시
1996	미국	Z-Corporation	분말 기반 inkjet 3D 프린터 출시
2000	이스라엘	Objet Geometris	Polyjet 3D 프린터 출시
2001	독일	EnvisionTEC	DLP 방식 Perfactory 출시

위와 같이 3D 프린터가 특허 만료되면서 국내외 다양한 제조사의 많은 연구와 창업으로 플라스틱 소재에 국한되었던 초기 제품에서 다양한 소재를 사용하는 제품들로 발전되었습니다. 산업용 시제품뿐만 아니라 다양한 분야에서 적용되고 있습니다.

3 | 3D 프린터의 미래

과거가 아닌 현재에도 자본이 많은 기업이나 개인만이 제품을 제작할 수 있습니다. 시제품 제작이나 금형 작업을 하기 위해서는 많은 인력과 시간, 수백 만 원에서 수천 만 원 이상의 높은 비용이 필요합니다. 본인이 상상하는 좋은 아이디어가 있어도 손쉽게 제작할 수 없어 포기하는 경우가 많았습니다. 하지만 3D 프린터로 인하여 자신의 아이디어에 대한 발명 계획은 있지만 실물 제품을 만들기 어려운 모든 이들이 손쉽게 창업할 수 있고, 가정에 필요한 제품들을 손쉽게 출력할 수 있어 누구나, 적은 비용으로 원하는 실물 제품을 얻는 새로운 세상이 열릴 것입니다.

▲ 생활 활용

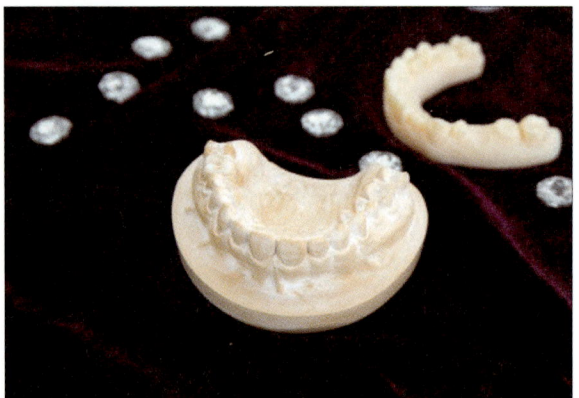

▲ 의료 활용

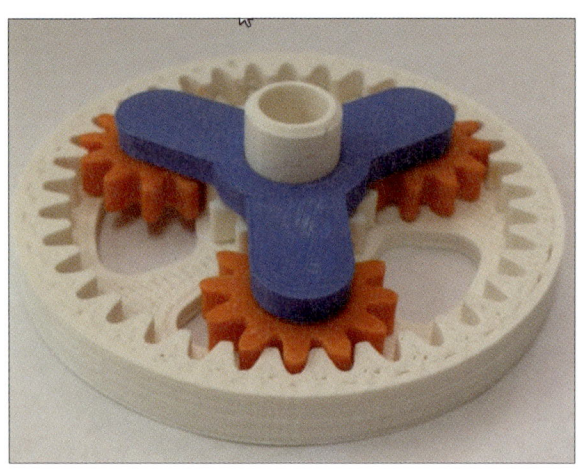

▲ 건축 활용

▲ 교육 활용

▲ 기타 활용

프린터 방식에 따른 분류

대중적으로 많이 사용되고 있는 프린터 방식에 대해 알아보겠습니다. 각각의 프린터 방식의 장점, 단점에 대해 이해합니다.

1 프린터 방식에 따른 분류

3D 프린터는 역사가 긴만큼 동작 및 소재에 따라 다양한 프린터가 있습니다. 그중에서도 대중적으로 많이 사용되는 수지압출적층방식(FDM), 액체광경화수지조형방식(SLA), 선택적레이저소결방식(SLS) 등이 있습니다. 자세한 내용은 아래의 표를 참조하기 바랍니다.

순번	세부 명칭	RP 방식	소재	대표 제조사
1	수지압출적층방식	FDM / FFF	열(ABS, PLA)	미국 STRATASYS
2	액체광경화수지조형방식	SLA	레이저(액상수지)	미국 3D SYSTEMS
3	액체광경화적층방식	DLP	자외선(경화성수지)	독일 EnvisionTEC
4	선택적레이저소결방식	SLS	레이저(분말가루)	미국 3Dsys
5	분말잉크젯프린팅방식	PBP	레이저(분말가루+본드)	Z corp voxlejet
6	잉크젯적층방식	PJM	적외선(왁스)	objet Gew
7	박막적층방식	PLT	레이저(종이, 필름)	

❶ 수지압출적층방식(FDM : Fused Deposition Modeling)

플라스틱(ABS)이나 옥수수와 플라스틱 합성(PLA)인 고체형 와이어로 이루어져 있는 소재로 노즐 안에 넣어 녹여 한 층씩 적층하여 제품을 만드는 방식입니다. 쉽게 설명하면 글루건으로 쌓아올린다고 생각하면 됩니다.

	장점	– 장비 구조가 간단하고 유지 보수가 쉽습니다. – 고체의 재료로 인하여 관리가 쉽습니다. – 가격이 저렴하고 가장 많이 사용됩니다.
	단점	– 정밀한 형상을 만들기 어렵습니다. – 제작 속도가 느리며 후가공이 필요합니다.

❷ 액체광경화수지조형방식(SLA : Stereo Lithography)

액체수지가 담긴 통 안에 레이저를 부분적으로 투사하여 굳게 만들어 제품을 출력하는 방식입니다.

	장점	– 치의공, 보석 세공 등의 정밀도가 높습니다. – 대량 생산이 가능합니다.
	단점	– 사용 가능한 원료와 색상이 제한적입니다. – 재료인 수지가 비싸며 관리가 힘듭니다. – 강도가 약하며 냄새가 납니다.

❸ 액체광경화적층방식(DLP : Digital Light Processing)

액체수지가 담긴 통 안에 레이저를 투사하는 방식은 똑같으나 부분적으로 투사하는 것이 아니고 이미지를 쏘는 방식이므로 속도가 빠릅니다.

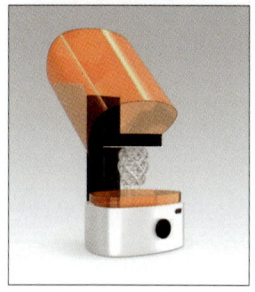

수조 / DLP 프로젝트	장점	면단위 조형 방식으로 속도가 빠릅니다.
	단점	출력물이 작습니다.

❹ 선택적레이저소결방식(SLS : Selective Laser Sintering)

분말가루(플라스틱, 모래, 금속, 티타늄) 상태인 다양한 재료를 레이저에 쏘아 계속적으로 분말가루를 한 층씩 고르게 깔아 반지 또는 정밀한 기계 부속품을 가공 출력하는 방식입니다.

Laser / Scanner System / Roller / Laser beam / Power delivery piston / Fabrication piston	장점	– 다양한 재료를 이용할 수 있으며 관리가 쉽습니다. – 세밀한 형상을 만들 수 있습니다. – 고가 부품을 빨리 만들 수 있습니다.
	단점	가격이 비쌉니다.

CHAPTER 03

03 소재의 **분류** 및 **준비물**

3D 프린터의 재료와 조형 방식, 정밀도에 대해 이해하고 3D 프린팅 시에 필요한 여러 가지 준비물과 3D 프린터의 주요 제조사에 대해 알아봅니다.

1 · 3D 프린터 소재의 분류

3D 프린터의 급속한 발전과 연구 개발로 수많은 재료가 개발되고 있습니다. 현재 3D 프린터의 소재로는 플라스틱, 수지, 티타늄뿐만 아니라 초콜릿, 쿠키 등이 있으며 계속적으로 연구 개발되고 있습니다. 원재료의 소재는 크게 고체형, 분말형, 액체형 등 3가지로 구분할 수 있습니다.

(100점 기준)

형태	조형 방식	정밀도	표면 마감	재료 강도
고체형 재료 FDM	• 와이어 또는 필라메튼의 재료 : 재료를 열에 녹인 후 노즐을 거쳐 압출되는 형태 • 왁스 성질을 가진(구슬 모양의 알갱이) 재료 : 재료를 헤드에서 녹여 노즐을 통해 분사 • 마분지같은 얇은 플라스틱이나 종이 형태의 재료 : 재료를 접착하여 칼을 사용해 절단 후 적층하는 형태	50	50	90
액체형 재료 SLA	• 액체 형태의 수지 재료 : 재료를 자외선을 이용하여 순간적으로 경화시킴	90	90	70
분말형 재료 SLS	• 미세한 분말 : 모래, 금속, 세라믹 등을 재료로 사용 • 재료를 레이저로 가열, 접착 사용하는 적층 방식	70	90	100

2 3D 프린팅에 필요한 준비물

1) 3D 프린팅을 하기 전에 필요한 준비물

① 개인용 컴퓨터(노트북)

3D 설계 디자인 및 3D 프린터 제어에 필수적이고, 3D 프린터를 연결하여 출력을 제어할 수 있는 매개체인 PC가 필요합니다. 대부분의 3D 프린터는 USB, 와이파이로 무선 통신을 지원하고 있으며, 무선 통신으로 출력을 실행하기 위한 와이파이 통신을 지원하는 노트북이 필요합니다. 소프트웨어는 대부분 윈도우7을 지원합니다.

하지만 대부분의 출력은 SD카드로 이루어지며, 컴퓨터와 3D 프린터를 연결하여 출력하면 중간 화면보호기 기능 또는 절전기능 등 개인 컴퓨터에서 예상치 못한 오류로 인하여 3D 프린터의 출력물에도 안 좋은 영향을 주어 3D 프린터의 출력이 중단될 수 있습니다.

+ 플러스 Tip

SD카드 메모리에 저장하여 출력할 것을 권장합니다.

② 3D 프린터

3D 프린팅을 위한 실질적인 출력장치로 흔들림이 없는 평편한 자리에 배치합니다. 3D 프린터에서 사용하는 ABS 재료와 PLA 재료에 따라 온도와 습도에 매우 민감하게 반응하므로 구매한 3D 프린터에서 지시하는 온도 및 습도의 환경도 잘 맞추어 주어야 합니다.

+ 플러스 Tip

교육용으로는 냄새가 나는 ABS보다는 친환경 소재인 PLA가 좋습니다. PLA 소재 출력 3D 프린터는 4면이 막혀 있고 투명하여 학생들이 볼 수 있는 투명 챔버형을 권장합니다.

③ 베드판 접착력 강화 도구

3D 프린터는 디자인과 출력 방식에 따라 많은 시간이 걸립니다. 출력 결과물이 온도와 습도 및 기타 이유로 베드판에 결과물이 흡착되지 않고 떨어져 출력을 망치는 경우가 많이 발생할 수 있습니다. 이러한 문제를 해결하기 위해서 베드판에 결과물의 접착력을 강화시키는 키톤 테이프를 기본으로 사용하며 딱풀, 스프레이 접착제 등을 이용하면 좋습니다.

④ 출력물을 뜯어내는 도구

3D 프린터의 출력이 완료되면 베드판에 붙어 있는 작품을 떼어내야 합니다. 끌게 또는 칼로 접지면을 살살 뜯어냅니다. 출력물이 흘러내리지 않도록 지지해주는 서포트(지지대)는 손으로 뜯어내고 니퍼나 칼로 잘라냅니다.

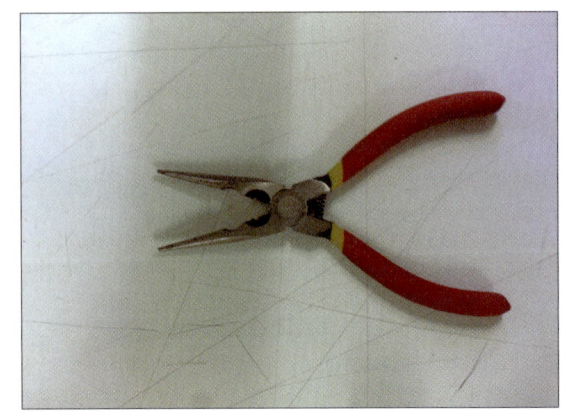

2) 3D 프린터 재료 알아보기

① PLA(Poly Lactic Acid)는 옥수수 또는 사탕수수로 만들어진 친환경 재료입니다. 옥수수 함량에 따라 재료의 품질이 많이 달라집니다. 이 3D 프린터를 교육현장에서 사용하면 좋습니다. 유해 요소(냄새)가 적으며 ABS와 달리 균열이나 수축 현상이 적은 것이 장점이지만 물에 의해 분해되므로 습기에 주의해서 보관하여야 하며 후가공이 어렵다는 단점이 있습니다. 3D 프린터에서 노즐 온도를 보통 약 200도~220도로 설정하고 대부분 일반 베드를 사용하지만 60도~70도로 열을 가할 수 있는 히팅베드를 추가 사용하는 것이 흡착률이 좋습니다.

+ 플러스 Tip

> PLA 전용은 히팅베드가 필요 없다고 하지만 아무래도 흡착률을 높이기 위해서는 히팅베드가 있어야 출력물에 대한 스트레스가 줄어듭니다.

② ABS(Acrylonitrile Poly-Butadiene Styrene)는 3가지 성분으로 이루어진 합성수지입니다. 생산하기 쉽고 컬러가 다양하며 접착성이 우수하고 녹는 점이 균일합니다. PLA와 다르게 재료 보관이 용이하고 출력 후 후가공 및 도색과 출력물이 튼튼합니다. 그러나 온도차로 인해 균열이 발생하기 쉽고 재료가 녹을 때 유해냄새가 발생하여 출력 시 환기가 필요합니다. 3D 프린터에서 보통 노즐 온도를 약 220도~230도로 설정하고 베드판 온도를 약 100도~110도 정도로 설정합니다.

③ 나일론은 옷을 만들 수 있는 재료로 내구성이 뛰어납니다. 나일론 특유의 유연성을 가지고 있어 잘 구부러지기 때문에 휴대폰 케이스, 슬리퍼, 의류 등을 출력하기에 적합합니다.

④ WOOD는 재생 목재와 폴리머로 구성되어 있는 나무 느낌이 나는 플라스틱 소재로 나무향이 나며 표면이 거칠고 강도가 약합니다.

⑤ FILAFLEX는 고무 재질을 가지고 있는 소재로 신발, 의류 등 휨이 있는 재료를 만들 때 사용하면 적합합니다. 의료기기 등에 많이 사용할 수 있습니다.

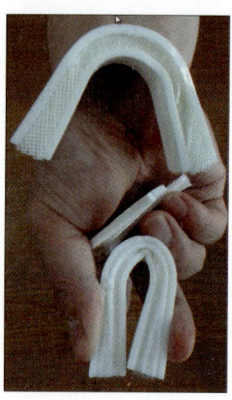

⑥ 레진

요즘 FDM 방식보다 각광받는 DLP 방식의 3D 프린터는 UV 레진을 재료로 이용합니다. 일반 FDM 방식의 3D 프린터가 아닌 제품이므로 구매할 경우 본인의 3D 프린터와 호환되는지 꼭 확인해야 합니다.

3D 프린터 주요 제조사

1) 3D시스템즈(3Dsystems) http://www.3dsystems.com

국내 총판은 신도리코(http://www.sindoh.com)입니다. SLS 방식의 원천 특허를 가지고 있는 3D시스템즈(3Dsystems)는 큐브(Cube) 시리즈의 개인용 3D 프린터와 Projet, iPro 시리즈 등의 상업용 3D 제품들을 골고루 개발하고 있는 3D 전문업체입니다. 또한 개인용 3D 프린터인 큐브 시리즈는 다른 3D 프린터와는 차별화되는 디자인과 편리함으로 초보자도 쉽게 사용할 수 있도록 설계되었습니다.

큐브 시리즈는 보급형인 큐브(Cube)와 고급형 모델인 큐브X(CubeX), 큐브프로(CubePro)로 나눌 수 있으며 큐브 시리즈는 ABS와 PLA 재료를 모두 사용할 수 있는 FDM 방식이며 3D시스템즈(3Dsystems)의 전용 재료만 사용할 수 있어 가격이 비쌉니다.

2) 메이커봇(makerbot) http://www.makerbot.com

국내 공식 총판은 브룰레 코리아(http://www.brule.co.kr)입니다. 메이커봇은 렙랩의 멤버가 설립한 회사이며 이후 스타라타시스에 인수되었으며, 리플리케이터(Replicator) 시리즈의 보급형 3D 프린터 시장에서 인기를 끌고 있는 업체입니다. PLA 재료를 이용하는 FDM 방식을 사용합니다. 오토데스크(Autodesk)의 123D 모델링 프로그램과 협약을 통해 별도의 설정 없이 모델링 프로그램에서 바로 출력할 수 있도록 하였고 모델링 데이터 공유 서비스인 싱기버스(Thingiverse) 홈페이지(http ://www.thingiverse.com)를 운영하고 있습니다.

3) 스트라타시스(STRATASYS) http://www.stratasys.co.kr

FDM 방식의 원천 특허를 가지고 있는 스트라타시스는 고가 장비인 산업용 3D 프린터의 장비에 많이 채택되어 사용되고 있습니다. 스트라타시스의 3D 프린터는 FDM 방식을 이용하는 제품과 폴리젯(PolyJet) 방식을 이용하는 제품이 있습니다. 폴리젯 방식은 액상 포토 폴리머를 자외선으로 경화 처리하여 적층하는 방식으로 컬러를 혼합하여 컬러 제품을 출력할 수 있는 제품도 있습니다.

4) 오픈크리에이터 http://www.opencreators.com

오픈크리에이터의 OPC-아몬드(OPC-ALMOND)는 작고 귀여운 디자인으로 가정에서 많이 사용할 수 있는 FDM 방식의 3D 프린터입니다. NP-멘델(NP-Mendel) 제품 개발 등의 경험을 통해 보다 섬세하고 쉽게 사용할 수 있도록 구성했습니다. ABS, PLA 재료를 모두 사용할 수 있고 사용자가 어려워하는 베드판 수평 설정 기능을 자동으로 설정해주는 오토 베드레벨링 시스템이 탑재된 것이 가장 큰 장점입니다.

5) 로킷 http://www.3disonprinter.com

로킷사의 에디슨은 PLA 재료를 이용하는 오픈형 FDM 방식의 3D 프린터입니다.

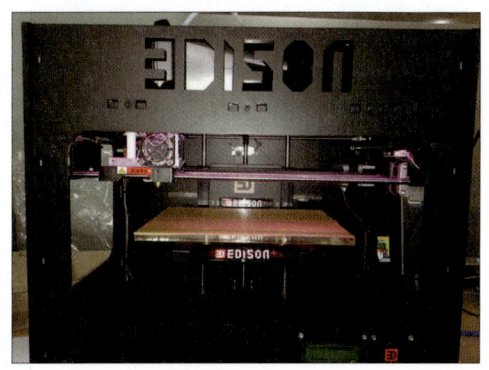

6) 지니램프 3D 프린팅 토탈시스템 http://www.3Djinie.com

인컴정보는 제작, 판매, 교육, 목업, 대형출력소를 갖추고 3D 프린팅 솔루션을 추구하는 회사로서 인컴정보의 'JINIE BOX A200' 3D 프린터의 간편함과 대중성을 내세워 흡착이 잘 되도록 하는 히팅베드 방식의 FDM 3D 프린터입니다. 'JINIE BOX A200'은 초보자들뿐만 아니라 학생들의 교육용으로 사용하기에 적합합니다.

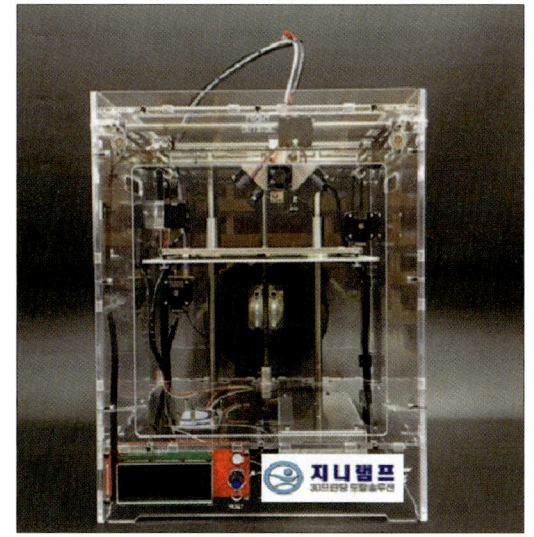

또한 개선을 통해 ABS, Flexible 등 다양한 소재 출력과 3D 프린터 전용 소재뿐만 아니라 다양한 소재로도 출력이 가능하도록 설계한 교육용 맞춤 3D 프린터입니다.

지니램프는 3D 프링팅 토탈 솔루션으로 제조, 판매, 목업, 교육, 출력소, 운영 등 3D 프린터 교육에 전문적으로 특화된 브랜드입니다.

MEMO

3D 프린터
출력하기

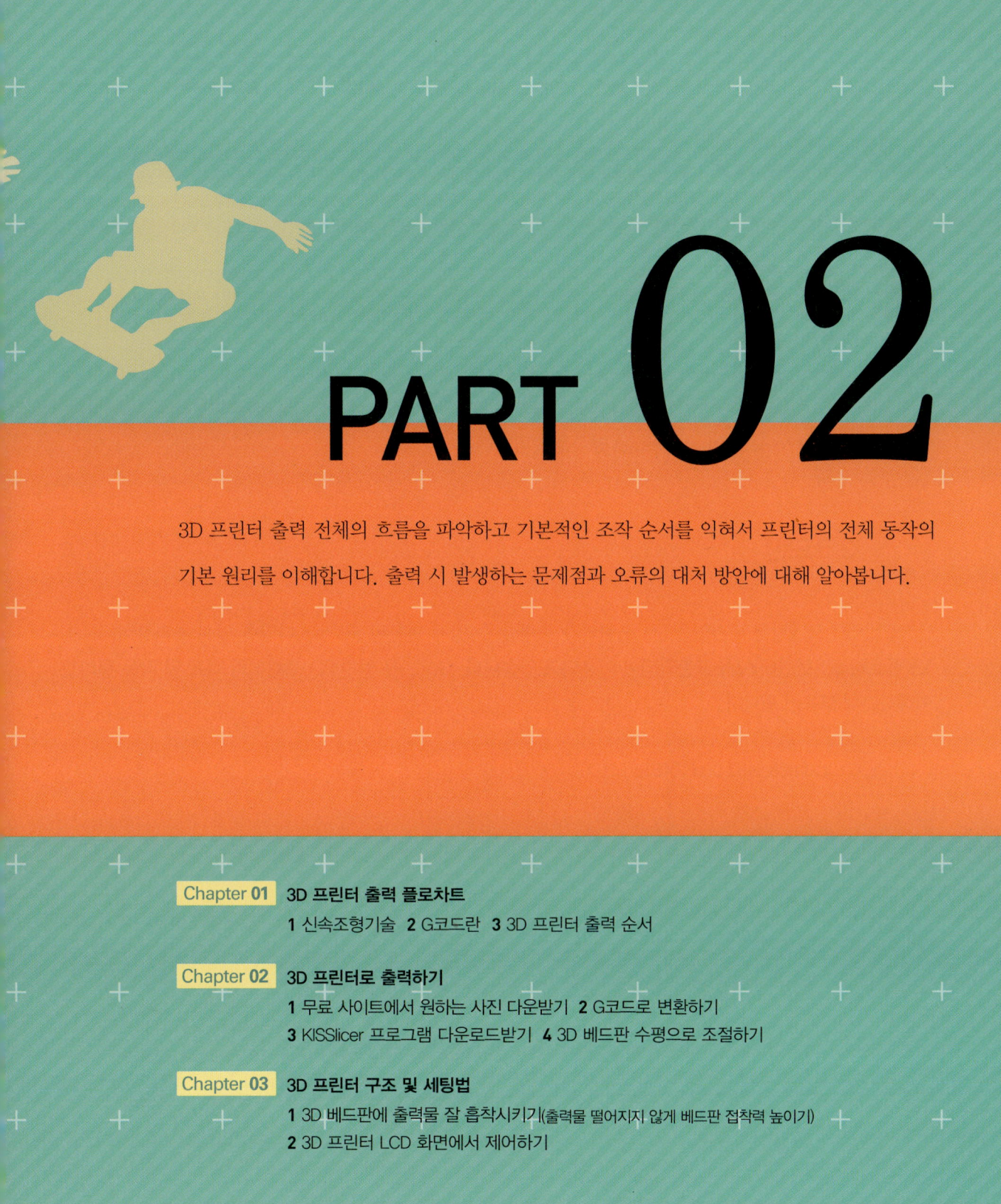

PART 02

3D 프린터 출력 전체의 흐름을 파악하고 기본적인 조작 순서를 익혀서 프린터의 전체 동작의 기본 원리를 이해합니다. 출력 시 발생하는 문제점과 오류의 대처 방안에 대해 알아봅니다.

CHAPTER 01
01

3D 프린터 **출력 플로차트**

3D 프린트로 출력을 할 때 알아두면 좋은 신속조형기술, G코드에 대해 이해한 후, 3D 프린터의 출력 순서를 알아봅니다.

1 신속조형기술

신속조형기술(Rapid Prototype)이란 컴퓨터에서 작업한 3D 모델링 디자인을 시제품(Prototype)으로 빠르게 제작할 수 있도록 해주는 전체 방식으로, 재료를 한 층씩 적층(Layer by Layer)하여 형상을 조형하는 누적가공(Additive Manufacturing) 방식을 말합니다.

2 G코드란

G코드란 3D 모델링된 디자인을 3D 프린터가 출력할 수 있게 변환된 코드로, 다양한 일선 출력장비(CNC, XY플로터 3D 프린터)에서 표준화되어 이용되고 있습니다. G코드를 알면 3D 프린터의 좌표 및 작동 원리를 이해하는데 도움이 됩니다.

```
G1 X100.28 Y152.08 E9.4835 F900
```
좌표 이동(X, Y, Z), 필라멘트 압출(E), 속도(F)
```
G1 X99.19 Y152.04 E9.5651
G1 X152.04 Y99.17 E15.1595
G1 X151.9 Y98.17 E15.2349
G1 X98.19 Y151.91 E20.9211
G1 X97.21 Y151.76 E20.9954
```

...서 저장합니다.

...CODE로 변환합니다.

...록 3D 프린터에 환경설정으로 변...

...장하여 출력합니다.

...합니다.

3D 프린터로 **출력하기**

3D 프린터로 출력하기 위해 먼저 무료 사이트에서 원하는 이미지를 다운받고, G코드 변환 프로그램인 공개용 KISSlicer 프로그램을 다운받고 설치하는 방법에 대해 알아봅니다.

1 무료 사이트에서 원하는 사진 다운받기

01 파일을 무료로 다운로드받기 위해 크롬(Chrome)에서 싱기버스 사이트(http://www.thingiverse. com/)에 접속합니다('이 페이지 번역하기'를 클릭). 검색 창에 'NAME TAG'라고 입력하여 나타나는 결과에서 출력하고자 하는 사진을 클릭합니다.

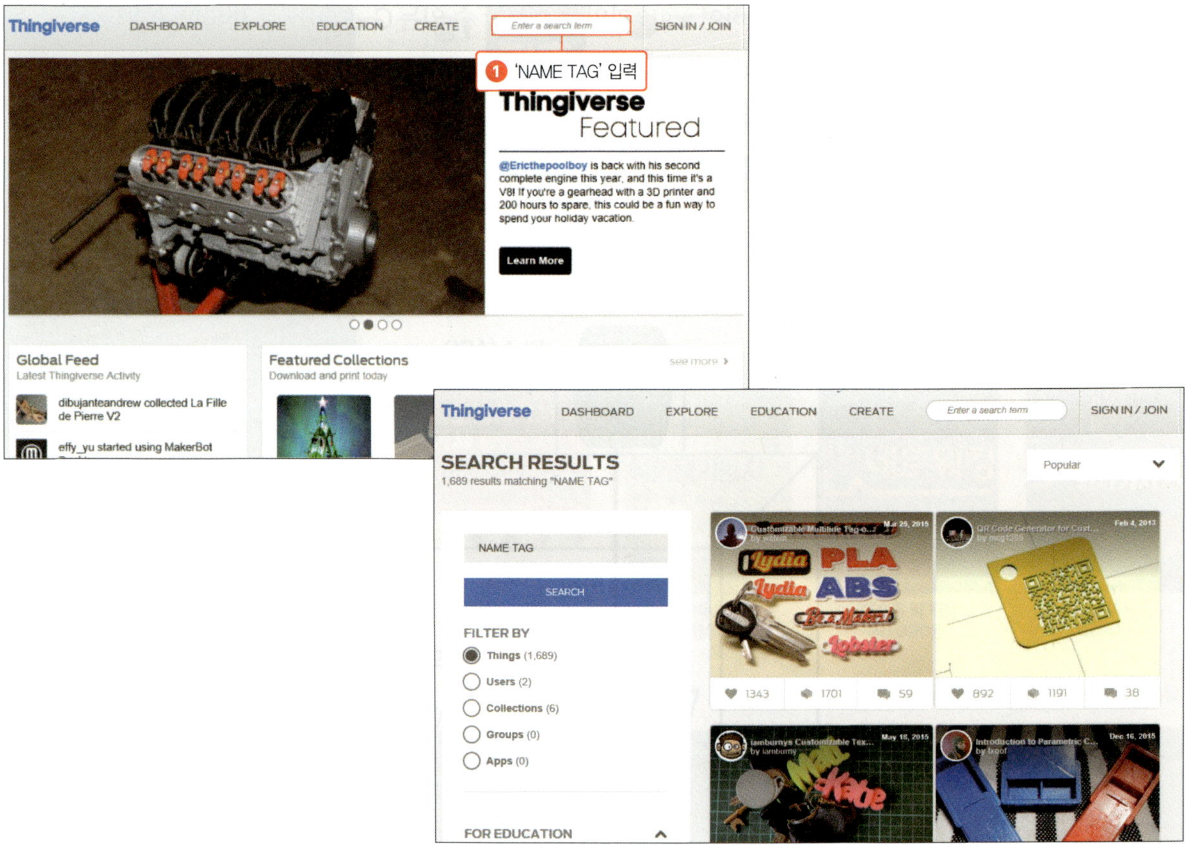

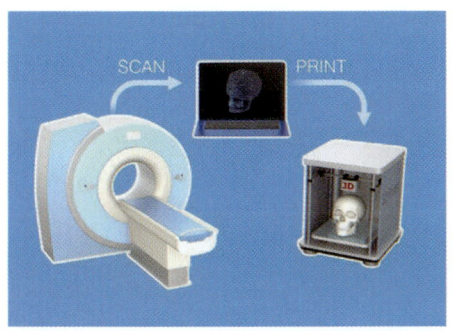

3D 스캐너, MRI, CT, 초음파 등
3차원 자료

❶ 모델링하기 : 3차원 자료 및 컴퓨터에서 3D로 작업하여 모델링 파일을 만들어 저장합니다.

❷ STL 저장하기 : 모델링이 완성된 파일을 가지고 *.stl 확장자로 저장합니다.

❸ G CODE 변환 : 큐라프로그램을 이용하여 *.stl 파일을 출력할 수 있는 G−CODE로 변환합니다.

❹ 환경설정 변환 : 큐라프로그램을 이용하여 디자인 파일을 잘 출력할 수 있도록 3D 프린터에 환경설정으로 변환(프린터마다 설정값이 다름)합니다.

❺ 출력하기 : 출력에 필요한 환경설정을 마친 G−CODE 파일을 SD 카드에 저장하여 출력합니다.

❻ 후처리 가공 : 출력물을 좀 더 좋게 만들기 위해 표면 다듬기, 도색 작업 등을 합니다.

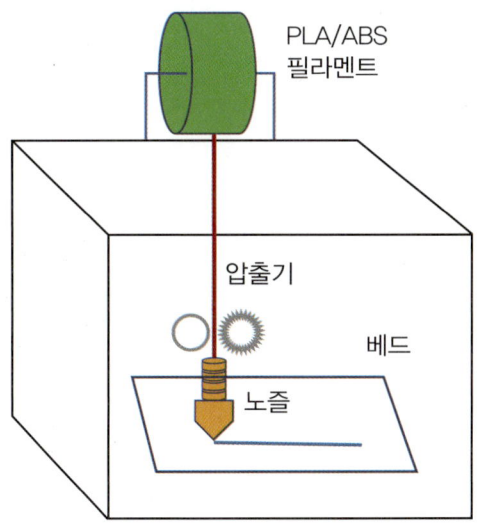

PLA/ABS
필라멘트

압출기

베드

노즐

CHAPTER 02
02
3D 프린터로 **출력하기**

3D 프린터로 출력하기 위해 먼저 무료 사이트에서 원하는 이미지를 다운받고, G코드 변환 프로그램인 공개용 KISSlicer 프로그램을 다운받고 설치하는 방법에 대해 알아봅니다.

---

1 무료 사이트에서 원하는 사진 다운받기

01 파일을 무료로 다운로드받기 위해 크롬(Chrome)에서 싱기버스 사이트(http://www.thingiverse.com/)에 접속합니다('이 페이지 번역하기'를 클릭). 검색 창에 'NAME TAG'라고 입력하여 나타나는 결과에서 출력하고자 하는 사진을 클릭합니다.

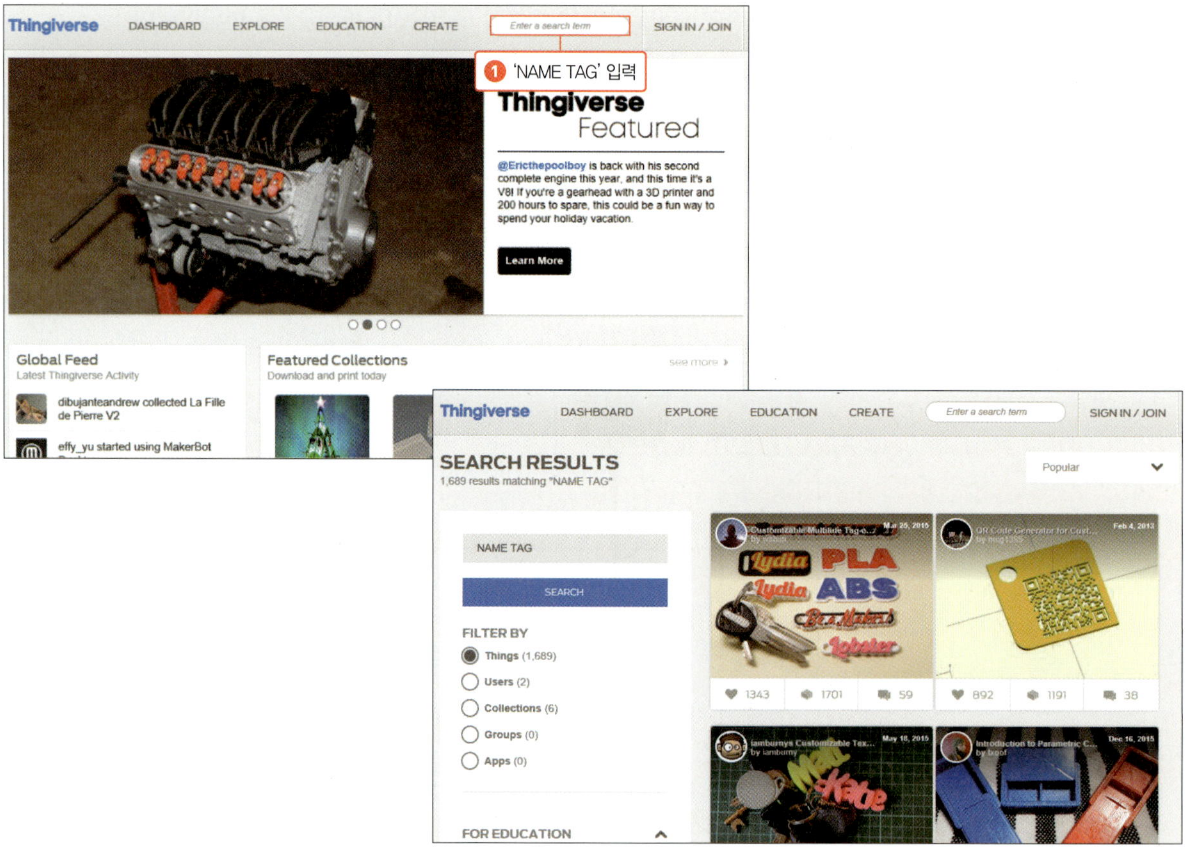

02 [Download All Files]를 클릭하여
파일을 다운 받습니다.

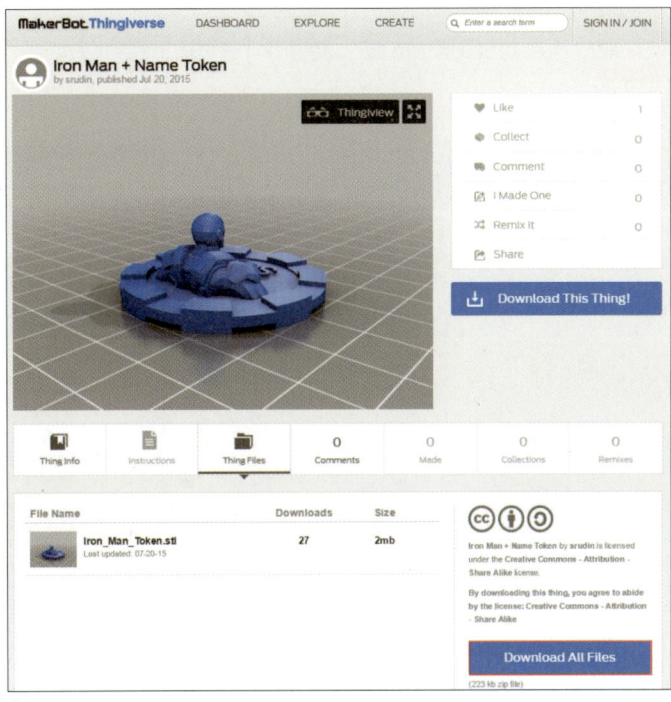

2 G코드로 변환하기

STL 파일로 되어 있기 때문에 슬라이싱 프로그램인 큐라에 로드하여 G코드로 변환하여야 합니다. G코드
변환 프로그램은 공개용으로 다운로드받아서 사용합니다. 여기서는 KISSlicer 프로그램에 대해 간단하게
설명하겠습니다.

+ 플러스 Tip

공개용 소프트웨어 중에는 가장 대중적인 KISSlicer, cura(파트 5에서 설명합니다.) 등이 있습니다.

01 크롬(Chrome)에서 'http://www. kisslicer.com/download.html'을 입력한 후 그림과 같이 '이 페이지 번역하기'를 클릭합니다.

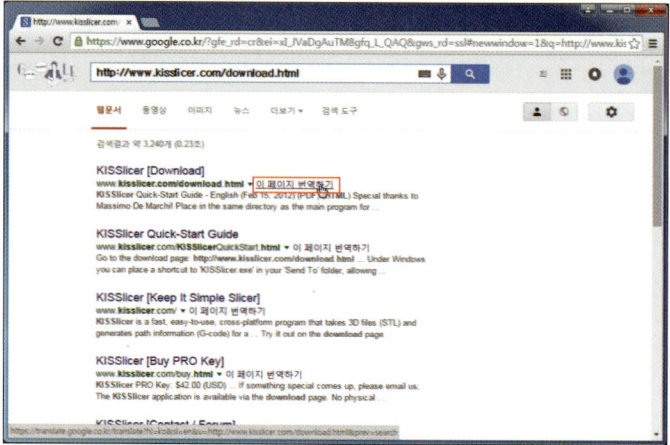

02 다운로드 링크에서 운영체제에 맞는 버전을 다운로드합니다(운영체제 32bit와 64bit를 확인합니다). 설치할 폴더로 복사하되 반드시 영문 경로로 해야 하며 한글이 포함되면 안 됩니다.

03 압축파일을 푼 후에 'KISSlicer64' 실행파일을 더블클릭한 후 실행창에서 [초심(begginer)] 버튼을 클릭합니다.

04 실행화면입니다. 화면의 정중앙에 있는 사각형은 3D 프린터 공간입니다.

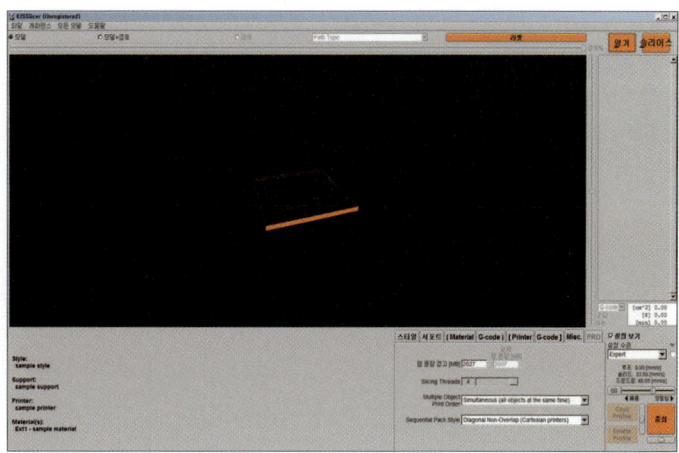

05 [열기(Open)] 버튼을 클릭한 후 싱기버스에서 다운로드한 파일을 찾아 열고 [슬라이스(Slice)] 버튼을 클릭합니다.

+ 플러스 Tip

> 오른쪽 화면에 내용이 추가되어 나타납니다.

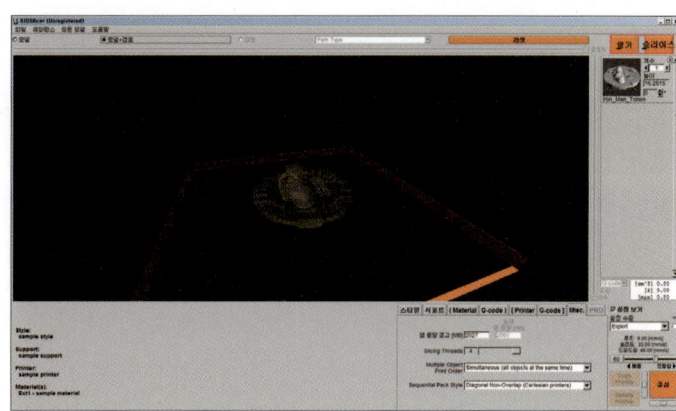

06 [슬라이스(Slice)] 버튼을 클릭해 환경설정을 하면 파일의 도면 색상이 달라지고 [저장(Save)] 버튼이 변경됩니다. [저장(Save)] 버튼을 클릭한 후 변환된 G코드로 저장합니다. 물론 여러 가지 세팅 값이 있지만 여기서는 기본 값으로만 처리하겠습니다.

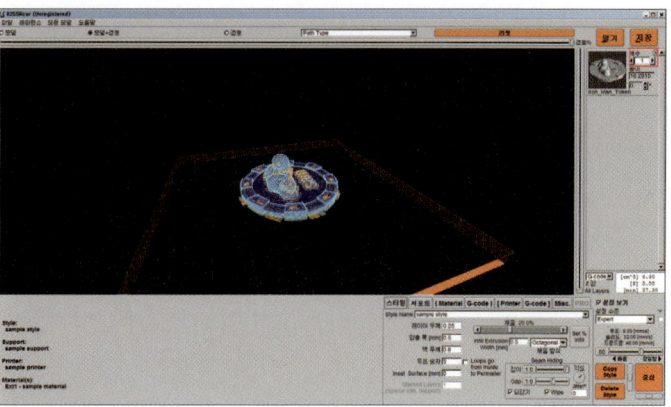

07 SD카드에 저장한 후 3D 프린터에 꽂아 실행합니다.

CHAPTER 03
03

3D 프린터 **구조 및 세팅법**

3D 베드판을 수평으로 조절하고 출력물에서 떨어지지 않도록 잘 접착시키는 방법에 대해
이해하고, 3D 프린터의 LCD 화면을 제어하는 방법에 대해 살펴봅니다.

1 3D 베드판 수평으로 조절하기

베드판의 수평잡기는 좋은 출력물을 얻기 위해서 해야 하는 필수 작업입니다. 출력물이 0.2mm~0.4mm의
아주 작은 크기로 적층되므로 수평이 맞아야만 제대로 적층됩니다. 아파트 건물 짓기를 할 때 지반이 평편한
수평이 되어야 제대로된 건물이 되는 것과 마찬가지입니다.

2 3D 베드판에 출력물 잘 흡착시키기(출력물 떨어지지 않게 베드판 접착력 높이기)

❶ 플라스틱 및 알루미늄이나 유리 등의 베드판 등이 많이 출시되고 있습니다. 좋은 제품으로는 세라믹 유리 베드
판으로 내열(키톤) 테이프를 부착하여 베드판을 보호하고 출력물의 접착력을 올립니다. 또한 청소하기 쉽게 베
드판이 몸체에서 분리되기도 합니다.

+ 플러스 Tip

이외에 딱풀을 베드판에 바르거나 종이테이프를 붙이는 방법도 있습니다.

❷ ABS의 재료를 이용할 경우 히팅베드판을 사용하여 온도를 약 100도~120도까지 가열해야만 합니다. 온도가
낮으면 출력물이 쉽게 떨어질 수 있습니다.

+ 플러스 Tip

PLA 재료는 대부분 히팅베드를 사용하지 않아도 된다고 하지만, 출력물이 안착이 안 되는 스트레스를 받는 것보다는 PLA지만 히팅베드가 지원
되는 3D 프린터를 구매하는 것이 좋습니다. 적정 온도는 80도~100도입니다.

❸ 출력물은 실내 온도에도 민감한 반응를 보이므로 개방형 3D 프린터보다는 3D 프린터의 사방을 막아 온도가 쉽게 식지 않는 밀폐형인 챔퍼형 3D 프린터가 좋습니다.

❹ 베드판에 접착력을 강화시키기 위해 베드판에 내열 테이프를 붙입니다. 250도의 고온을 견딜 수 있도록 제작된 내열 테이프는 주로 3D 프린터 전용 접착 테이프인 키톤 테이프를 이용합니다.

❺ 출력 속도를 낮춥니다. 출력 속도가 빠르면 베드판의 접착력이 떨어져 안착이 잘되지 않습니다. 따라서 첫 레이어 출력 시 속도를 느리게 설정하여 베드판에 출력물이 잘 안착되도록 설정합니다.

3 3D 프린터 LCD 화면에서 제어하기

오픈소스 렙랩(REPRAP) 기반 마를린 펌웨어 3D 프린트입니다(제조사별 펌웨어는 조금씩 다릅니다).
엔코드 스위치를 조작하여 화면을 제어합니다.

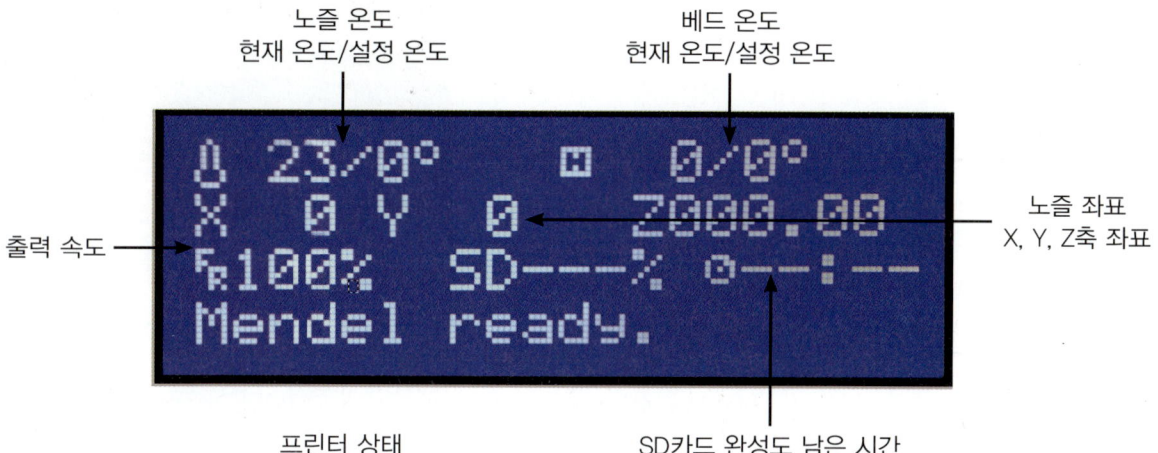

노즐 온도
현재 온도/설정 온도

베드 온도
현재 온도/설정 온도

출력 속도

노즐 좌표
X, Y, Z축 좌표

프린터 상태

SD카드 완성도 남은 시간

1) 노즐 온도 설정

노즐의 온도를 조절하여 재료가 출력되는지를 확인합니다. 엔코드 스위치를 눌러 돌린 후 'Control → Temperature → Nozzle'을 선택하여 온도를 210도까지 올립니다. Main 화면에서 설정 온도가 210도로 설정되었는지 확인합니다. 현재 온도가 서서히 올라가는 것을 확인합니다.

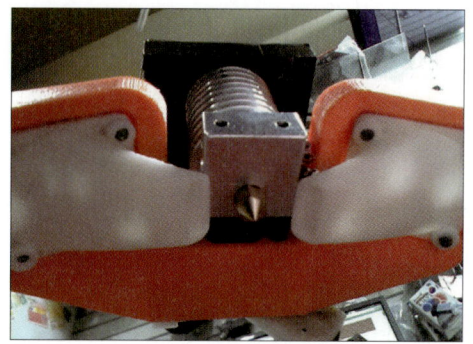

2) 히팅베드 온도 설정

엔코드 스위치를 눌러 돌린 후 'Control → Temperature → Bed'를 선택하여 온도를 60도까지 올립니다. Main 화면에서 히팅베드 설정 온도가 60도로 설정되었는지 확인합니다. 현재 온도가 서서히 올라가는 것을 확인합니다.

3) 노즐 이동

노즐 위치를 축을 제어하여 이동시켜 봅니다. 엔코드 스위치를 눌러 돌린 후 'Prepare → Move axis → Move 0.1mm → Move X, Y, Z'에서 축을 조절하여 이동시켜 봅니다.

4) 재료 공급

엔코드 스위치를 눌러 돌린 후 'Prepare → Move axis → Move 0.1mm → Move Extruder'에서 재료를 공급합니다. 원활하게 필라멘트가 가는 실처럼 나오면 준비 상태가 완료된 것입니다.

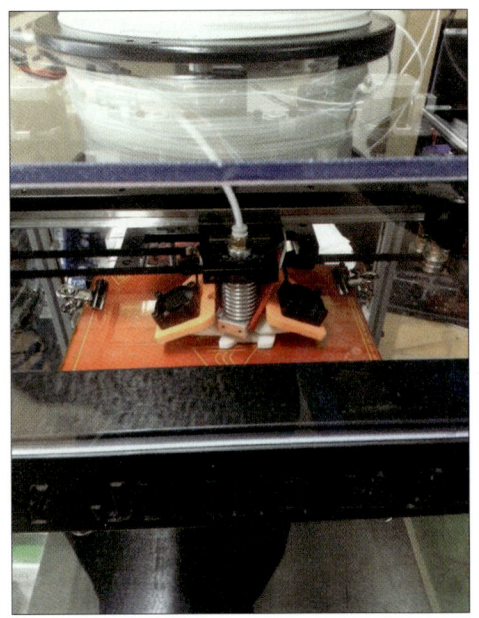

5) 출력하기

SD카드에 저장되어 있는 모델링을 실질적으로 출력합니다. 출력 중간 중간 필라멘트(재료)가 꼬여 있는지 확인하여 중간에 끊김 없이 재료가 잘 공급되는지 확인하여야 합니다.

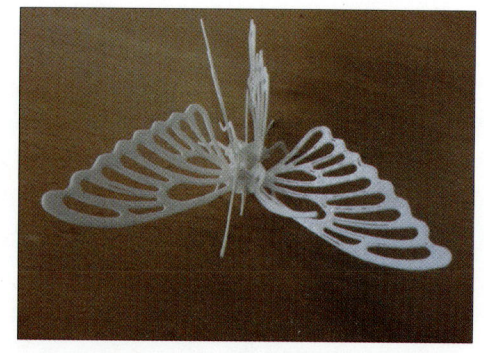

6) LCD 순서도 첨부(3D 프린터 조작법은 제조사별, 펌웨이별 조금씩 다름)

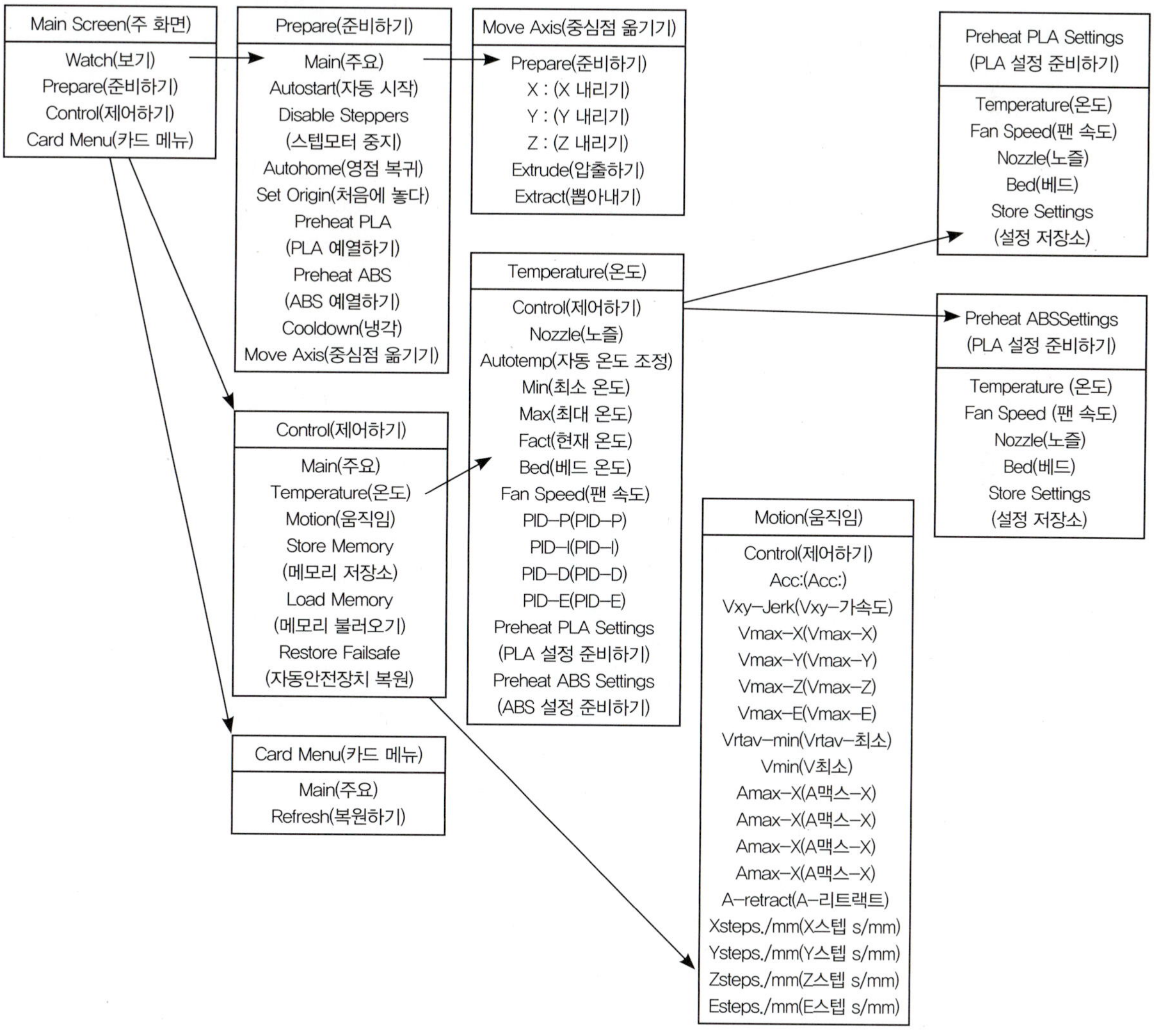

```
Main Screen(주 화면)

Watch(보기)
Prepare(준비하기)
Control(제어하기)
Card Menu(카드 메뉴)
```

```
Prepare(준비하기)

Main(주요)
Autostart(자동 시작)
Disable Steppers
(스텝모터 중지)
Autohome(영점 복귀)
Set Origin(처음에 놓다)
Preheat PLA
(PLA 예열하기)
Preheat ABS
(ABS 예열하기)
Cooldown(냉각)
Move Axis(중심점 옮기기)
```

```
Move Axis(중심점 옮기기)

Prepare(준비하기)
X : (X 내리기)
Y : (Y 내리기)
Z : (Z 내리기)
Extrude(압출하기)
Extract(뽑아내기)
```

```
Preheat PLA Settings
(PLA 설정 준비하기)

Temperature(온도)
Fan Speed(팬 속도)
Nozzle(노즐)
Bed(베드)
Store Settings
(설정 저장소)
```

```
Temperature(온도)

Control(제어하기)
Nozzle(노즐)
Autotemp(자동 온도 조정)
Min(최소 온도)
Max(최대 온도)
Fact(현재 온도)
Bed(베드 온도)
Fan Speed(팬 속도)
PID-P(PID-P)
PID-I(PID-I)
PID-D(PID-D)
PID-E(PID-E)
Preheat PLA Settings
(PLA 설정 준비하기)
Preheat ABS Settings
(ABS 설정 준비하기)
```

```
Preheat ABSSettings
(PLA 설정 준비하기)

Temperature (온도)
Fan Speed (팬 속도)
Nozzle(노즐)
Bed(베드)
Store Settings
(설정 저장소)
```

```
Control(제어하기)

Main(주요)
Temperature(온도)
Motion(움직임)
Store Memory
(메모리 저장소)
Load Memory
(메모리 불러오기)
Restore Failsafe
(자동안전장치 복원)
```

```
Motion(움직임)

Control(제어하기)
Acc:(Acc:)
Vxy-Jerk(Vxy-가속도)
Vmax-X(Vmax-X)
Vmax-Y(Vmax-Y)
Vmax-Z(Vmax-Z)
Vmax-E(Vmax-E)
Vrtav-min(Vrtav-최소)
Vmin(V최소)
Amax-X(A맥스-X)
Amax-X(A맥스-X)
Amax-X(A맥스-X)
Amax-X(A맥스-X)
A-retract(A-리트랙트)
Xsteps./mm(X스텝 s/mm)
Ysteps./mm(Y스텝 s/mm)
Zsteps./mm(Z스텝 s/mm)
Esteps./mm(E스텝 s/mm)
```

```
Card Menu(카드 메뉴)

Main(주요)
Refresh(복원하기)
```

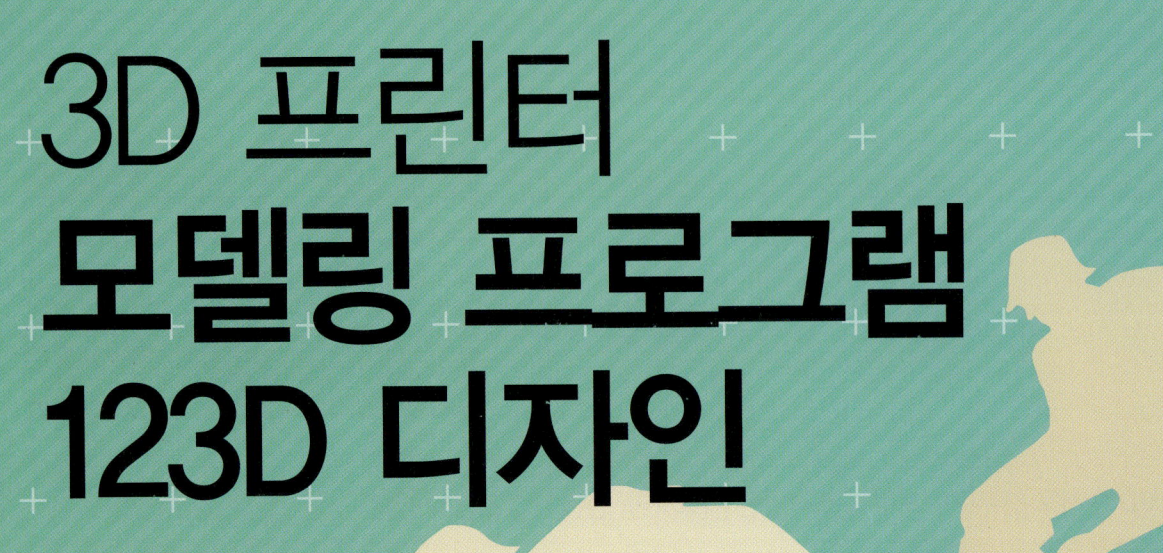

3D 프린터
모델링 프로그램
123D 디자인

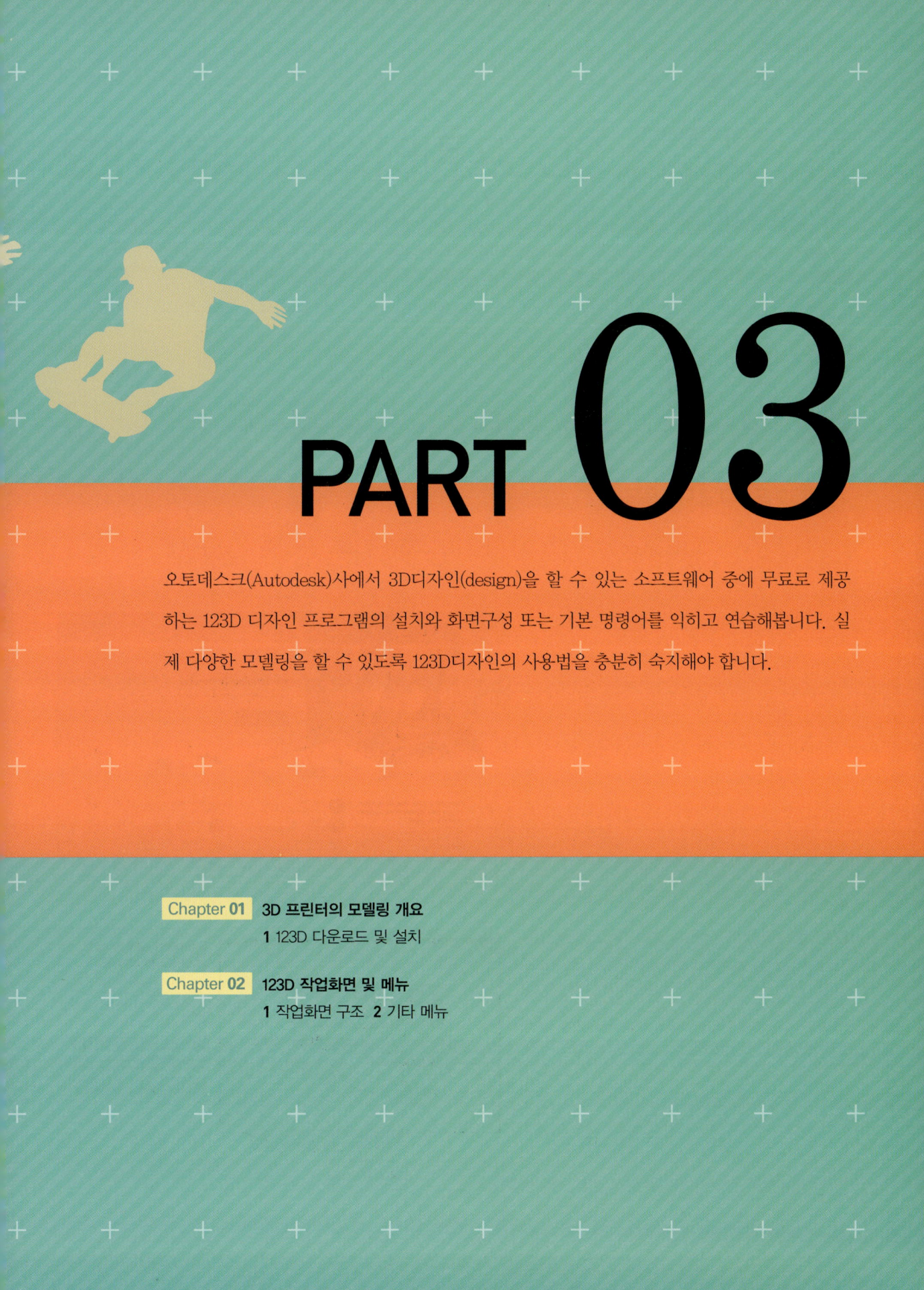

PART 03

오토데스크(Autodesk)사에서 3D디자인(design)을 할 수 있는 소프트웨어 중에 무료로 제공하는 123D 디자인 프로그램의 설치와 화면구성 또는 기본 명령어를 익히고 연습해봅니다. 실제 다양한 모델링을 할 수 있도록 123D디자인의 사용법을 충분히 숙지해야 합니다.

CHAPTER 01

3D 프린터의 **모델링 개요**

123D 디자인은 가장 간단한 방법으로 3차원을 구현할 수 있는 프로그램으로, 무료로 제공되고 간단하게 3D 디자인을 생성 및 편집하며, 3D 프린터를 지원합니다. 123D 프로그램을 다운로드한 후 설치하는 방법을 알아봅니다.

1 123D 디자인 다운로드 및 설치

1) 123D 프로그램 다운로드

01 http://www.123dapp.com/에서 123D 디자인 프로그램을 무료로 다운받을 수 있습니다.

02 [123D Design]을 클릭하면 프로그램을 다운받을 수 있습니다.

03 컴퓨터에서 사용하려면 [PC download]를 클릭합니다.

04 [PC download]를 클릭한 후 32-bit version 또는 64-bit version으로 설치를 선택하여야 합니다. 32/64 선택은 '바탕화면-컴퓨터'에서 마우스 오른쪽 버튼을 클릭한 후 나타나는 메뉴에서 '속성'을 선택합니다. 다음 그림처럼 '시스템 종류 : 32/64 비트 운영체제'에 맞게 설치하여야 합니다.

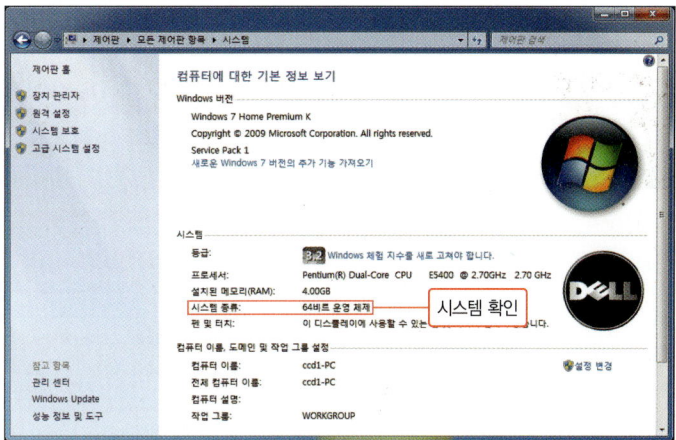

2) 123D 프로그램 설치

01 다음과 같이 설치가 진행됩니다.

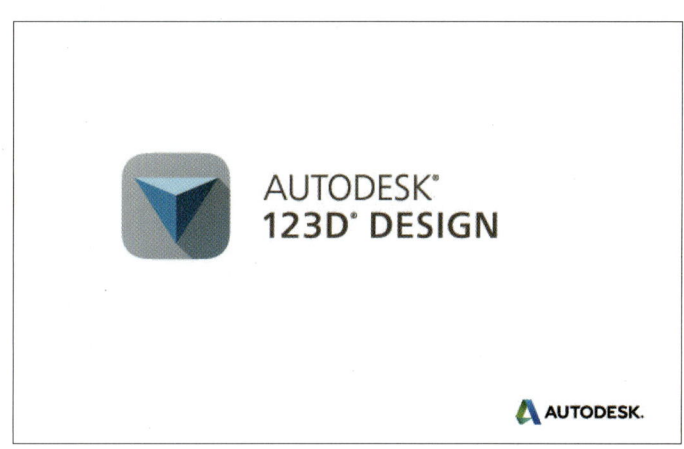

02 [Accept & Install] 버튼을 클릭하면 설치가 시작됩니다.

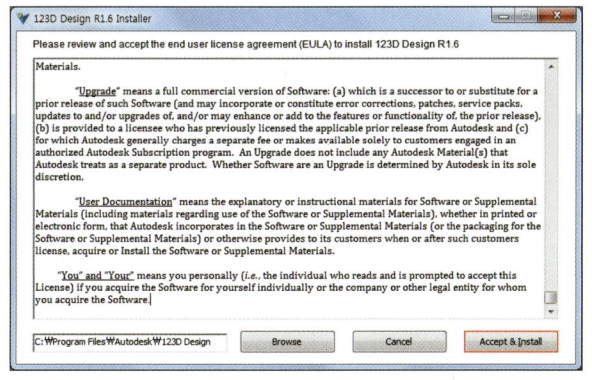
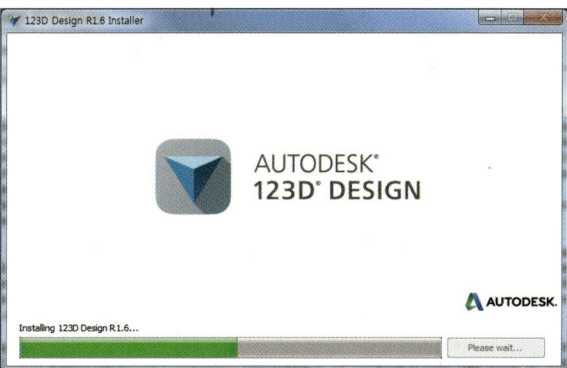

03 설치가 끝나면 바탕화면에서 '123D Design' 아이콘을 실행합니다.

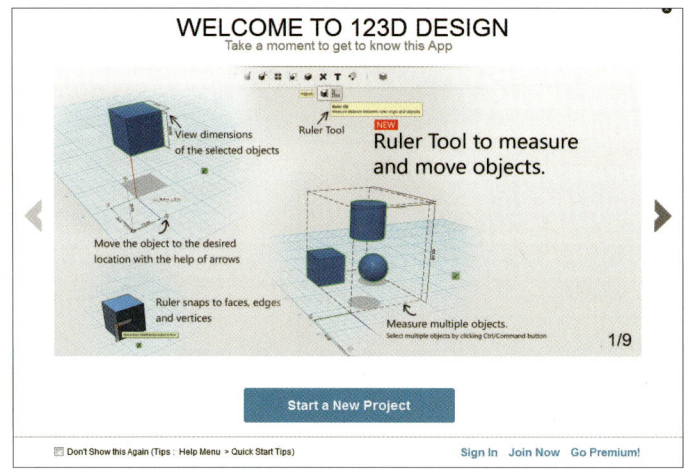

123D 작업화면 및 메뉴

123D 프로그램 작업화면의 구조와 각각의 메뉴에 대해 상세히 알아봅니다.

1 작업화면 구조

123D 디자인 프로그램 작업화면의 메뉴 구조 및 기능에 대해 알아봅시다.

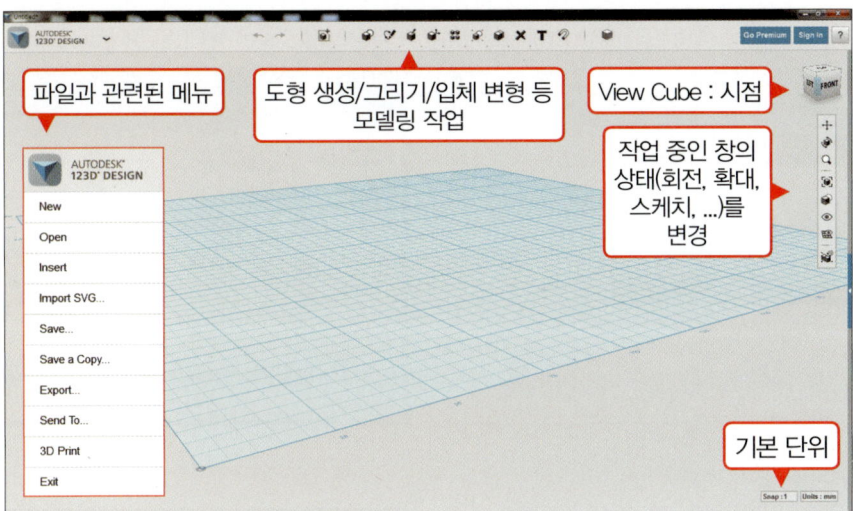

1) 기본 메뉴

❶ 새로 만들기(New) : 새로운 디자인을 시작합니다.

❷ 열기(Open) : 이미 만들어진 다양한 파일들을 불러옵니다.

❸ 저장(Save) : 모델링 한 자료를 저장합니다.

❹ 다른이름으로 저장(Save a copy) : 모델링 한 자료를 다른 이름으로 저장합니다.

❺ 불러오기(Import) : STL파일이나 SVG파일을 스케치 혹은 솔리드 형태로 불러옵니다.

❻ 3D로 내보내기(Export as 3D) : 현재 모델링을 각종 3D파일 형식으로 저장합니다.

❼ 2D로 내보내기(Export as 2D) : 현재 모델링을 각종 2D파일로 저장합니다.

❽ 3D 프린팅(3D Print) : 컴퓨터와 연결된 3D Printer로 현재 모델링을 직접 출력합니다.

❾ 보내기(Send To) : 123D MAKE, 3D 웹 서비스 등으로 보냅니다.

❿ 종료(Exit) : 끝내기

다음은 위의 **1) 기본 메뉴** 설명 중 **❹**, **❺**, **❾**번의 실행화면입니다.

❹ SVG 삽입(Import SVG) ▶ 스케치(As Sketch)

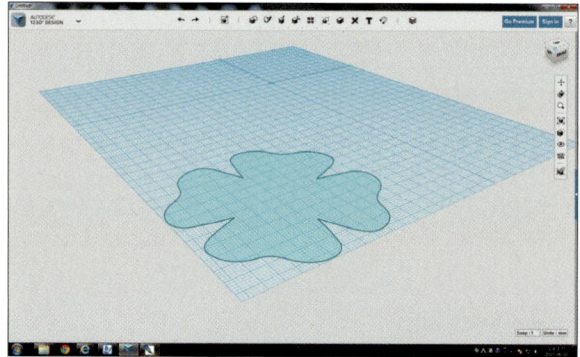

• SVG 삽입(Import SVG) ▶ 솔리드(As Solid)

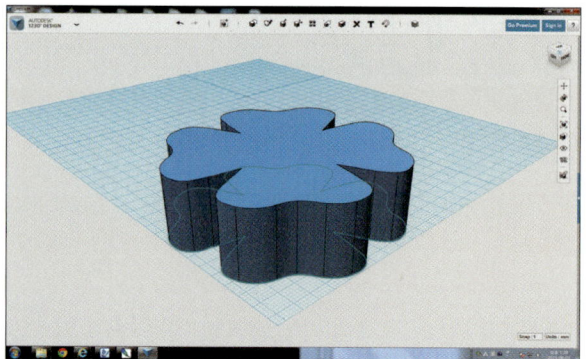

❺ 저장하기(Save) ▶ 내 프로젝트로(To My Projects)

• 저장하기(Save) ▶ 내 컴퓨터로(To My Computer)

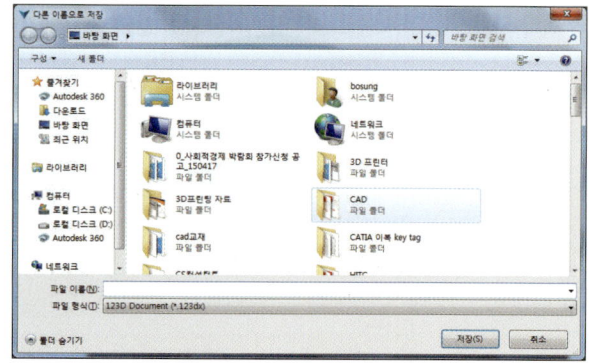

❾ 3D 프린터로 내보내기(3D Print)

2) 상단 메뉴

123D 디자인 프로그램의 모델링에 관한 명령어들이 모여 있습니다.

	← →	작업한 명령을 한 단계 전으로 되돌릴 때 사용 / 취소한 명령을 원래대로 돌릴 때 사용
①		변형(Transform) : 물체의 이동 및 회전, 확대와 축소를 할 때 사용합니다.
②		기본 도형(Primitives) : 도형들을 빠르고 쉽게 생성하는 메뉴입니다.
③		스케치(Sketch) : 다양한 도형들을 그립니다.
④		작성(Construct) : 이미 만들어진 도형의 면을 이용해 변형시키는 메뉴입니다.
⑤		편집(Modify) : 이미 만들어진 도형의 형상을 변형시키는 메뉴입니다.
⑥		패턴(Pattern) : 도형을 복사 및 가로 세로로 배열하는 메뉴입니다.
⑦		그룹(Grouping) : 여러 개의 도형 및 물체를 그룹으로 묶는 메뉴입니다.
⑧		결합(Combine) : 2개의 물체를 하나로 합칩니다.
⑨		조절(Adjust) : 물체에 대해 자세한 수치와 세부 사항을 알 수 있는 메뉴입니다.
⑩	T	텍스트(Text) : 글자를 사용하는 메뉴입니다.
⑪		스냅(Snap) : 물체를 붙이는 메뉴입니다.
⑫		재질(Material) : 물체의 색상과 소재(나무, 철 등)를 결정하는 메뉴입니다.
⑬		뷰큐브(View Cube) : 시점을 변경하는 메뉴입니다.

① 변형(Transform) 🖼️

먼저 알아보기➡ 변형 도구에 대해 알아보기

변형(Transform)을 이용하여 이동(Move), 회전(Rotate), 고정크기 변경(Scale Uniform), 자유크기 변경(Scale Non Uniform)으로 모형을 변형시켜 봅시다.

• 변형 도구 구성

도구명	도구 기능	결과
🖼️ 이동(Move)	화살표 방향으로 물체를 이동시킵니다. 가운데 원을 잡으면 아무 곳이나 이동할 수 있습니다. 숫자를 입력하면 더욱 세밀한 이동이 가능합니다.	
🖼️ 회전(Rotate)	하얀색 원을 잡고 물체를 회전시킬 수 있습니다. 숫자를 입력해 세밀하게 회전시킬 수 있습니다.	
🖼️ 고정크기 변경 (Scale Uniform)	고정된 크기로 물체를 크거나 작게 변형시킬 수 있습니다.	
🖼️ 자유크기 변경 (Scale Non Uniform)	가로 세로 높이, 원하는 방향으로 물체를 변형시킬 수 있습니다.	

② 기본 도형(Primitives) 🧊

먼저 알아보기 ➡ 기본 도형 도구에 대해 알아보기

기본 도형(Primitives)을 이용하여 박스(Box), 구(Sphere), 원기둥(Cylinder), 원뿔(Cone), 토러스
(Torus)의 모형을 만들어 봅시다.

• 기본 도형 도구 구성

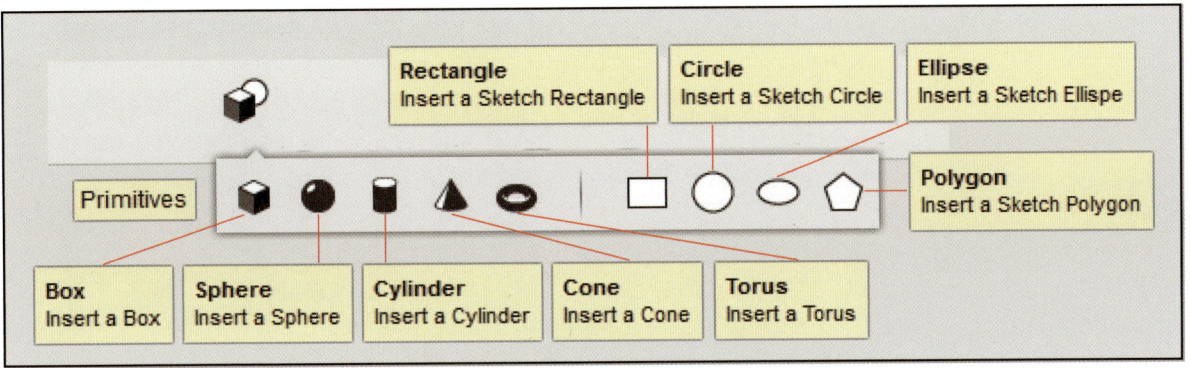

도구명	도구 기능	결과
🧊 박스(Box)	박스 도형을 생성합니다. 가로, 세로, 높이 값을 각각 입력할 수 있습니다. • Length : 길이 • Width : 너비 • Height : 높이	
⚫ 구(Sphere)	원형의 구를 생성합니다. 구의 반지름를 입력할 수 있습니다. • Radius : 반지름	

	원기둥(Cylinder)	원통을 생성합니다. 원의 반지름과 높이를 입력할 수 있습니다. • Radius : 반지름 • Height : 높이	
	원뿔(Cone)	콘을 생성합니다. 원의 반지름과 높이를 입력할 수 있습니다. • Radius : 반지름 • Height : 높이	
	토러스(Torus)	토러스를 생성합니다. 도넛의 반지름과 도넛의 두께를 입력할 수 있습니다. • Major Radius : 도넛의 반지름 • Minor Radius : 도넛 두께	
	사각형(Rectangle)	사각형 도형을 생성합니다. • Length : 길이 • Width : 너비	
	원(Circle)	원을 생성합니다. • Radius : 반지름	

타원(Ellipse)	타원을 생성합니다. • Major Axis : 긴 쪽 거리 • Minor Axis : 짧은 쪽 거리	
다각형(Polygon)	다각형을 생성합니다. • Radius : 반지름 • Sides : 면의 개수	

③ 스케치(Sketch) ☑

먼저 알아보기 ➜ 스케치 도구에 대해 알아보기

스케치(Sketch)를 이용하여 사각형(Rectangle), 원(Circle), 타원(Ellipse), 다각형(Polygon)의 그림을 그릴 수 있습니다.

• 스케치 도구 구성

도구명	도구 기능	결과
사각형(Rectangle)	가로 세로의 크기를 정해서 사각형을 생성합니다.	
원(Circle)	원의 지름을 정해서 생성합니다.	

타원(Ellipse)	타원 장축의 길이와 내부 반지름을 정해서 크기를 생성합니다.	
다각형(Polygon)	3점 이상의 다각형 수를 정해서 생성합니다.	
폴리선(Polyline)	연속되는 직선이나 다각형을 생성합니다.	
곡선(Spline)	부드러운 곡선을 생성합니다.	
2점호(Two Point Arc)	2개의 점을 이용해 원을 생성합니다.	

3점호 (Three Point Arc)	3개의 점을 이용해 원을 생성합니다.	
스케치 모깎기 (Sketch Fillet)	선의 가장자리를 부드럽게 만들어줍니다. (모깎기) Fillet Radius : 모깎기 반지름	
잘라내기(Trim)	필요 없는 선을 잘라냅니다.	
연장하기(Extend)	선을 연장하거나 잇습니다.	
간격 띄우기(Offset)	입력한 수만큼 선을 키워서 복사합니다.	

도구명	도구 기능	결과
형상투영(Project)	선을 면에 맞춰서 투영(생성)합니다.	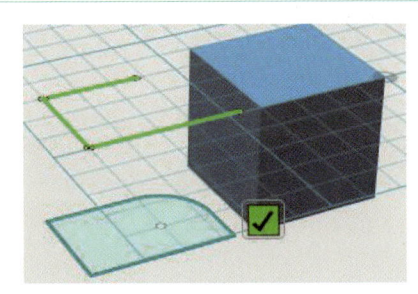

④ 작성(Construct) 🖌

먼저 알아보기 ➔ **작성 도구에 대해 알아보기**

작성(Construct)을 이용하여 돌출(Extrude), 스윕(Sweep), 리볼브(Revolve), 로프트(Loft)로 모형을 만들어 봅시다.

• **작성 도구 구성**

도구명	도구 기능	결과
돌출(Extrude)	평면 도형을 늘려서(돌출시켜서) 입체 도형을 생성합니다.	
스윕(Sweep)	선택한 면과 연결된 선을 따라 도형을 생성합니다. 면과 선은 직각으로 겹쳐져 있어야 합니다.	
리볼브(Revolve)	도형과 직선을 기준으로 원을 그리며 회전시켜 도형을 생성합니다.	

로프트(Loft)	2개 이상의 도형을 이용해 원통을 생성합니다.	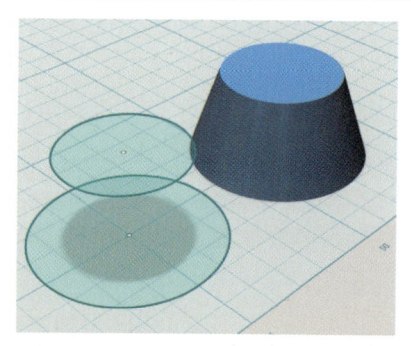

⑤ 편집(Modify)

먼저 알아보기➔ **편집 도구에 대해 알아보기**

편집(Modify)을 이용하여 프레스 풀(Press Pull), 비틀기(Tweak), 모깎기(Fillet), 셀(Shell)로 모형을 다듬어 봅시다.

• 편집 도구 구성

도구명	도구 기능	결과
프레스 풀(Press Pull)	선택한 면을 늘리거나 줄입니다.	
비틀기(Tweak)	선택한 점, 선, 면을 기울이거나 회전하는 등 자유롭게 변형합니다.	

분할(Split Face)	선을 이용해서 면을 나눌 때 사용합니다. (물체의 면만 나누어집니다).	
모깎기(Fillet)	모서리를 둥글게 만들 때(모깎기) 사용합니다. Fillet Radius : 모깎기 반지름	
모따기(Chamfer)	모서리를 각지게 만들 때(모따기) 사용합니다. • Distance : 거리	

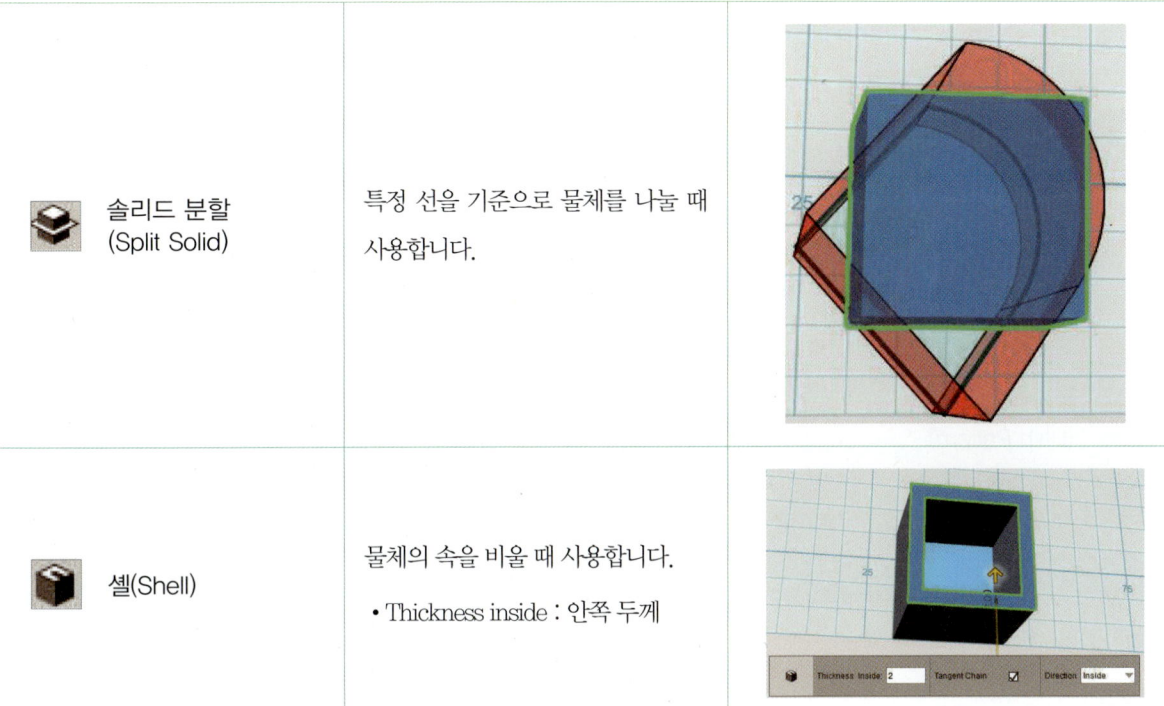 솔리드 분할 (Split Solid)	특정 선을 기준으로 물체를 나눌 때 사용합니다.	
셸(Shell)	물체의 속을 비울 때 사용합니다. • Thickness inside : 안쪽 두께	

⑥ 패턴(Pattern)

먼저 알아보기➜ **패턴 도구에 대해 알아보기**

패턴(Pattern)을 이용하여 직사각형 패턴(Rectangle Pattern), 원형 패턴(Circular Pattern), 대칭 (Mirror)을 이용해 패턴을 만들어 봅시다.

• 패턴 도구 구성

도구명	도구 기능	결과
직사각형 패턴 (Rectangle Pattern)	같은 거리에 동일한 물체를 직각 모 양으로 복사 나열할 때 사용합니다. • Axis : 중심축	

원형 패턴 (Circular Pattern)	같은 거리에 동일한 물체를 원형 모 양으로 복사 나열할 때 사용합니다.	
패스 패턴 (Path Pattern)	지정해준 선을 따라서 복사 나열할 때 사용합니다.	
대칭(Mirror)	지정해준 면(물체만 가능, 스케치는 불가능)을 기준으로 대칭되게 복사 합니다. • Mirror Plane : 대칭면	

⑦ 그룹(Grouping)

먼저 알아보기 ➡ 그룹 도구에 대해 알아보기

그룹(Grouping)을 이용하여 그룹(Group), 그룹해제(Ungroup), 모든 그룹해제(Ungroup All)로 모형을 그룹화시켜 봅시다.

• 그룹 도구 구성

도구명	도구 기능	결과
그룹(Group)	여러 개의 물체를 하나의 그룹으로 만듭니다.	
그룹해제(Ungroup)	물체를 선택해 그룹을 해제합니다.	

모든 그룹해제 (Ungroup All)	모든 그룹을 해제합니다.	

⑧ 결합(Combine) 🔲

먼저 알아보기 ➡ **결합 도구에 대해 알아보기**

결합을 이용하여 합치기(Merge), 빼기(Subtract), 교집합(Intersect)으로 모형과 모형을 결합시켜 봅시다.

• **결합 도구 구성**

도구명	도구 기능	결과
🔲 합치기(Merge)	두 개의 물체를 하나로 합칩니다. (합집합)	
🔲 빼기(Subtract)	겹쳐진 부분을 삭제합니다. (차집합)	
🔲 교집합(Intersect)	겹쳐진 부분만 남깁니다. (교집합)	

⑨ 조절(Adjust) ✖

먼저 알아보기➡ 조절 도구에 대해 알아보기

조절(Adjust) 도구의 측정(Measure), 단위(Ruler)를 이용해 모형의 길이를 측정해 봅시다.

• 조절 도구 구성

도구명	도구 기능	결과
측정(Measure)	물체의 세부사항을 알 수 있습니다. (면, 선의 길이, 각도 등)	
단위(Ruler)	물체의 길이나 바닥으로부터 측정합니다.	

⑩ 텍스트(Text) T

먼저 알아보기➡ 텍스트 도구에 대해 알아보기

텍스트(Text)를 이용하여 원하는 글자를 입력합니다.

• 텍스트 도구 구성

도구명	도구 기능	결과
T 텍스트(Text)	글자를 사용합니다. 크기(Hight), 각도 기울기(Angle), 폰트(Font) 등의 조절이 가능합니다. 한글은 한글 폰트로 변경해야 합니다.	

⑪ 스냅(Snap)

먼저 알아보기 ➡ 스냅 도구에 대해 알아보기

스냅을 이용하여 떨어져 있는 물체를 붙여봅시다.

• **스냅 도구 구성**

도구명	도구 기능	결과
스냅(Snap)	물체와 물체를 붙입니다.	

⑫ 재질(Material)

먼저 알아보기 ➡ 재질 도구에 대해 알아보기

재질(Material)을 이용하여 물체의 재질을 바꿔봅시다.

• **재질 도구 구성**

도구명	도구 기능	결과
재질(Material)	물체의 소재 및 색상을 변경합니다. (나무, 플라스틱 등)	

⑬ 뷰큐브(View Cube)

먼저 알아보기 → **뷰큐브 도구에 대해 알아보기**

뷰큐브(View Cube)를 이용하여 모형을 바라보는 시점을 바꿔봅시다.

• **뷰큐브 도구 구성**

도구명	도구 기능	결과
뷰큐브(View Cube)	뷰큐브를 통해 시점을 변경할 수 있습니다 • Orthographic : 직교 평면 시점 • Perspective : 원근법 시점	

3) 하단 메뉴

모델링을 선택하면 그 모델링들이 수행할 수 있는 명령어로, 선택한 개체에 따라서 표시되는 메뉴가 각기 다르게 표시됩니다.

도구명	도구 기능	결과
이동(Move)	물체를 상하 좌우로 이동합니다.	
크기 변경(Scale)	가로 세로 높이로 물체의 크기를 변형시킬 수 있습니다.	

숨기기(Hide)	물체를 숨길 수 있습니다.	
재질(Material)	물체의 소재 및 색상을 변경합니다. (나무, 플라스틱 등)	
치수 정보 (Selection Dimension Info)	물체의 치수 정보를 보여 줍니다.	
선택한 것을 내보내기 (Export Selection)	물체를 파일로 내보냅니다.	
메쉬믹서로 보내기 (Send to Meshmixer)	물체를 메쉬믹서로 보냅니다.	
3D 프린터로 보내기 (Send to 3D Print)	물체를 3D 프린터의 SD 파일로 만 들어 보냅니다.	
메이크로 보내기 (Send to Make)	물체를 메이크로 보냅니다.	

2 기타 메뉴

1) 오른쪽 보조 아이콘 메뉴

마우스로 뷰큐브 박스를 이동해 시점을 직접 움직일 수 있습니다.

① 뷰큐브(View Cube)

– 뷰큐브 툴로 작업창의 시점을 변경합니다.

먼저 알아보기 ➔ 뷰큐브 도구에 대해 알아보기

뷰큐브를 이용하여 모형을 바라보는 시점을 바꿔 봅시다.

• 뷰큐브 도구 구성

도구명	도구 기능	결과
뷰큐브(View Cube)	뷰큐브를 통해 시점을 변경할 수 있습니다 • Orthographic : 직교 평면 시점 • Perspective : 원근법 시점	

2) 오른쪽 메뉴

좀 더 정밀하게 화면 제어를 하기 위한 명령어들이 모여 있습니다.

도구명	도구 기능	결과
시점 이동(Pan)	• 상하 좌우로 시점을 이동합니다. • 마우스 휠버튼 클릭 시와 같은 역할을 합니다.	
시점 회전(Orbit)	시점을 회전합니다. 마우스 오른쪽 버튼 클릭 시와 같은 역할을 합니다.	
줌(Zoom)	• 시점을 확대하거나 축소합니다. • 마우스 휠버튼의 상하 이동과 같은 역할을 합니다.	
맞춤(Fit)	• 한 개의 물체를 클릭하였을 때 : 물체 기준으로 시점이 이동합니다. • 물체를 클릭하지 않았을 때 : 전체 화면으로 시점이 이동합니다. • 키보드 F 키와 같은 역할을 합니다.	

재질&아웃라인 (Materials & Outlines)	• 재질과 아웃라인(Materials & Outlines) : 물체와 외곽선을 전체 표시합니다. • 재질만(Materials Only) : 물체만 표시합니다. • 아웃라인만(Outlines Only) : 외곽선만 표시합니다.	
표시(Visibility)	• 솔리드와 메쉬 보기(Show Solids/Meshes) : 솔리드나 메쉬로 구성된 물체를 보이게 합니다. • 솔리드와 메쉬 숨기기(Hide Solids/Meshes) : 솔리드나 메쉬로 구성된 물체를 안 보이게 합니다. • 스케치 보기(Show Sketch) : 스케치를 화면에 보이게 합니다. • 스케치 숨기기(Hide Sketch) : 스케치를 화면에 안 보이게 합니다.	
모눈종이 표시/숨김 (Grid Visibility ON/OFF)	격자무늬를 나타나거나 사라지게 합니다.	
스냅 시 자동그룹 적용/해제 (Grouping While Snapping ON/OFF)	Snap 메뉴 사용 시 선택된 물체들이 자동으로 그룹화될지를 결정합니다.	

3) 오른쪽 아래 메뉴

최소 스냅거리와 단위를 설정할 수 있는 메뉴입니다.

도구명	도구 기능
Snap : 1 스냅(Snap)	격자무늬에서 물체를 이동시키는 단위입니다.
Units : mm 단위(Ruler)	단위를 변경합니다.

3D 프린팅
활용 예제
따라하기

PART 04

123D 디자인 프로그램의 기본 기능과 고급 기능 등을 활용하여 실생활에서 사용할 수 있는 디자인인 기초 예제, 중급 예제, 고급 활용 예제를 만들어 보겠습니다. 따라하기 순서대로 연습을 하면 모델링 전체의 흐름을 파악하여 다양한 기능을 익힐 수 있습니다.

완성파일 제공
성안당(http://www.cyber.co.kr)에 로그인 하신 후 [자료실]−[자료실]에서 다운로드 받으세요.

3D 프린팅 활용 **기초**

3D 프린팅을 활용하기 위해 기초적인 단계로 명함, 꽃병, 연필통을 만들어 봅니다.
사각형과 텍스트, 원 기능 등을 이용해 만들어 봅니다.

1 명함 만들기

∷ 만들어보기

- 사각형(Rectangle)과 텍스트(Text)를 이용해 나만의 명함을 만들어 봅니다.
- 나의 사진을 넣어 세상에 하나뿐인 명함을 만들어 봅니다.

IUM DLP

ODC
010-7777-7777
odc0301@gmail.com

체·크·포·인·트

1 스케치(Sketch)와 돌출(Extrude)로 형상을 만드는 것을 이해합니다.

2 텍스트(Text)를 삽입하는 것을 이해합니다.

3 익스플로드(Explode)의 사용 방법을 이해합니다.

4 삽입(Insert)한 이미지를 합치기(Merge)하는 것을 이해합니다.

---

1) 명함 형상 만들기

01 상단 메뉴의 스케치(Sketch)에서 사각형(Rectangle)을 선택합니다.

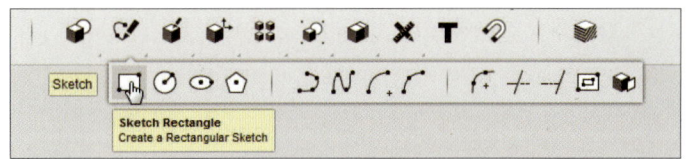

+ 플러스 Tip

사각형(Rectangle)을 그릴 때 작업창을 클릭하면, 모눈종이(Grid)가 커서를 따라 확장됩니다.

02 가로 86mm, 세로 52mm를 입력합니다. 키보드를 사용하면 더 정확하게 입력할 수 있습니다.([Tab] 키, 숫자 키)

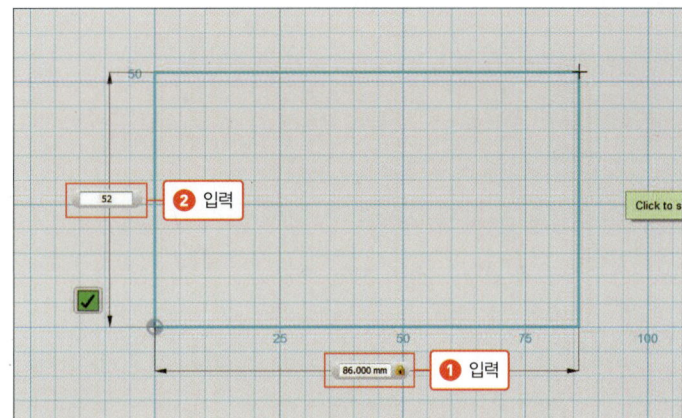

03 면을 마우스로 클릭한 후 '작성(Construct)-돌출(Extrude)'을 클릭합니다.

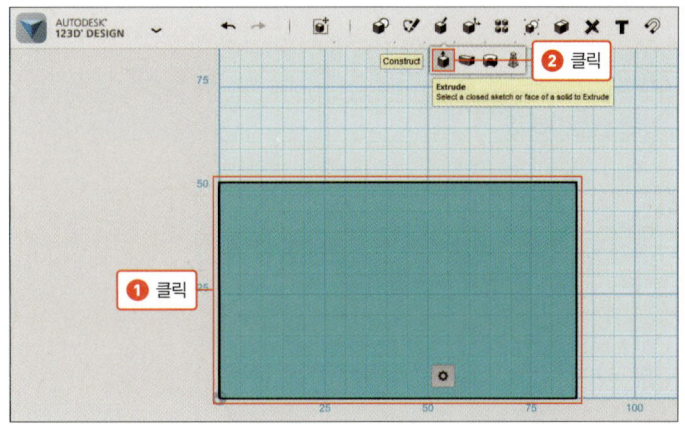

04 드래그하여 면을 선택한 후 '1'을 입력하여 1mm만큼 돌출(Extrude)시킵니다.

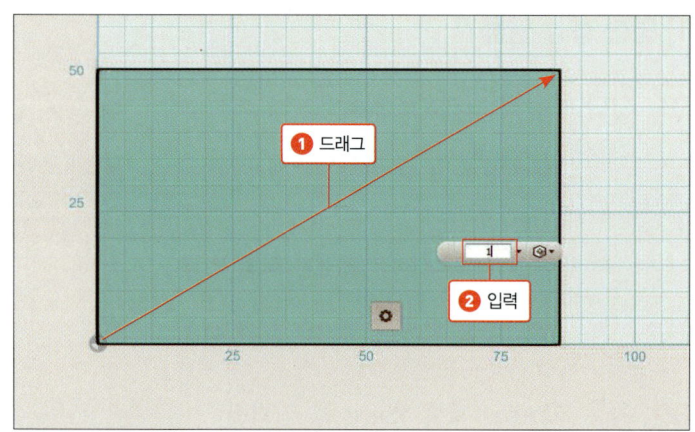

05 명함의 기본적인 형상이 만들어졌습니다. 명함의 기본적인 형태를 돌려보면서 명함의 범위를 지정해 봅니다.

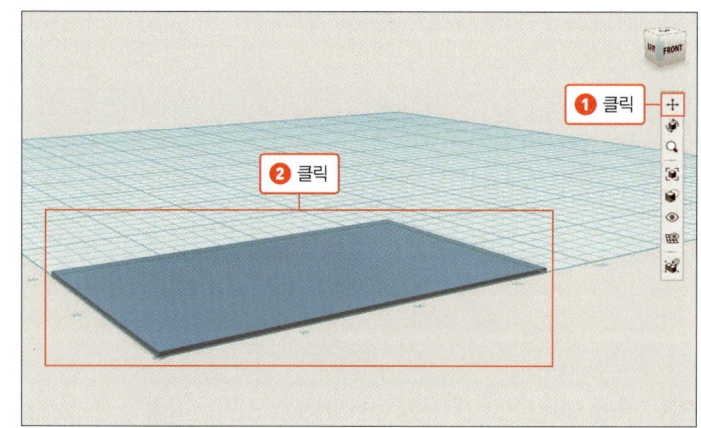

2) 텍스트 넣기

01 상단 메뉴에서 '텍스트(Text)' 메뉴를 클릭한 후 만들어진 면을 클릭합니다.

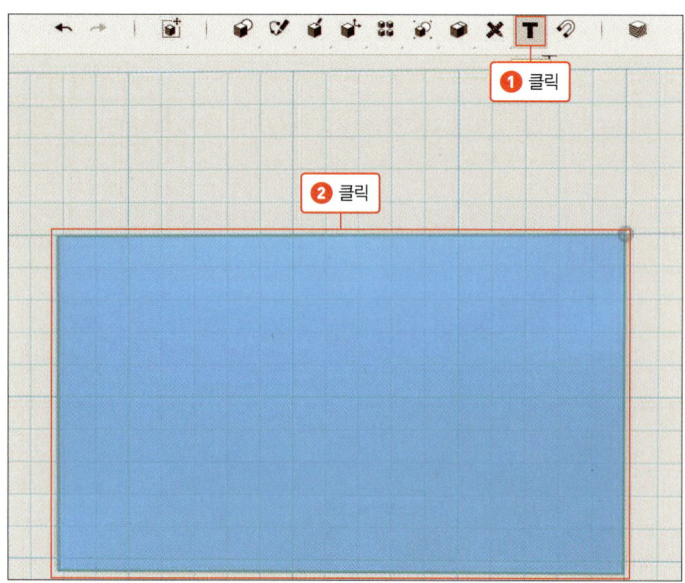

+ 플러스 Tip

정중앙 위에 회사 이름을 입력하고, 학교 이름 우측에 이름, 전화번호, 이메일 주소를 입력합니다.

02 텍스트(Text) 입력창에 원하는 글을 입력('IUM DLP')한 후 폰트(Font)는 '맑은 고딕'을 선택합니다. 똑같은 작업을 반복해서 이름과 전화번호, 이메일 주소를 입력합니다. (각자의 이름과 전화번호로 변경하여 입력해 보세요.)

+ 플러스 Tip

> 텍스트(Text)로 한글을 입력할 때, 폰트를 한글 폰트로 바꿔주지 않으면 화면에 한글이 제대로 나오지 않습니다.

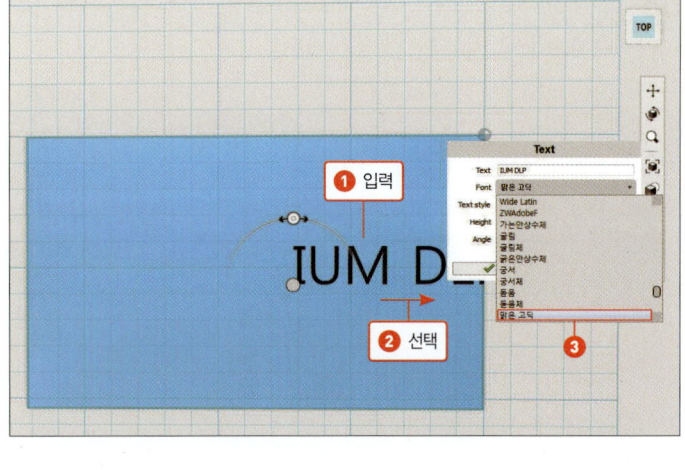

03 작성된 텍스트(Text)를 클릭하면 나타나는 톱니 모양을 클릭한 후에 '익스플로드(Explode)'를 선택합니다.

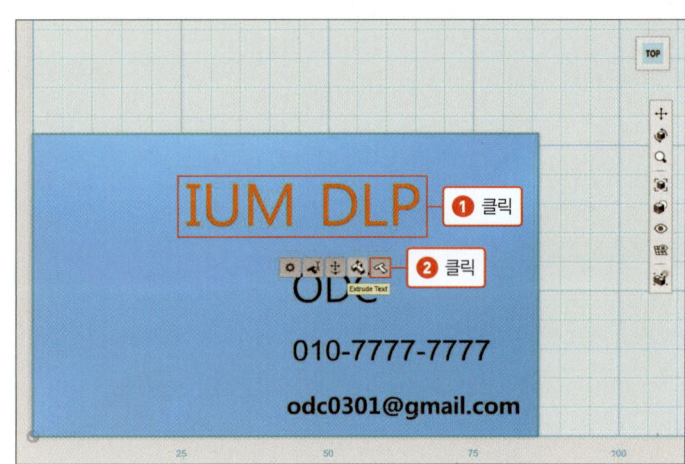

04 익스플로드(Explode)를 선택하면 텍스트(Text)는 모양이 바뀝니다. 글자의 꼭짓점이나 선을 마우스로 클릭한 후 그림과 같이 자유자재로 변형시킵니다.

+ 플러스 Tip

> 이때 주의할 점은 선과 선 사이에 공백이 생기면 안 됩니다. 공백이 있으면 '돌출(Extrude)' 메뉴를 사용할 수 없습니다.

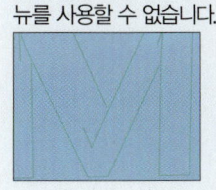

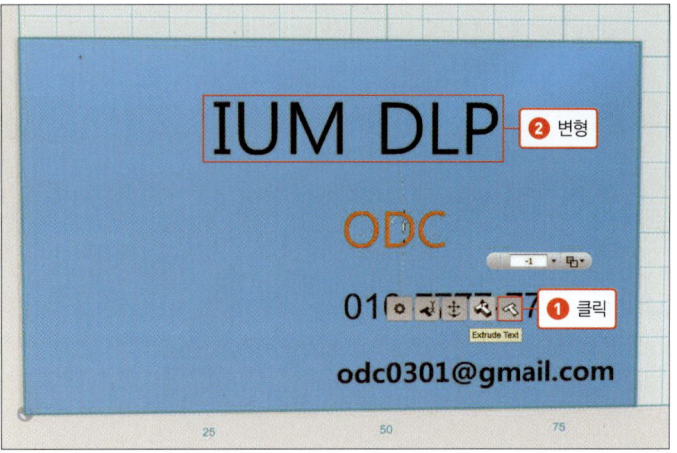

PART 04 3D 프린팅 활용 예제 따라하기

05 작성된 텍스트를 선택하고 [돌출 (Extrude)] 메뉴를 클릭합니다.

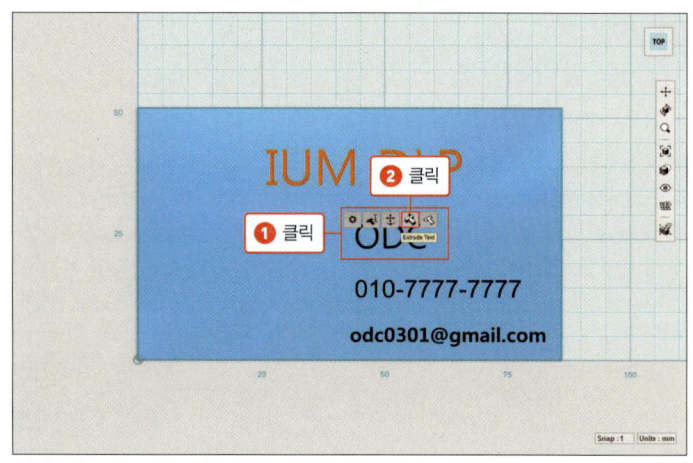

06 작성된 텍스트를 선택한 상태에서 돌출(Extrude) 입력창이 나타나면 '−1'을 입력해서 속을 비워줍니다.

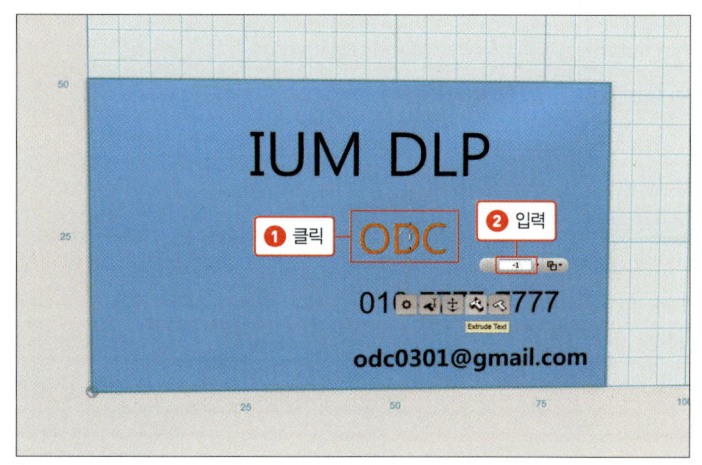

07 익스플로드(Explode)로 작성된 텍스트를 선택하고 [돌출(Extrude)] 메뉴를 클릭합니다. 마찬가지로 입력창에 '−1'을 입력해서 속을 비워줍니다. 모두 완성되었다면 이제 왼쪽의 비어 있는 부분에 자신이 원하는 그림이나 모양을 넣어봅니다. 여기에서는 사과 모양과 자신의 사진을 넣어봅니다.

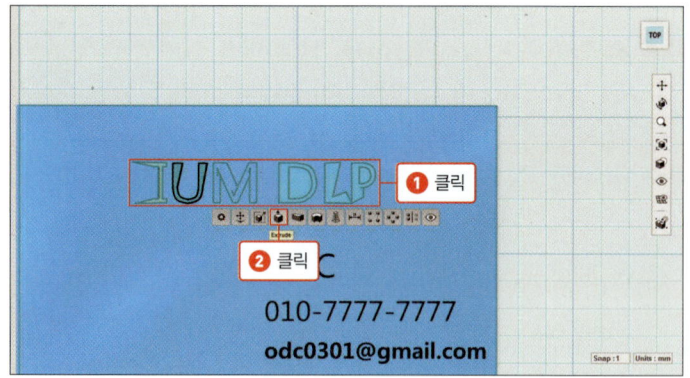

3) 문양 넣기

01 'thingiverse.com' 사이트에 접속해서 'applejack'으로 검색한 후 'Applejack's Cutle Mark'를 선택합니다. [Download This Thing!]을 클릭한 후 [Download all Files]를 클릭하여 다운로드합니다.

+ 플러스 Tip

윈도우 인터넷 익스플로러(window internet explorer) 11 이하는 다운이 잘 안 됩니다. 11 이상이나 크롬을 이용해서 다운받도록 하기 바랍니다.

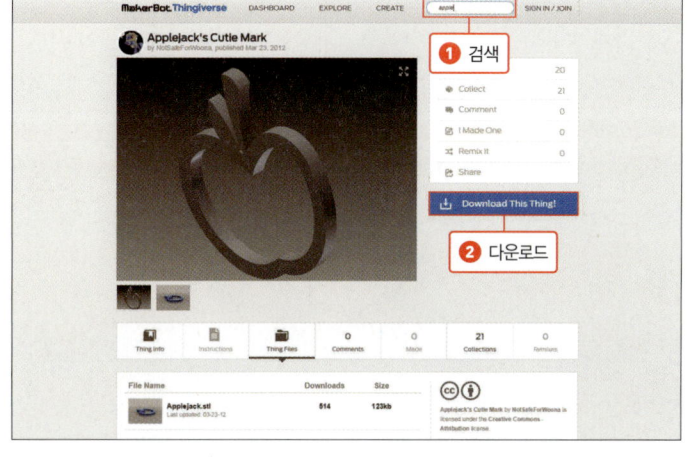

02 기본 메뉴에서 [삽입(Import)] 메뉴를 클릭한 후 [3D 모델(3D Model)] 메뉴를 선택하여 'Browse My Computer'를 클릭합니다. 다운로드 받은 파일을 불러옵니다.

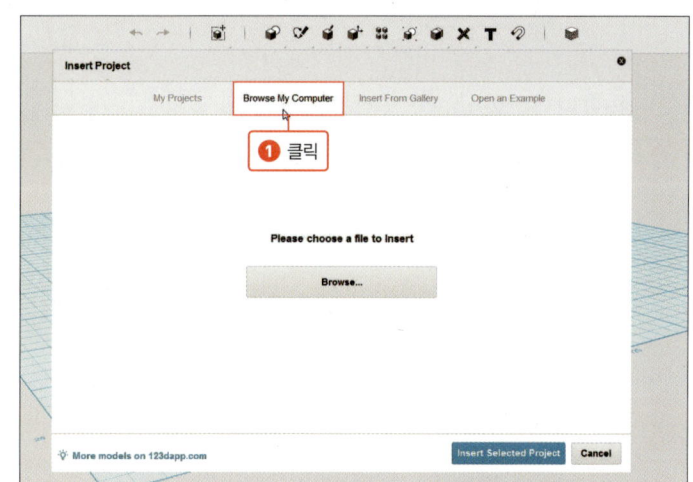

03 창이 나오면 불러올 파일을 클릭합니다.

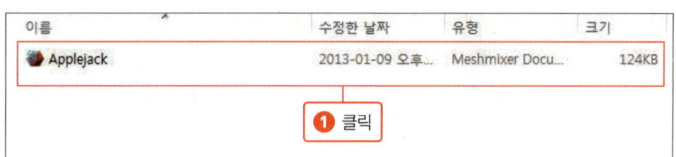

04 불러온 애플마크를 선택한 후 [이동 (Move)] 메뉴를 클릭하여 이동합니다.

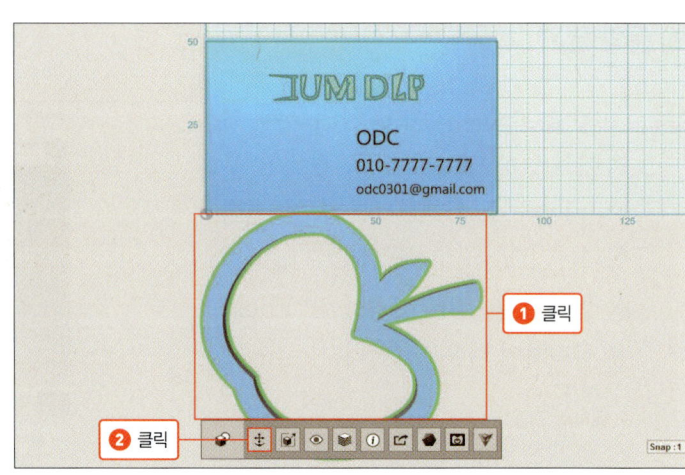

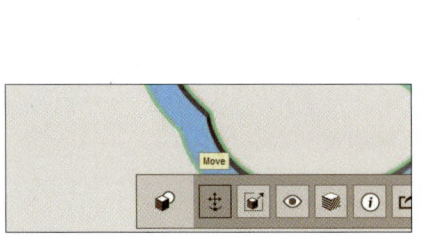

05 애플마크를 선택한 후 [회전 (Rotate)] 메뉴를 클릭하여 올바르게 맞춥니다. 이동(Move)과 회전 (Rotate)은 같은 버튼을 클릭해서 사용합니다. 화살표를 클릭하면 이동 (Move)하고, 눈금이 있는 원둘레를 누르면 회전(Rotate)이 됩니다.

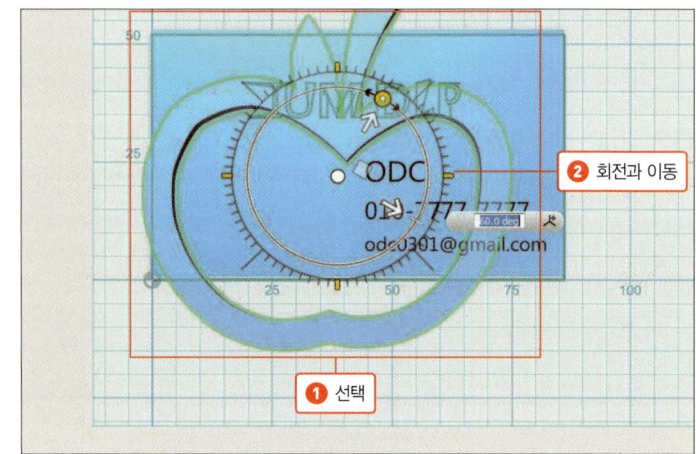

06 애플마크를 선택한 후 [크기 변경 (Scale)] 메뉴를 선택하고 팩터 (Factor)에 '0.3'을 입력해 크기를 알맞게 줄여줍니다.

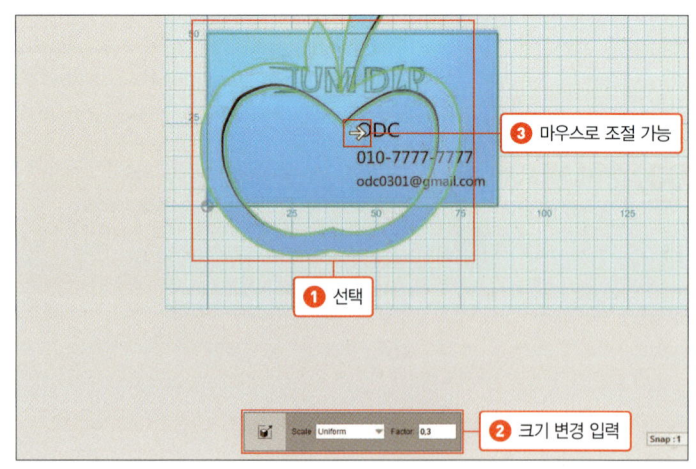

07 뷰큐브(View Cube) 시점을 탑(Top)에서 앞(Front)으로 변경합니다. 애플마크와 명함이 일치되도록 애플마크를 선택한 후 [이동(Move)] 메뉴를 클릭하여 이동합니다.

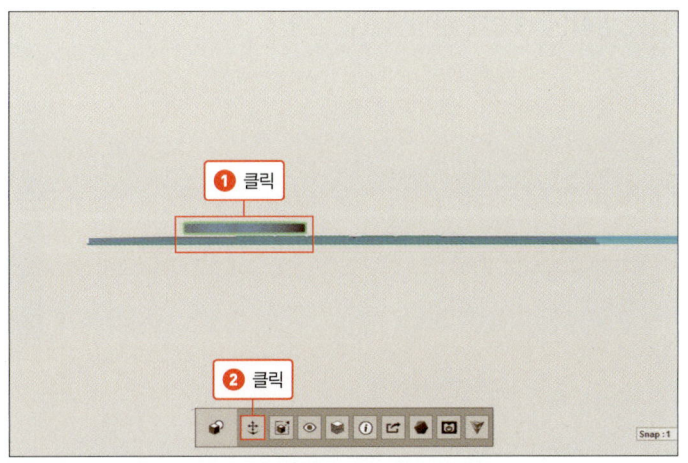

08 애플마크를 넣을 영역을 선택한 후 상단 메뉴에서 '결합(Combine)−빼기(Subtract)' 명령을 선택합니다.

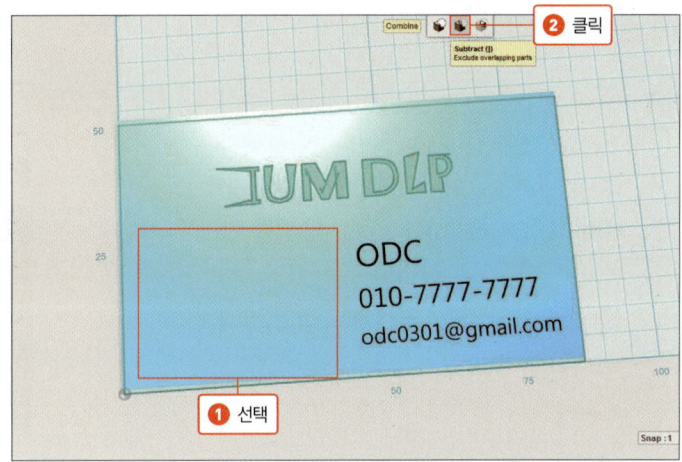

09 타깃(Target)을 클릭하고 소스(Source)를 클릭합니다. 마우스를 빈 곳에 대고 클릭하거나 '결합(Combine)−빼기(Subtract)'를 다시 클릭합니다.

10 명함이 예쁘게 완성되었습니다.

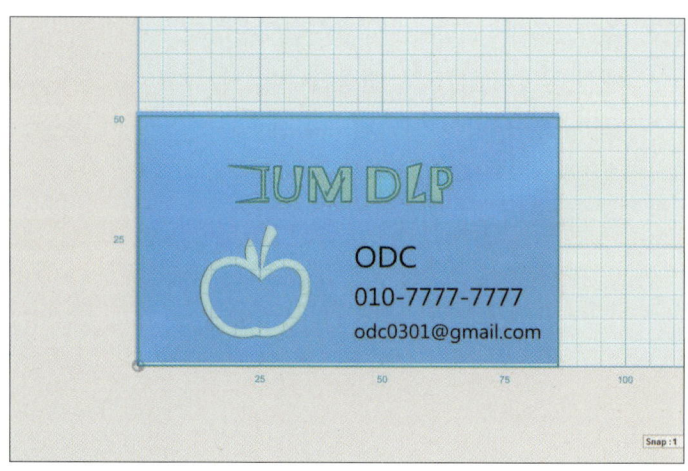

4) 명함에 사진 넣기

01 'thingiverse.com' 사이트에서 'image to stl converter'로 검색한 후 [Download This Thing!]를 클릭하고 [Download all Files]를 클릭하여 다운로드합니다.

(2D 사진을 3D로 변환하는 프로그램입니다.)

+ 플러스 Tip

윈도우 인터넷 익스플로러(window internet explorer) 11 이하는 다운이 잘 안됩니다. 11 이상이나 크롬을 이용해서 다운받도록 합시다.

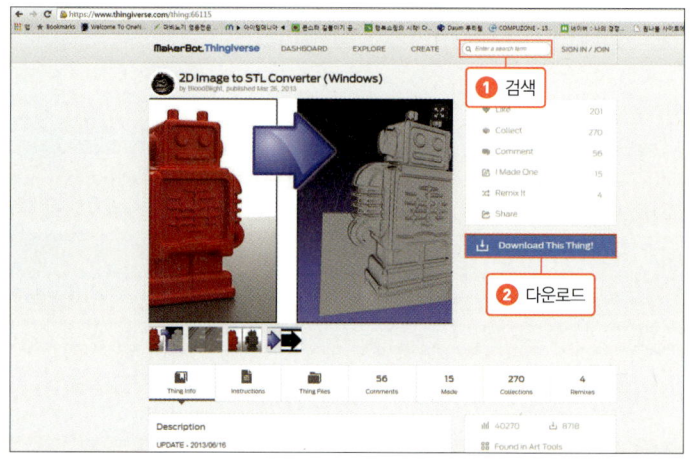

02 다운로드받은 image to stl 파일을 실행합니다. 실행한 후 오픈 이미지를 클릭해 원하는 사진을 선택합니다. Lock Radio 체크를 해제한 후 Target Size 빈 칸에 40(가로), 28(세로)를 입력합니다. [Create STL] 버튼을 선택하면 사진이 stl 파일로 생성됩니다.

▲ 2D 사진   ▲ 3D 사진 STL 파일 변환 저장

+ 플러스 Tip

Image to stl 파일을 실행하려면 넷프레임워크 (net framework) 4.0이 설치되어 있어야 합니다. 마이크로소프트 홈페이지에서 다운받을 수 있습니다.

03 기본 메뉴에서 [삽입(Insert)] 메뉴를 이용해 만들어둔 stl 파일을 불러옵니다.

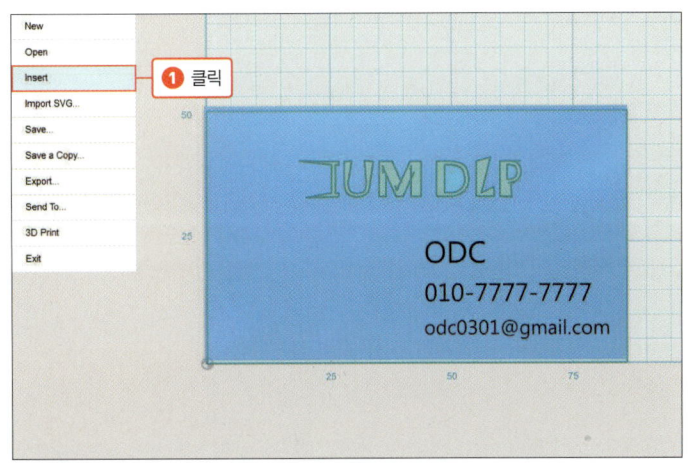

04 불러들인 파일을 선택하여 이동 (Move), 회전(Rotate), 크기 변경 (Scale) 명령을 이용해 명함으로 이동합니다.

+ 플러스 Tip

사진 이동 시 명함 크기에 맞게 조절합니다.

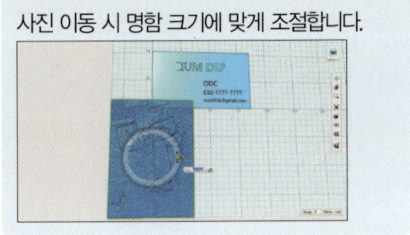

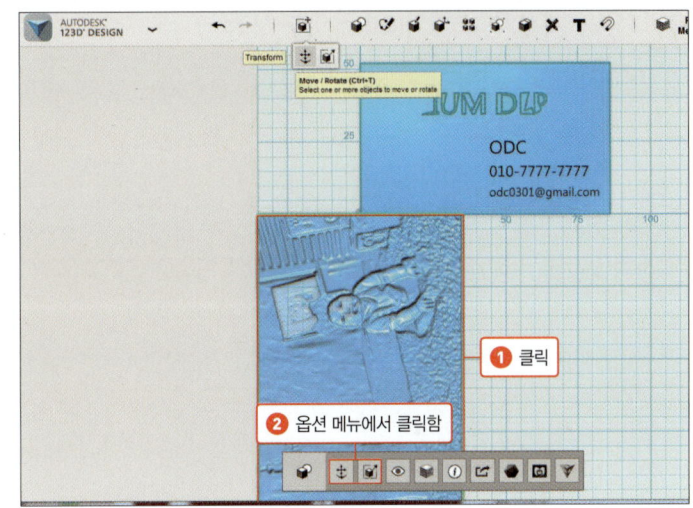

05 불러들인 사진 파일을 클릭한 후 그림과 같이 키보드 [I]를 누릅니다.

+ 플러스 Tip

키보드 [I]는 길이(가로X세로 크기)를 측정하는 단축키입니다.

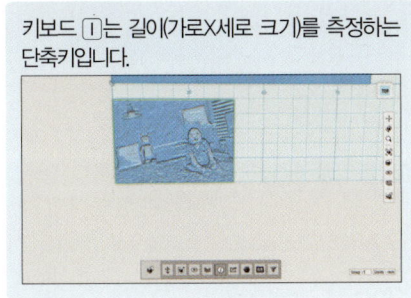

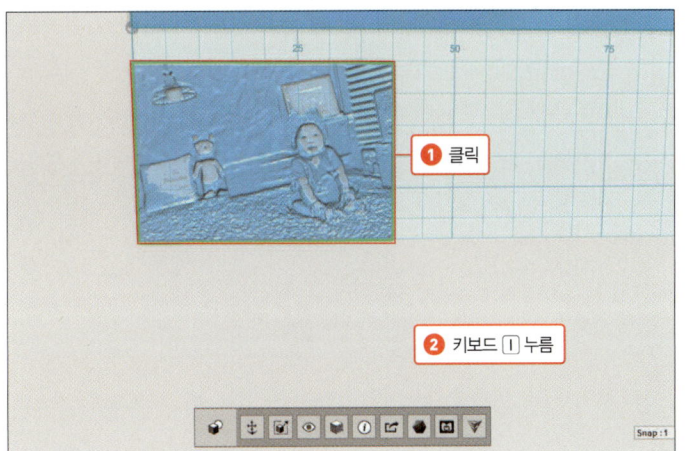

06 사진에서 측정한 가로 세로 크기를
확인합니다.

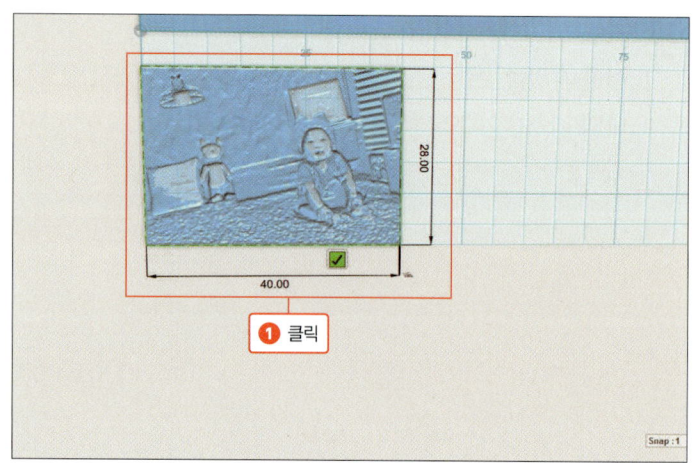

07 상단 메뉴의 '스케치(Sketch)−사각
형(Rectangle)'을 클릭합니다.

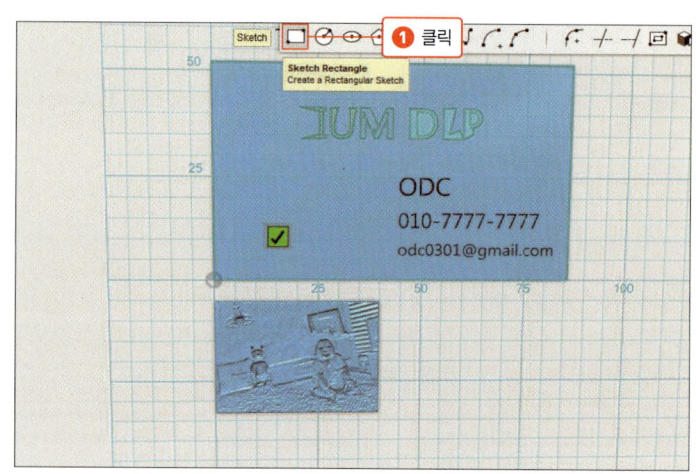

08 가로 '40', 세로 '28'을 입력한 후
명함의 사진 크기에 맞게 사각형
(Rectangle)을 그려줍니다.

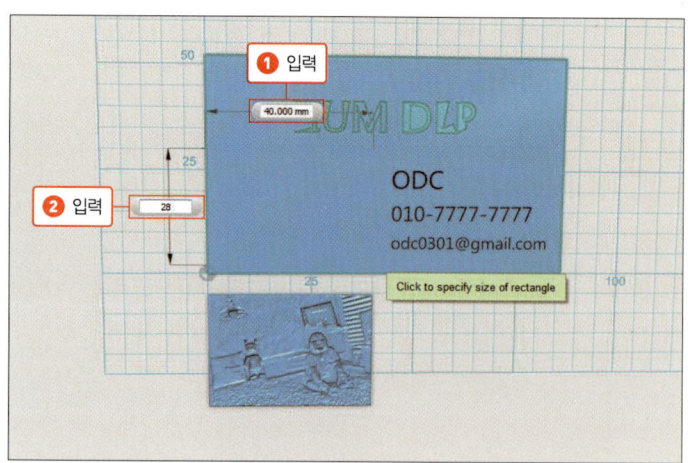

09 생성된 사각형(Rectangle)을 클릭
합니다. 명함 때문에 클릭이 잘 안되
기 때문에 시점을 움직여 뒤에서 클
릭합니다.

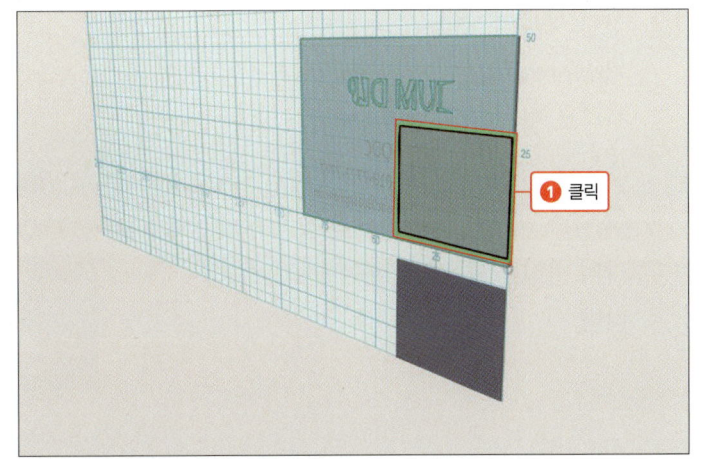

10 선택한 면에 돌출(Extrude) 명령을
이용해 돌출 값 '2'를 입력합니다.

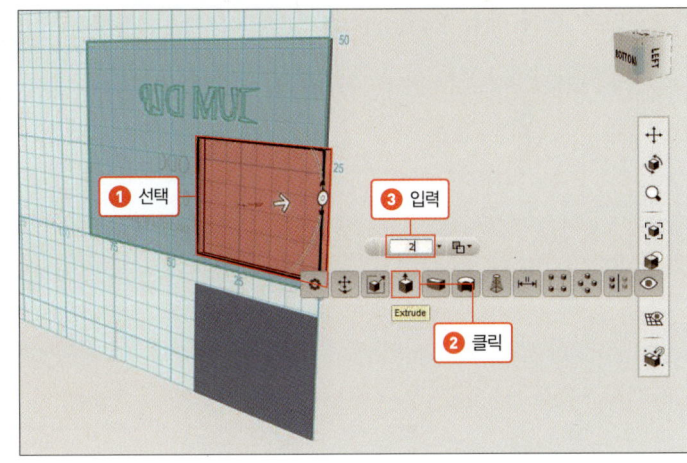

+ 플러스 Tip

돌출(Extrude) 값을 2로 주면 그림처럼 붉은색
을 띠면서 면이 삭제됩니다.

11 사진 파일을 선택한 후 이동(Move)
명령을 이용해 사진 파일을 명함 파
일의 빈 곳으로 위치를 이동합니다.

+ 플러스 Tip

명함과 사진을 이동하여 원하는 위치에 이동된
모습입니다.

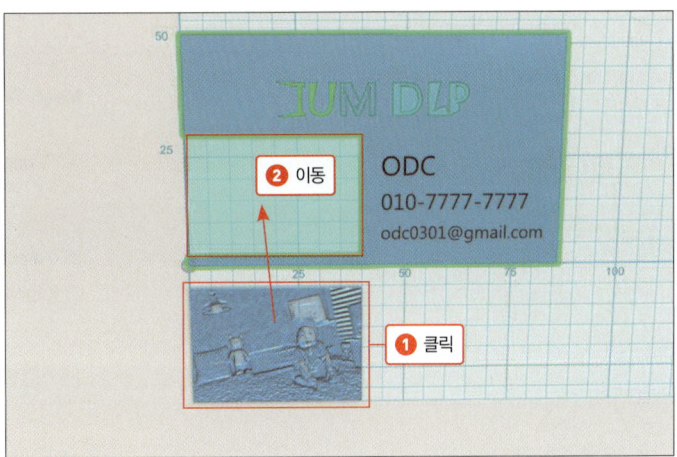

12 상단 메뉴의 '결합(Combine)–합치
기(Merge)' 명령을 이용해 두 파일을
하나로 합칩니다. 타깃(Target)으로
명함을 잡고, 소스(Source)로 사진
을 잡아 합치면 하나로 합쳐집니다.
나의 사진을 넣은 명함이 완성되었습
니다.

13 좌측 상단 메뉴 Export as 3D → STL 메뉴를
클릭합니다.

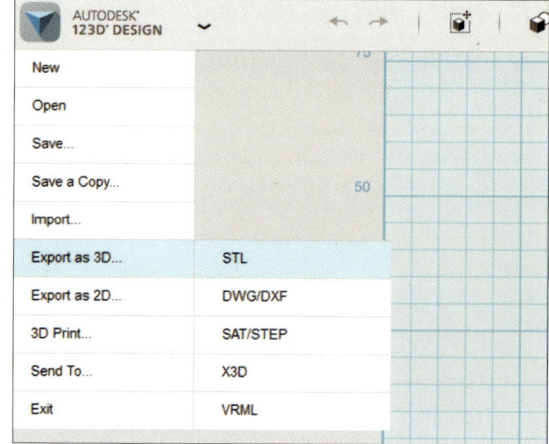

14 보기와 같은 메시지가 나타나면
'Combine Objects'에 체크를 활성
화 시켜주시고 OK 버튼을 눌러 STL
파일을 저장합니다.

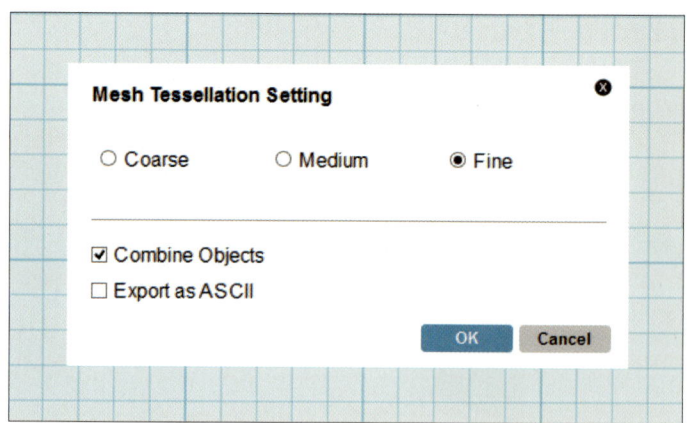

+ 플러스 Tip

Combine Object에 활성화가 되지 않았다면 그냥 OK를 눌러 STL파일을 저장합니다.

2 꽃병 만들기

:: 만들어보기

- 원의 크기를 다르게 해 매끄러운 디자인의 꽃병을 만들어 봅시다.
- 자신만의 모양을 넣어 세상에 하나뿐인 꽃병을 만들어 봅시다.

체·크·포·인·트

1 스케치(Sketch)를 이용해 로프트(Loft)를 사용해 봅니다.

2 모깎기(Fillet)와 셸(Shell)의 사용법을 알아둡니다.

3 import svg로 이미지를 불러옵니다.

4 재질(Material) 사용에 대해 이해합니다.

1) 꽃병 형상 만들기

01 상단 메뉴의 '스케치(Sketch)-원 (Circle)'을 이용해 지름값이 20, 30, 40, 50의 원을 생성합니다.

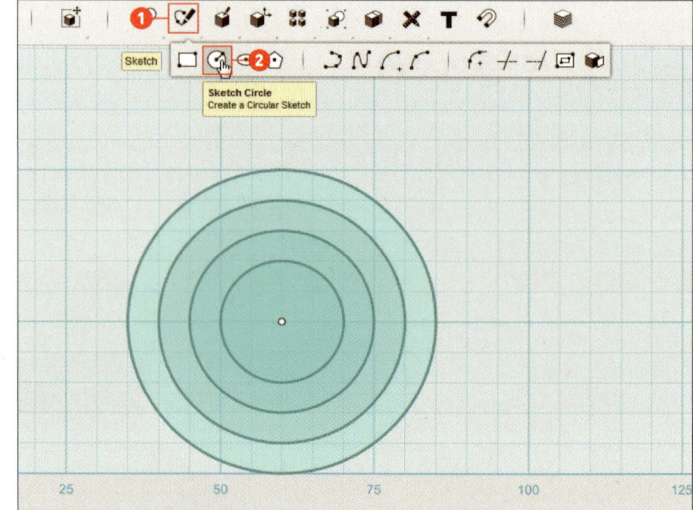

+ 플러스 Tip

Ctrl+C 키와 Ctrl+V 키를 이용하면 손쉽게 원 (Circle)을 복사할 수 있습니다. 복사한 원(Circle) 의 크기만 바꿔줍시다.

02 원(Circle)을 선택한 후 이동(Move) 을 이용해 원(Circle)을 위로 올려줍 니다.

+ 플러스 Tip

원(Circle)을 복사하였으면 자동으로 이동(Move) 화살표가 나오기 때문에 이동이 편합니다.

+ 플러스 Tip

복사 명령이 완료되면 회색 방향 표시가 나옵 니다.

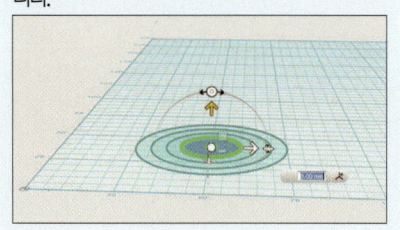

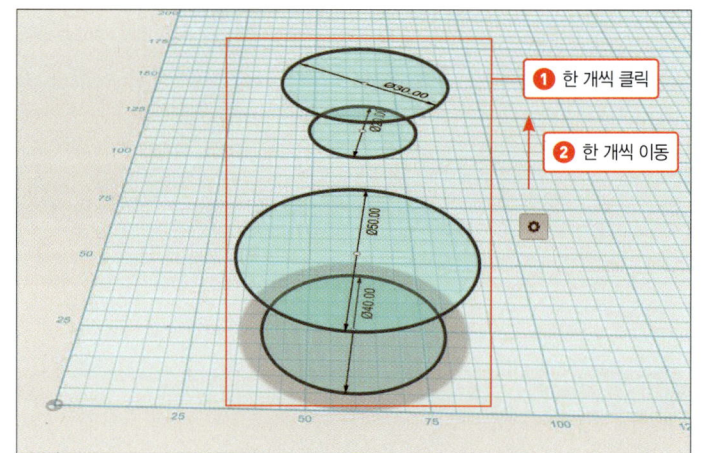

03 가장 작은 원(Circle)은 50만큼 위로 올려줍니다.

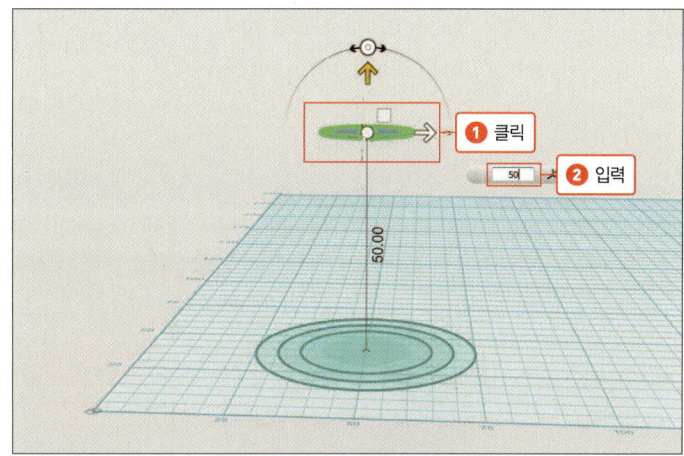

+ 플러스 Tip

선택 시 원의 색상이 진하게 변합니다.

04 30 크기의 원(Circle)은 60만큼 위로 올려줍니다. 전체 선택 시 원이 같이 선택되어 조절이 불가능합니다.

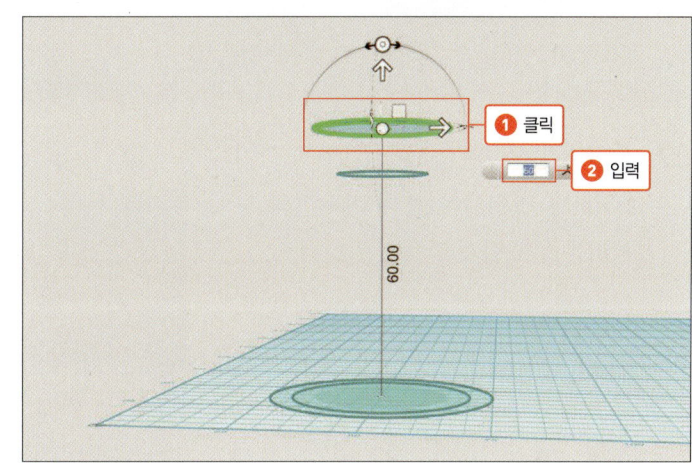

05 50 크기의 원(Circle)을 25만큼 위로 올려줍니다.

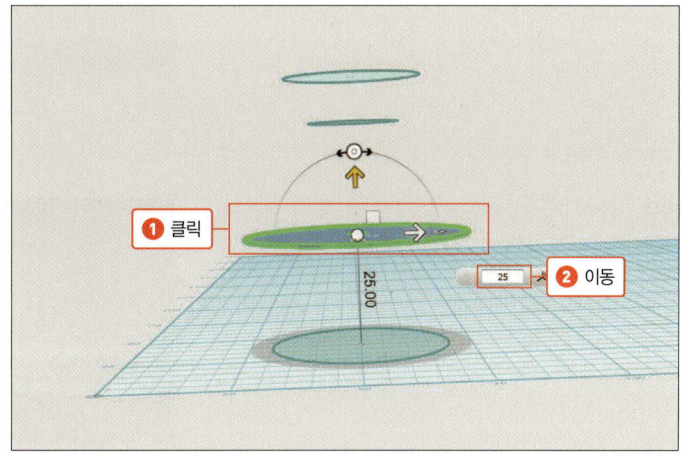

+ 플러스 Tip

작은 원(Circle)이 잘 선택되지 않는다면 원(Circle)의 이동순서를 바꾸셔도 무방합니다.

PART 04 3D 프린팅 활용 예제 따라하기

06 키보드의 Shift 키를 누른 채 원(Circle)을 한 개씩 전부 클릭합니다. 클릭한 후 상단 메뉴의 '작성(Construct)-로프트(Loft)'를 클릭합니다.

+ 플러스 Tip

선택할 때 원(Circle)이 짙은 색으로 선택된 것을 확인해야 합니다. 잘 선택되지 않는다면 마우스로 시점을 돌려 선택합니다.

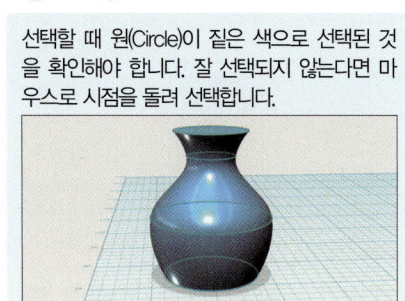

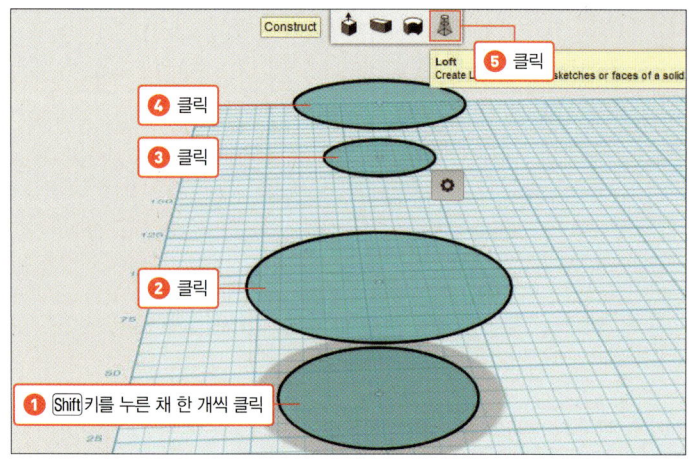

07 상단 메뉴의 '편집(Modify)-모깎기(Fillet)' 명령을 이용해 바닥면의 모서리를 부드럽게 만들어 줍니다.

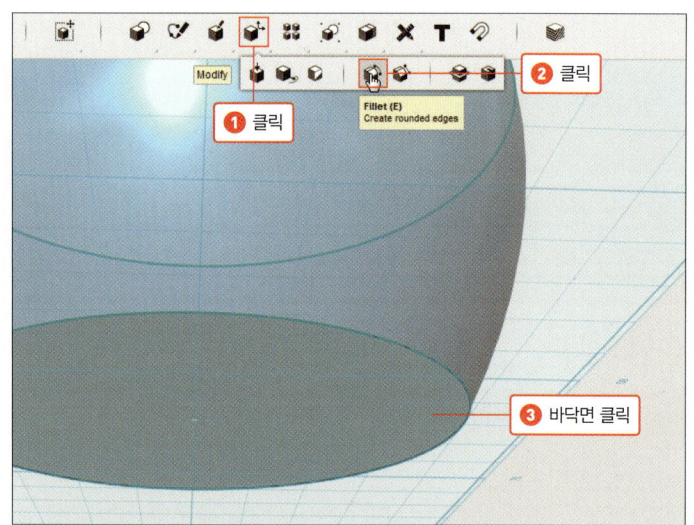

08 선이 잘 클릭되지 않으면 꽃병을 선택한 후 '이동(Move)'을 클릭해 위로 올립니다.

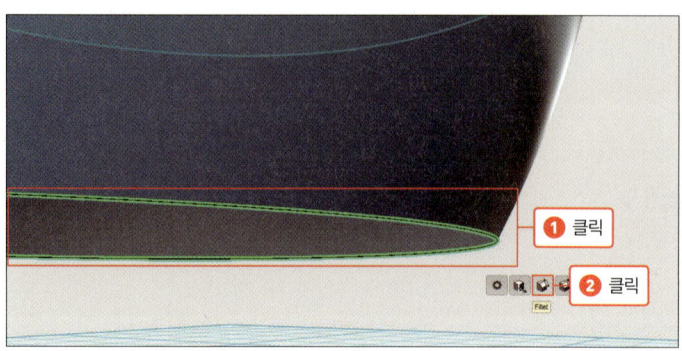

09 모서리 선을 선택한 후 10의 크기를 입력해 바닥면을 부드럽게 만들어줍니다.

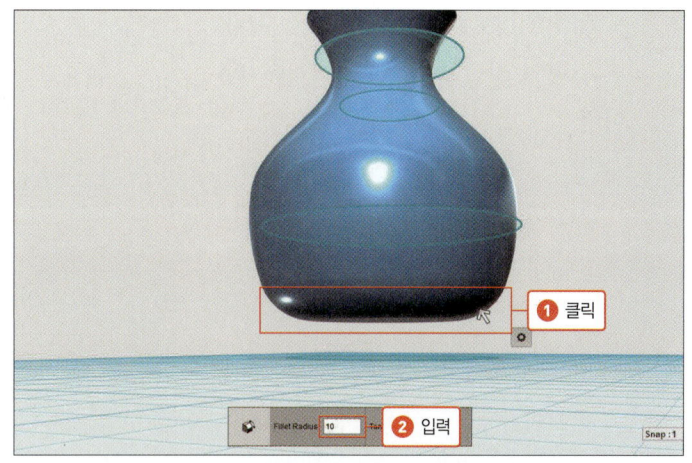

10 '편집(Modify)-셸(Shell)' 명령을 선택한 후 꽃병의 윗면을 클릭합니다.

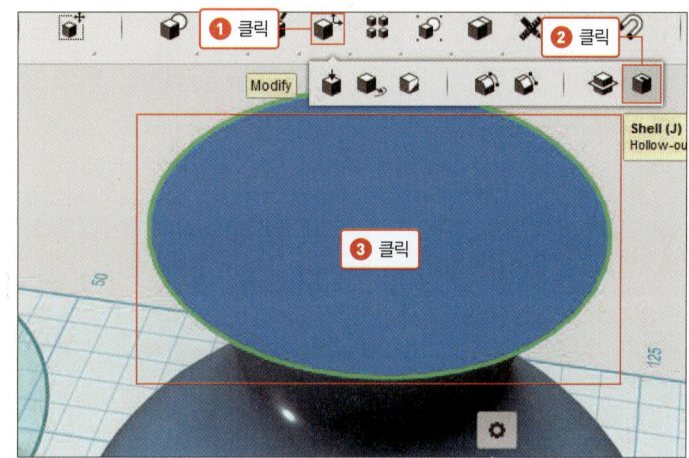

+ 플러스 Tip

30 크기의 원(Circle) 스케치를 지우면 셸(Shell) 작업이 편리해집니다.

11 셸(Shell)의 입력창이 나타나면 두께(Thickness Inside) 값으로 '1'을 입력합니다.

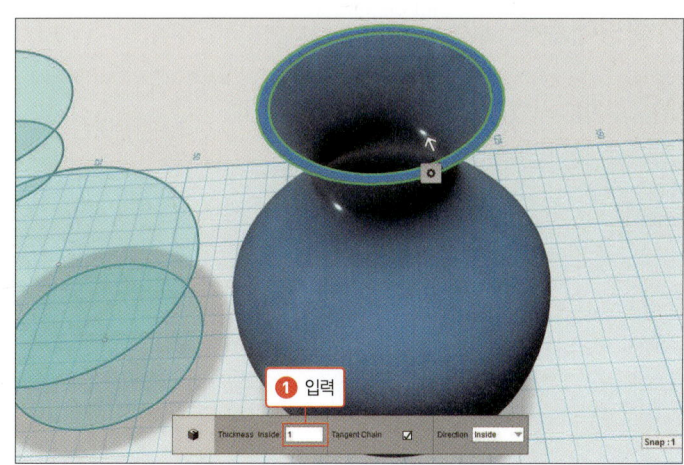

+ 플러스 Tip

크기에 비해 값이 크면 값이 적용되지 않습니다. 예를 들면 셸(Shell)값 1이 들어간 곳엔 1~4까지는 값이 적용되지만, 5 이상은 들어가지 않습니다.

PART 04 3D 프린팅 활용 예제 따라하기

12 모깎기(Fillet) 명령을 이용해 바닥 면과 같이 윗면도 부드럽게 만들어줍 니다.

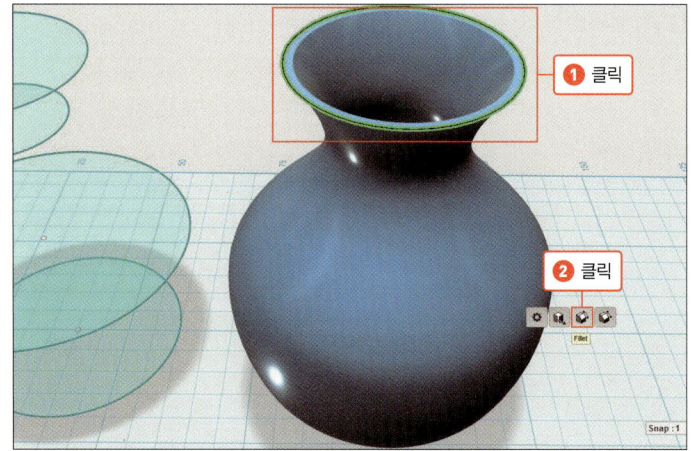

13 기본적으로 꽃병의 형상이 완성되었 습니다.

2) 꽃병에 문양 새겨 넣기

01 google.com 사이트에서 'svg trefle' 로 검색합니다.

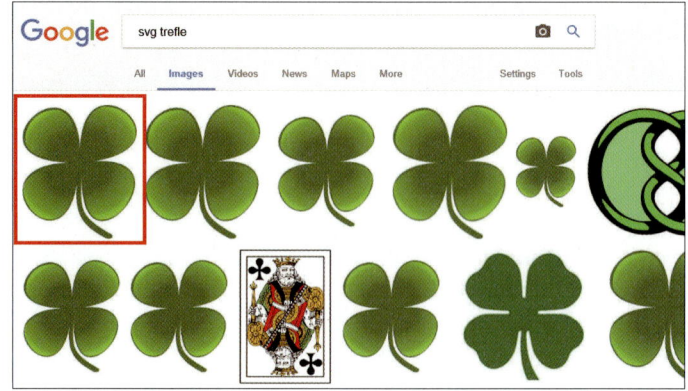

02 이 중에서 첫 번째 줄, 첫 번째 네잎클로버 사진을 선택하여 홈페이지로 이동합니다. 그런 다음 네잎 클로버 사진을 클릭합니다.

+ 플러스 Tip

주소http://upload.wikimedia.org/wikipedia/commons/1/10/Tux_Paint_clover.svg를 검색하면 편리합니다.

03 그림 위에서 마우스 오른쪽 버튼을 클릭한 후 '다른 이름으로 저장'을 선택해 파일을 저장합니다.

❶ 마우스 오른쪽 클릭

❷ 다른 이름으로 저장

+ 플러스 Tip

svg 파일이여야 합니다. png, jpg 등의 다른 확장자명 파일은 프로그램에서 불러들일 수 없습니다.

04 기본 메뉴 바 중 'svg 삽입(Import SVG) – 솔리드(As Solid)'를 선택해 저장한 네잎클로버 파일을 불러옵니다.

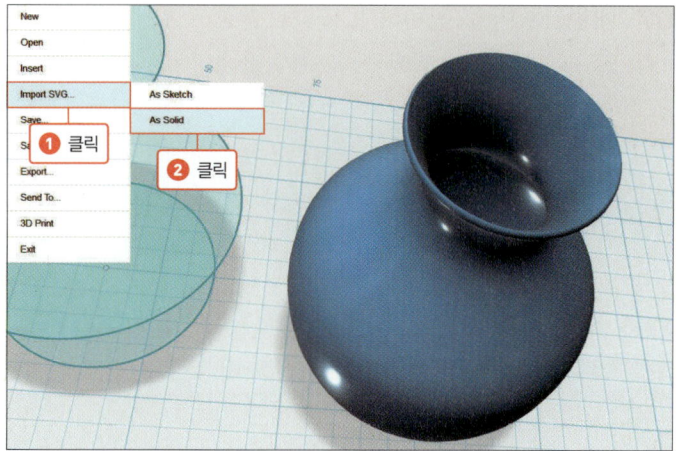

❶ 클릭

❷ 클릭

+ 플러스 Tip

svg 파일의 경우 면이 여러 개로 되어 있는 파일도 있는데, 한 번에 선택할 때 프로그램이 꺼질 수도 있습니다.

05 불러온 네잎클로버를 선택한 후 옵션의 [크기변경(Scale)] 메뉴를 클릭하고 '0.01'을 입력해 크기를 줄입니다.

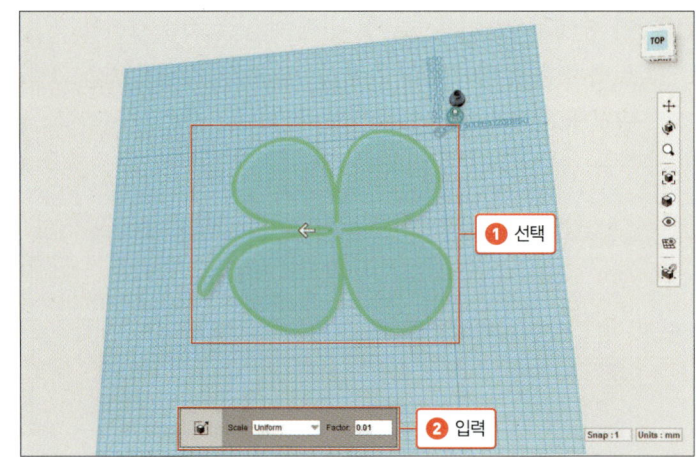

06 네잎클로버를 선택하여 이동(Move)과 회전(Rotate)을 이용해 네잎클로버를 꽃병 앞으로 이동시킵니다.

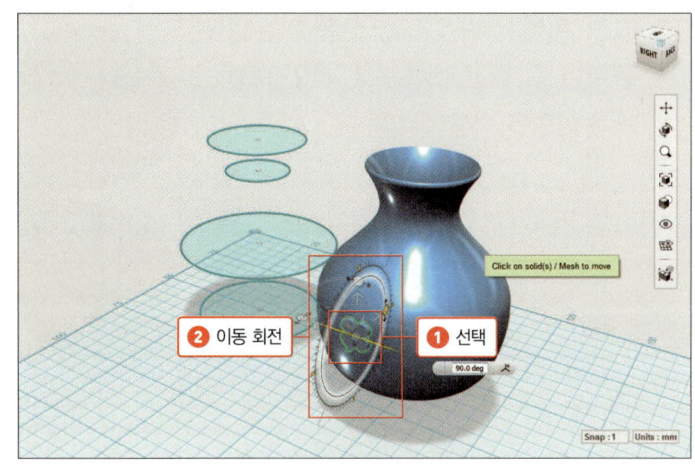

07 네잎클로버를 선택하여 [크기 변경(Scale)] 메뉴를 선택한 후 크기 값에 '2'를 입력합니다.

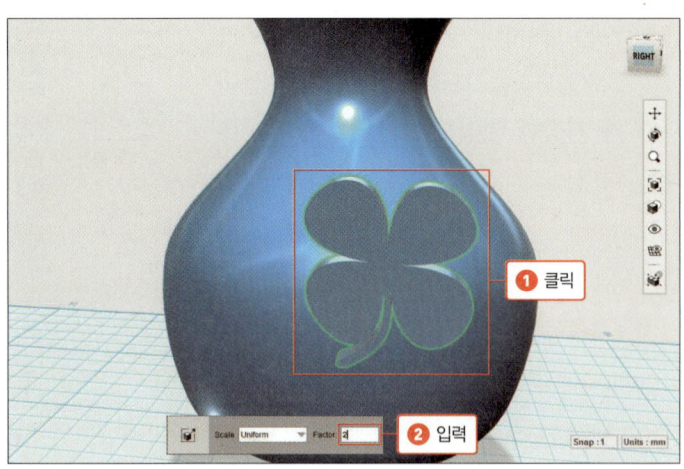

08 [이동(Move)]과 [회전(Rotate)] 메
뉴를 선택한 후 네잎클로버를 회전하
고 이동하여 네잎클로버를 꽃병에 겹
쳐지게 붙입니다.

+ 플러스 Tip

네잎클로버를 조정하여 각도에 따른 변화를 확
인해 봅니다.

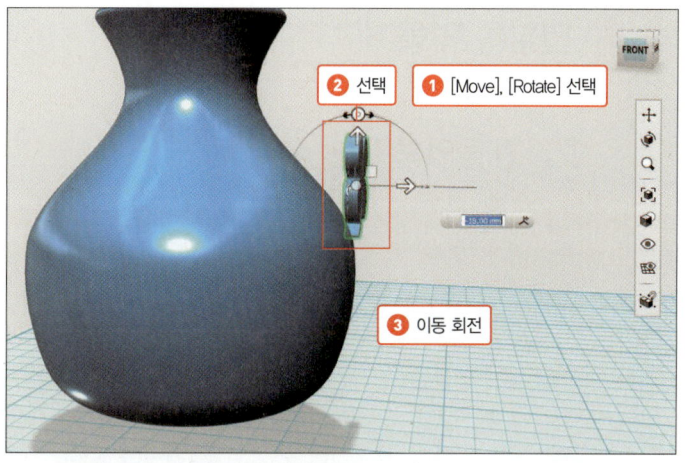

09 네잎클로버를 선택하여 이동(Move)과 회전(Rotate)을 이용해 네잎클로버를 꽃병 앞으로 이동시킵니다.
창의 오른쪽에 있는 색상표를 이용하여 색을 변경합니다.

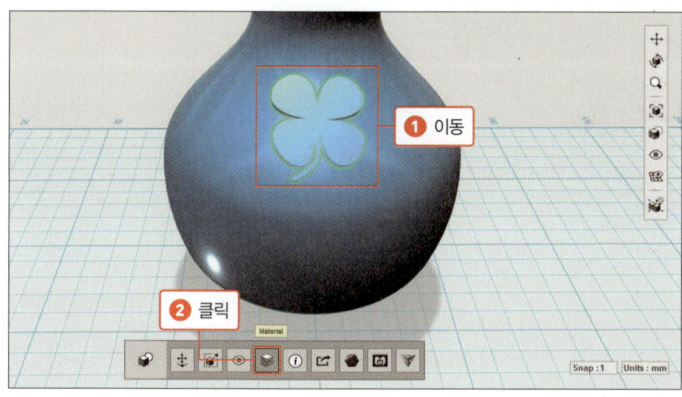

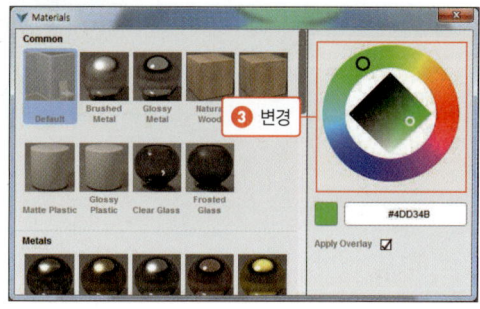

10 문양을 넣은 나만의 꽃병이 예쁘게
완성되었습니다.

:: 만들어보기

- 학생들이 필요한 연필통을 만들어 봅니다.
- 내손으로 디자인하여 나만의 연필통을 만들어 실제 생활에 사용합니다

체·크·포·인·트

1. 비틀기(Tweak) 기능의 사용방법을 이해합니다.
2. 123D자체 모델링되어 있는 부품을 이용하여 편하고 새로운 디자인을 해봅니다.
3. 재질창(Materials) 기능을 이용하여 디자인 설계 시 다양한 모습의 연필통을 만들어 봅니다.

1) 연필통 형상 만들기

01 상단 메뉴의 '기본 도형(Primitives)−사각형(Rectangle)'을 선택합니다.

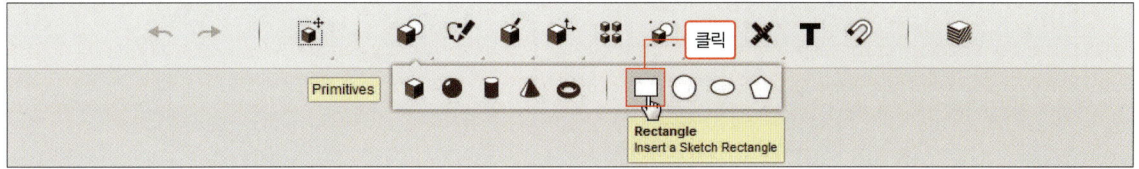

02 하단의 크기제어창에 길이(Length)와 폭(Width)의 값을 각각 40mm로 설정한 후 모눈종이(Grid) 위치에 클릭합니다.

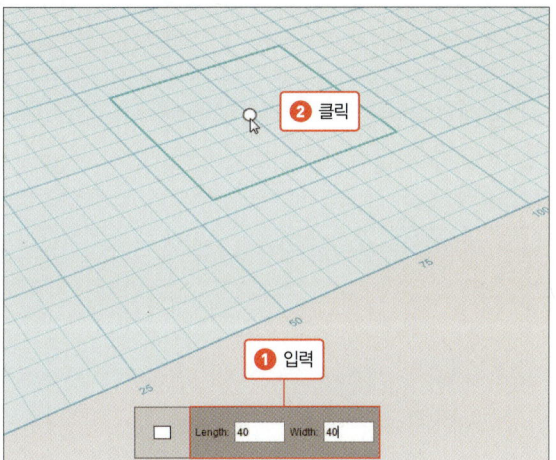

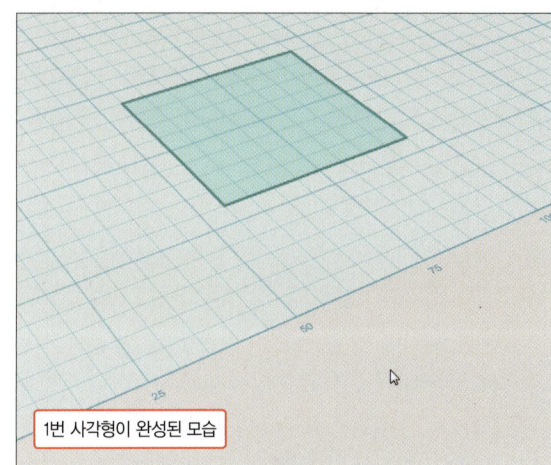

03 '기본 도형(Primitives)−사각형(Rectangle)'을 다시 선택합니다. 이번에는 길이(Length)와 폭 (Width)의 값을 각각 50mm, 50mm로 설정합니다. 2개의 박스가 만들어집니다.

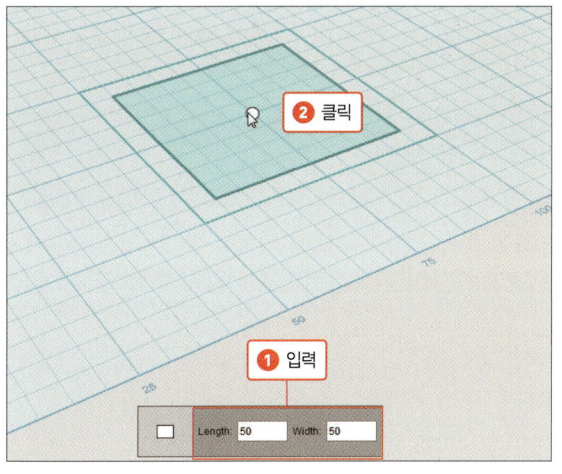

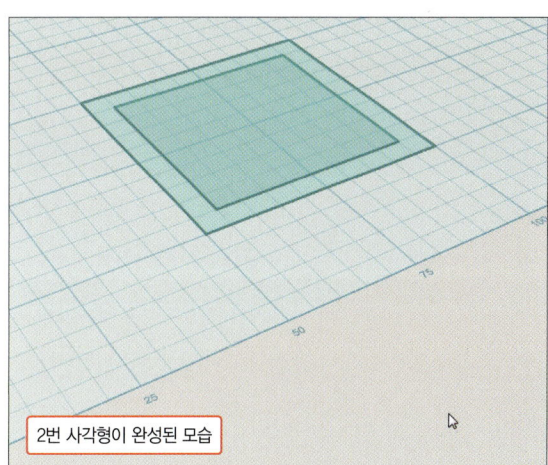

04 '기본 도형(Primitives)-사각형(Rectangle)'을 다시 한 번 선택하여 세 번째 사각형을 만듭니다. 길이(Length)와 폭(Width)의 값을 각각 53mm, 53mm로 설정합니다.

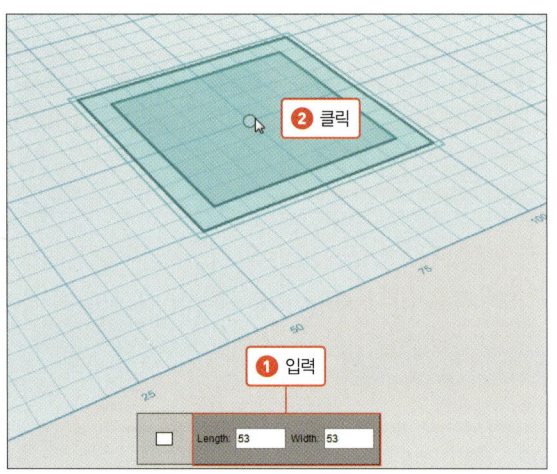

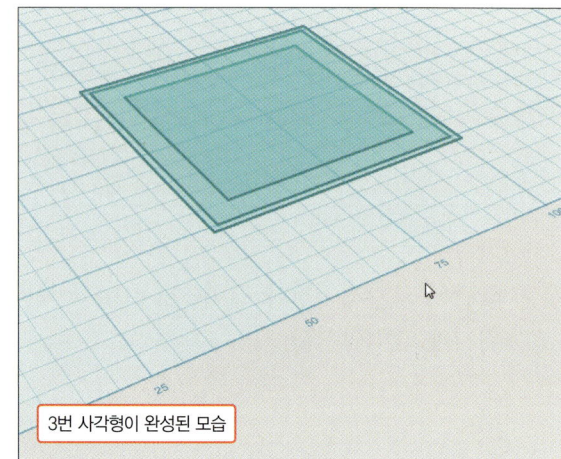

3번 사각형이 완성된 모습

05 필요한 사각형이 모두 만들어졌습니다.

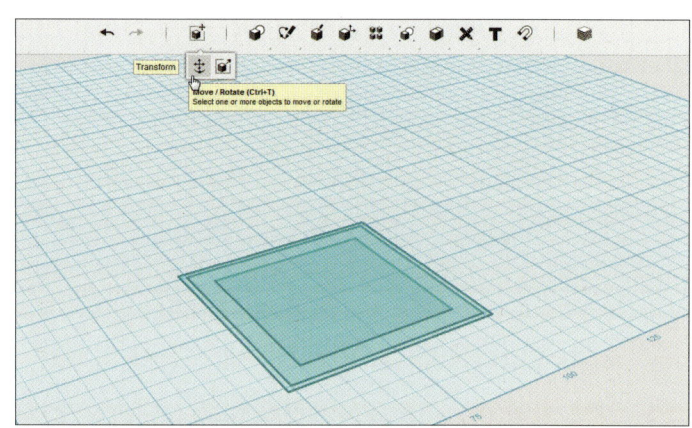

+ 플러스 Tip

'기본 도형(Primitives)-사각형(Rectangle)'은 스케치 사각형(Sketch Rectangle)과 다르게 크기 제어창에 값을 넣어 곧바로 사각형을 작성할 수 있습니다.

06 상단 메뉴의 '변형(Transform)-이동/회전(Move/Rotate)'을 클릭합니다.

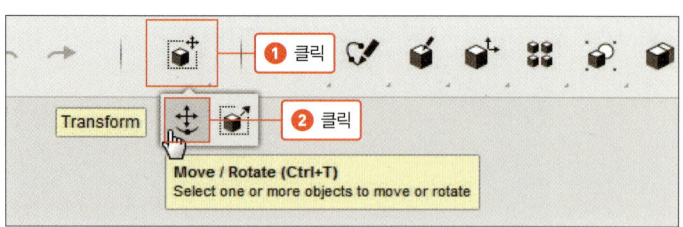

07 세 번째로 만든 53mm 크기의 사각형을 선택합니다.

+ 플러스 Tip

사각형을 클릭할 때 가장자리 선을 선택해주면 쉽게 선택할 수 있습니다.

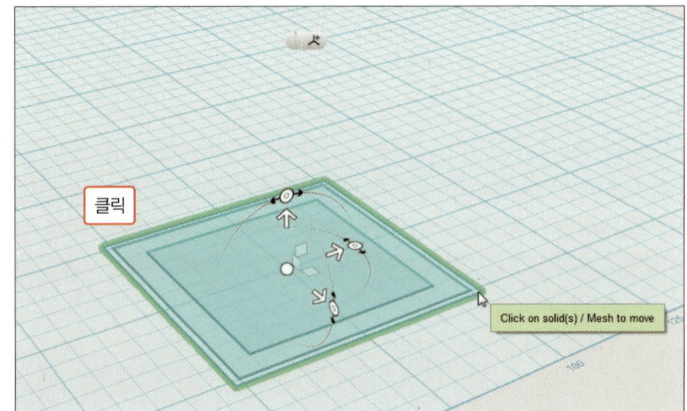

08 53mm 크기의 사각형을 선택해주고 위로 이동하는 핸들을 잡아 위치 값을 50mm로 설정합니다.

+ 플러스 Tip

이동을 완료시키려면 [Enter] 키를 누르거나 화면 빈 곳을 누릅니다.

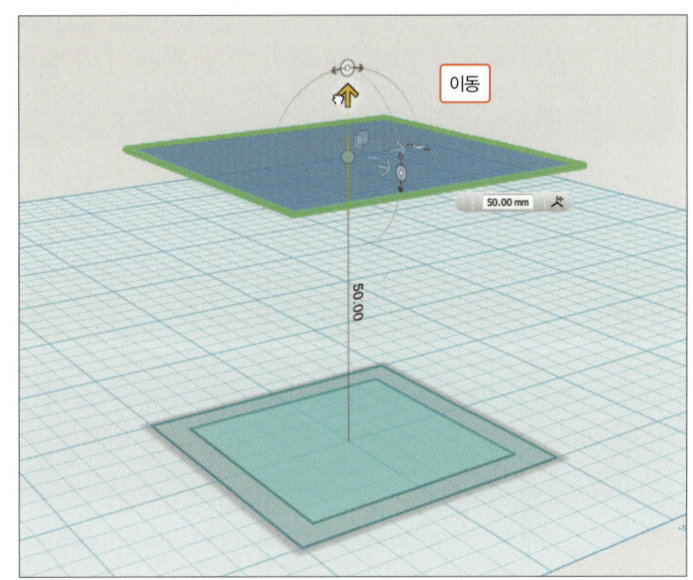

09 두 번째 50mm 사각형을 '변형(Transform)−이동/회전(Move/Rotate)'을 선택한 후 위로 30mm 올려줍니다.

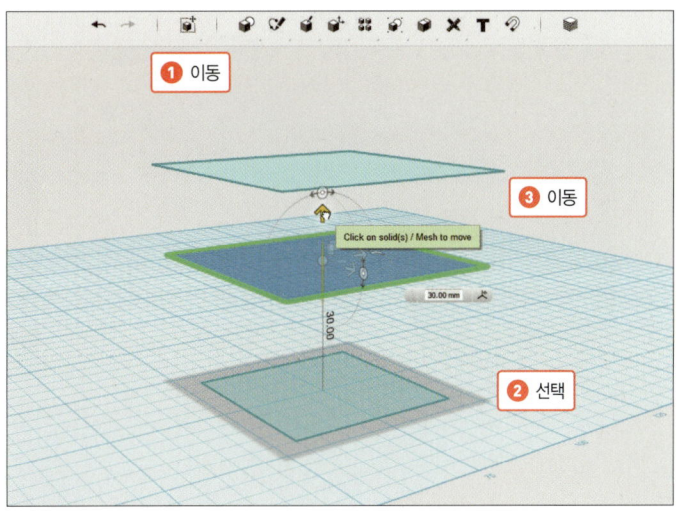

10 아래의 사각형부터 [Ctrl] 키를 누른 채 하나 하나 선택합니다.

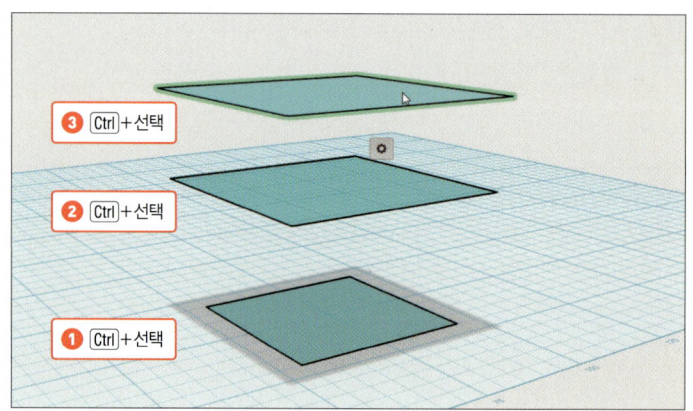

11 전부 선택되었으면 상단 메뉴의 '작성(Construct)-로프트(Loft)'를 선택합니다. 클릭하면 사각형 이 연결된 모습이 보이는데 화면 빈 곳을 눌러 마무리 정리합니다.

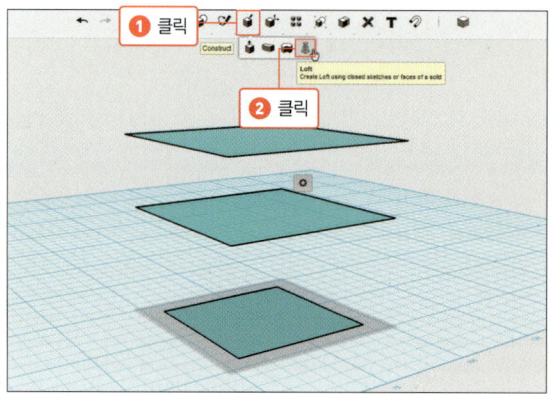
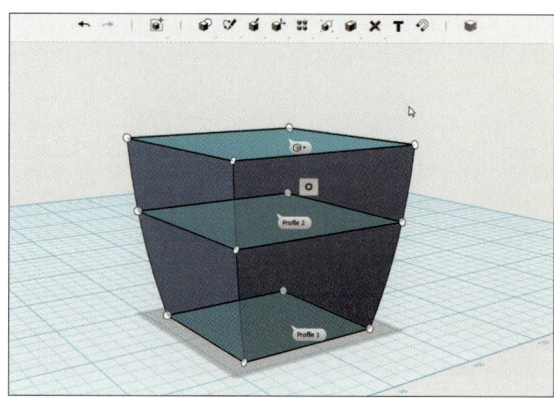

12 로프트(Loft)가 완료된 형상에 스케치는 이제 안보여도 괜찮으니, 숨겨줍니다. 오른쪽 표시 (Visibility) 메뉴의 '스케치 숨기기(Hide Sketch)'를 클릭합니다. 스케치가 숨겨지면서 깔끔해집니다.

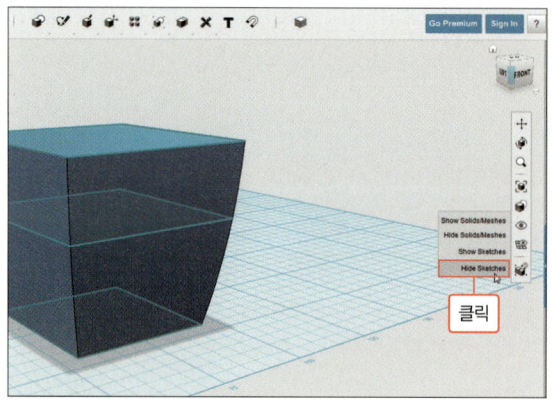
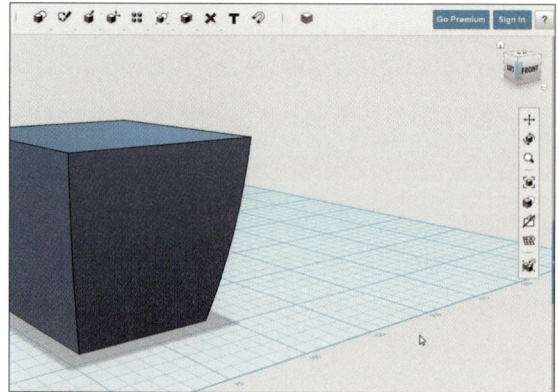

13 연필통의 기본적인 형상이 완성되었습니다.

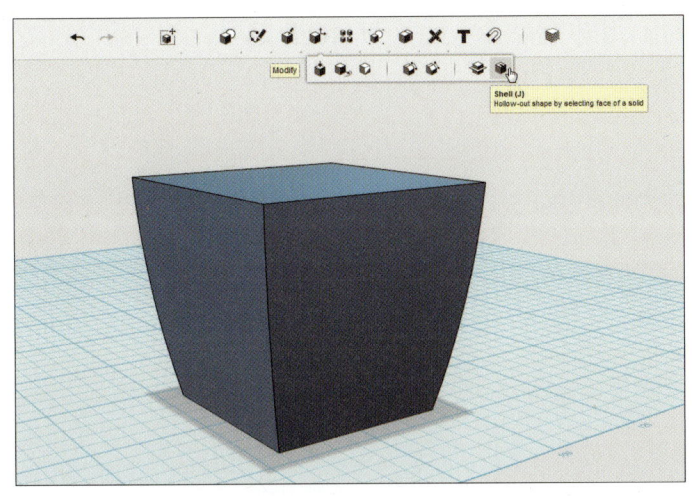

2) 연필통의 세부 형상 다듬기

01 상단 메뉴에서 '편집(Modify)−셀(Shell)'을 선택합니다.

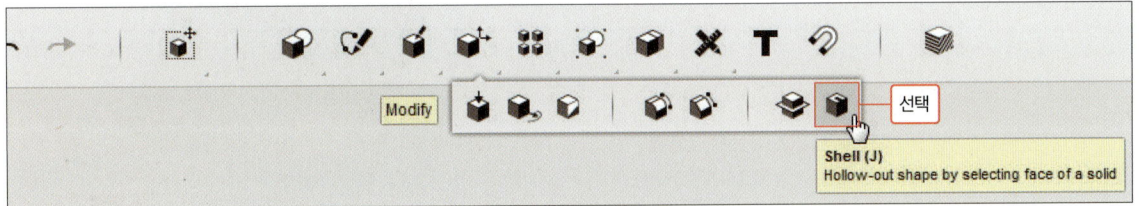

02 셀(Shell) 명령을 선택한 상태에서 줄의 윗면을 선택합니다. 아래에 셀 안쪽 두께 값을 넣어줄 제어 창이 생기는데 값은 7mm를 설정합니다. 값을 주고 빈 곳을 클릭해 마무리합니다.

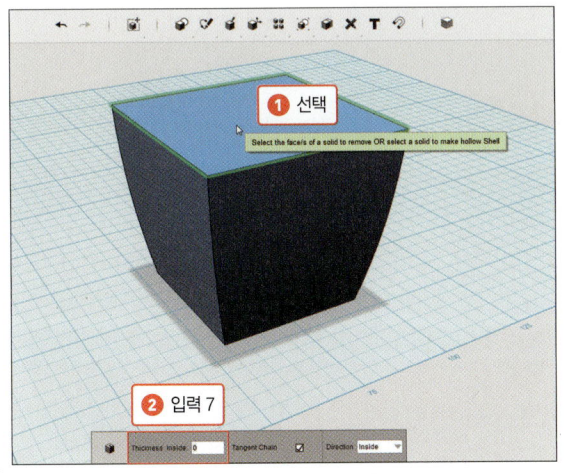
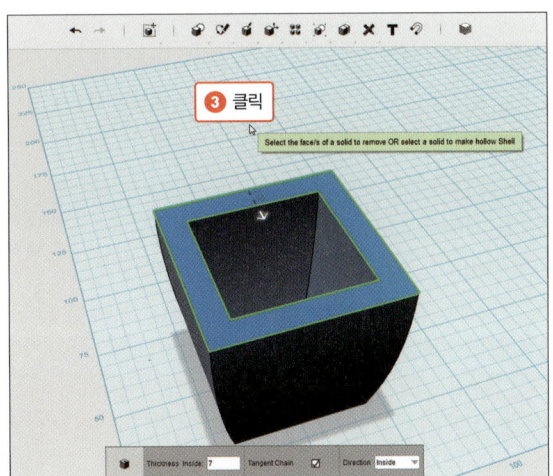

03 상단 메뉴에서 '편집(Modify)−프레스 풀(Press Pull)'을 선택합니다.

04 그림의 면을 선택합니다.

05 이동 핸들이 나타나면 위쪽으로 드래그하고 이동할 거리를 3mm로 설정합니다. 화면 빈 곳을 눌러 마무리합니다.

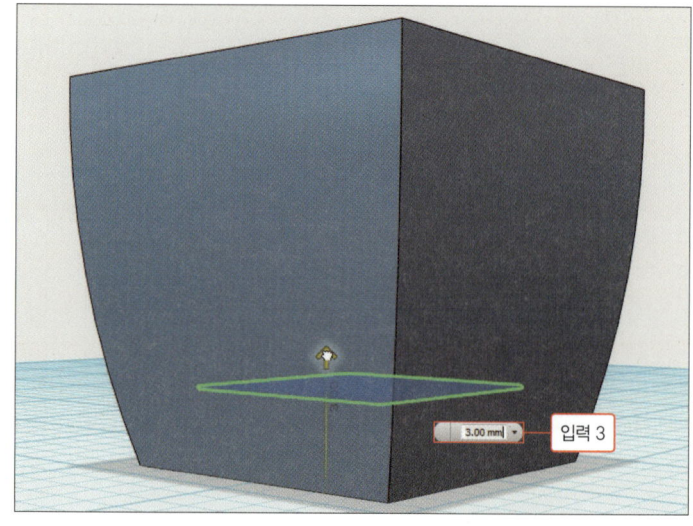

06 '편집(Modify)-비틀기(Tweak)'를
선택합니다.

07 비틀기(Tweak)를 선택한 상태에서 비틀어줄 모서리를 선택하고 모서리에 맞닿은 면을 선택합니다.

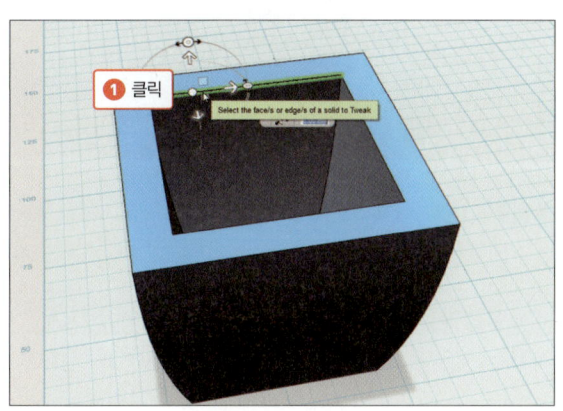

08 회전 핸들이 나타나는데 비틀어줄
방향으로 핸들을 돌려줍니다. 여기
서는 값을 -10으로 설정합니다.

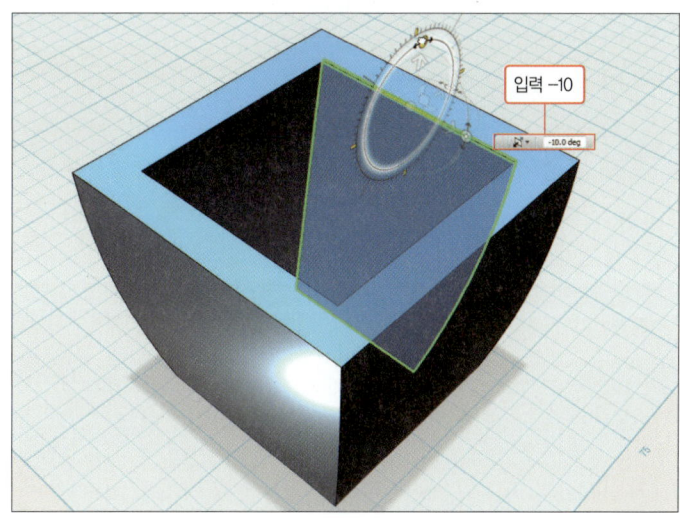

09 다른 세 개의 면도 ⑦, ⑧처럼 비틀기를 이용해 면을 회전시킵니다.

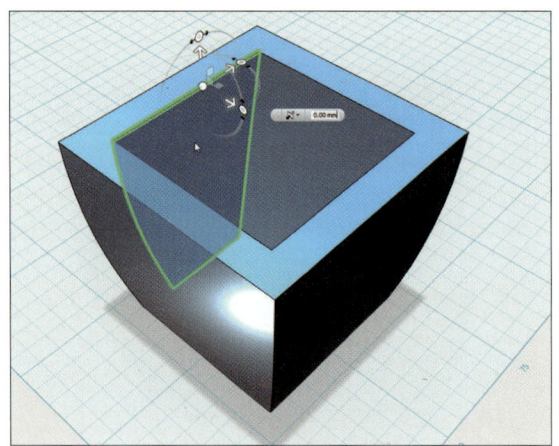
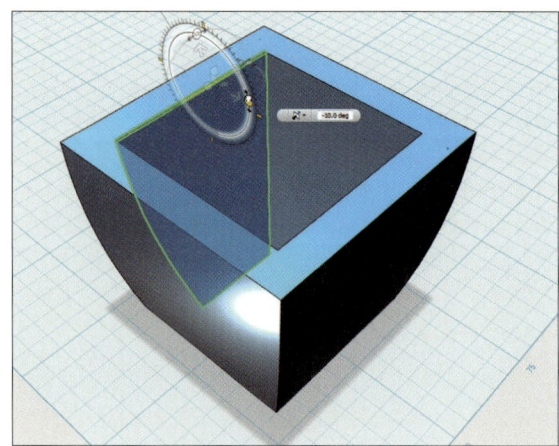

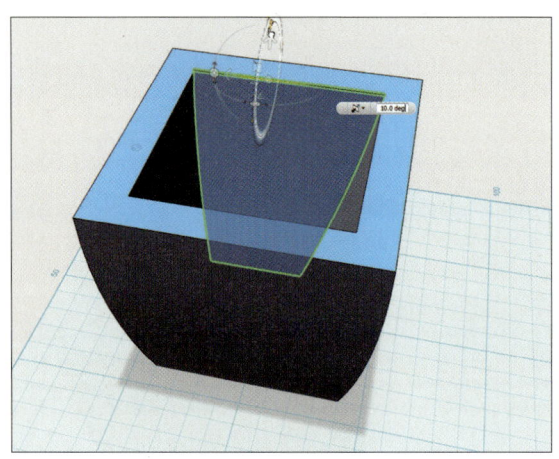
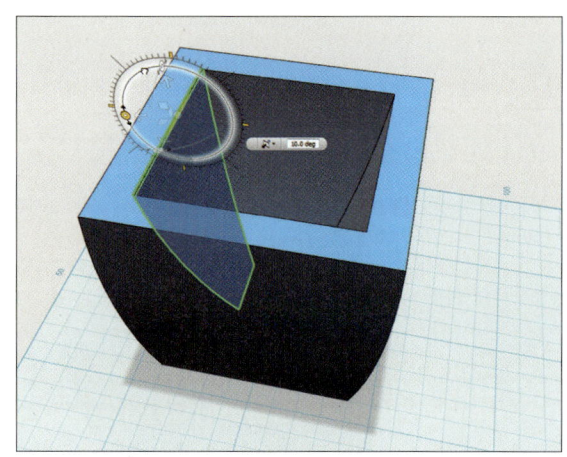

10 실제로 안쪽의 면이 어떻게 회전했는지 확인하려면 오른쪽 메뉴의 '재질& 아웃라인(Materials&Outlines)'의 아웃라인만(Outlines Only)을 클릭합니다. 그림처럼 안쪽의 면이 어떻게 변경되었는지 볼 수 있습니다.

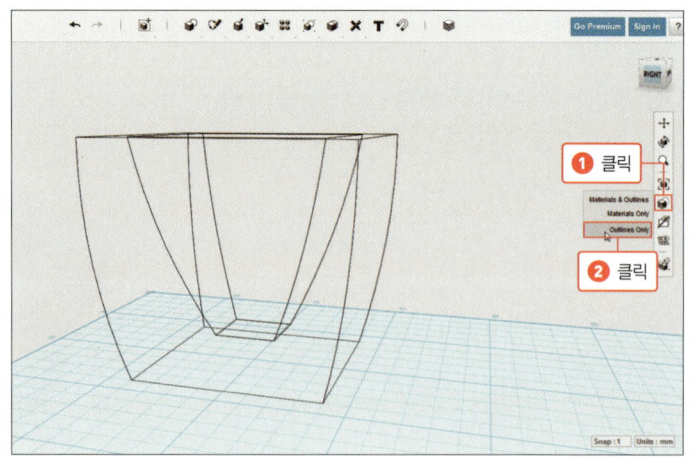

11 다시 모델링을 진행하기 위해 '재질&아웃라인(Materials&Outlines)' 메뉴의 재질과 아웃라인(Materials&Outlines)을 선택합니다.

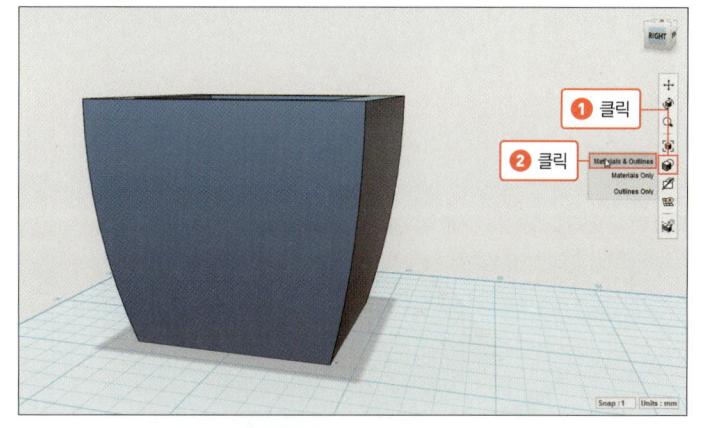

12 '편집(Modify)-모깎기(Fillet)'를 선택합니다. 모깎기(Fillet)를 선택한 상태에서 안쪽의 모서리 4개를 Ctrl 키를 누른 채 선택합니다. 아래에 뜬 모깎기 지름값은 4로 설정합니다.

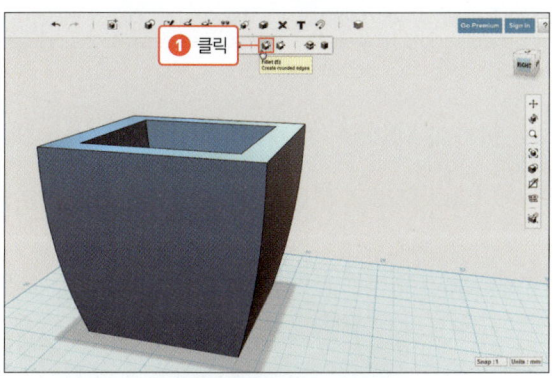

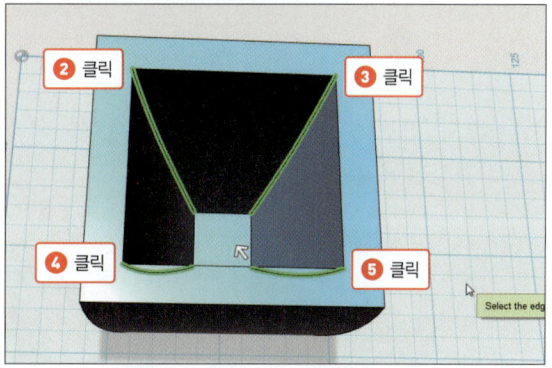

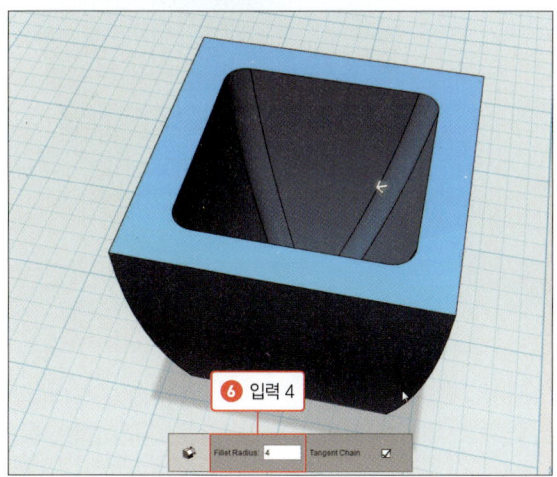

13 다시 '편집(Modify)−모깎기(Fillet)'를 선택한 후 안쪽의 바닥면 모서리를 선택하고, 지름값을 3으로 설정합니다.

 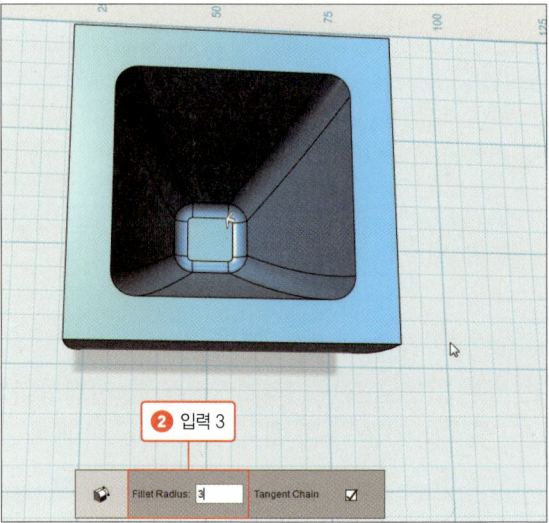

14 다시 '편집(Modify)−모깎기(Fillet)'를 선택한 후, 외곽의 네 개의 모서리를 선택하고 지름값을 10으로 설정합니다.

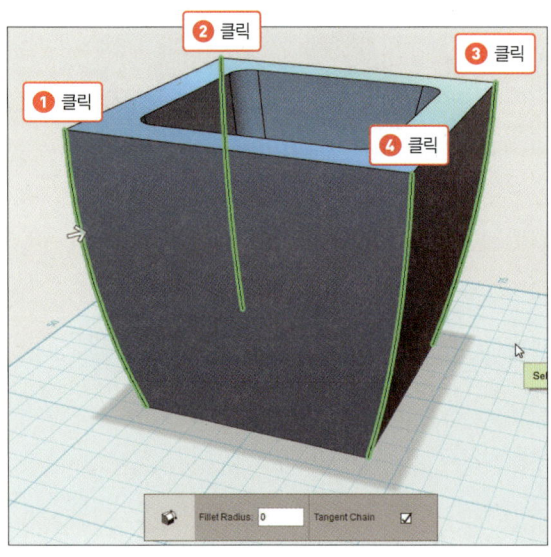 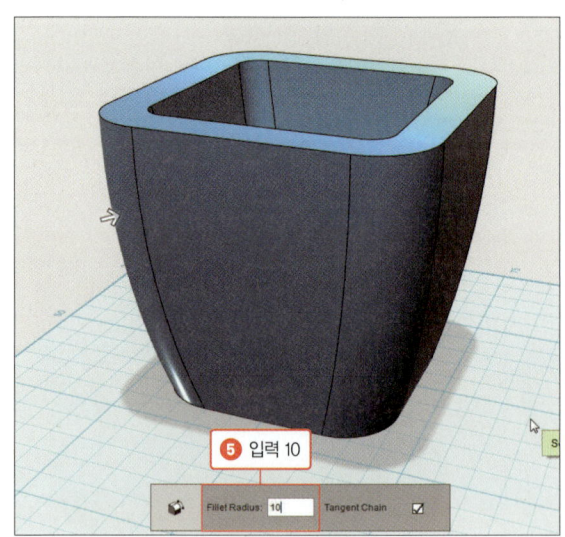

15 다시 아래로 시점을 돌린 뒤, '편집(Modify)-모깎기(Fillet)'를 선택한 후 아래 바닥면의 모서리를 선택하고 지름값은 3으로 설정합니다.

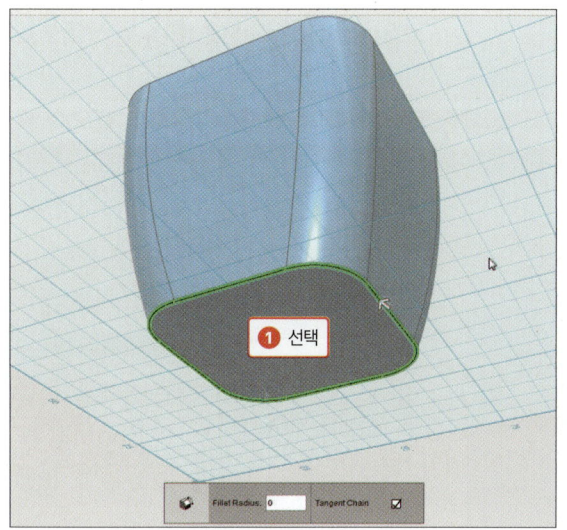
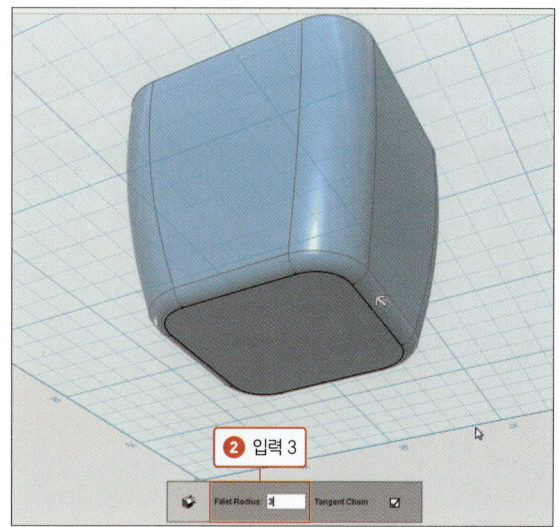

3) 연필통 꾸미기

01 모눈종이(Grid)에 '기본도형 (Primitives)-원기둥(Cylinder)'을 선택한 후 반지름(Radius)은 10, 높이(Height)는 60으로 값을 설정합니다.

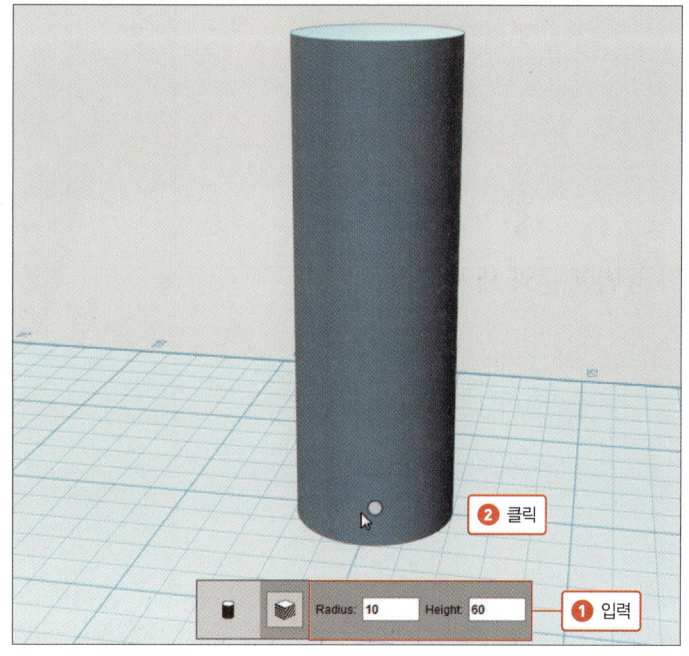

02 만들어진 원기둥은 '변형(Transform)-이동/회전(Move/Rotates)'을 선택한 후 연필통을 클릭합니다. 이동(Move) 핸들을 이용해 연필통에 겹치듯 꽂아줍니다.

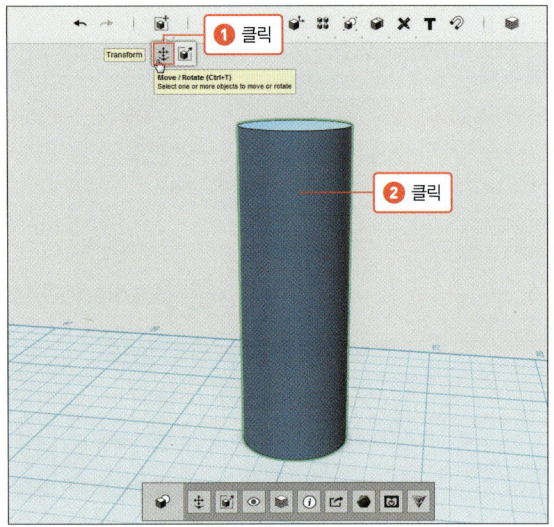 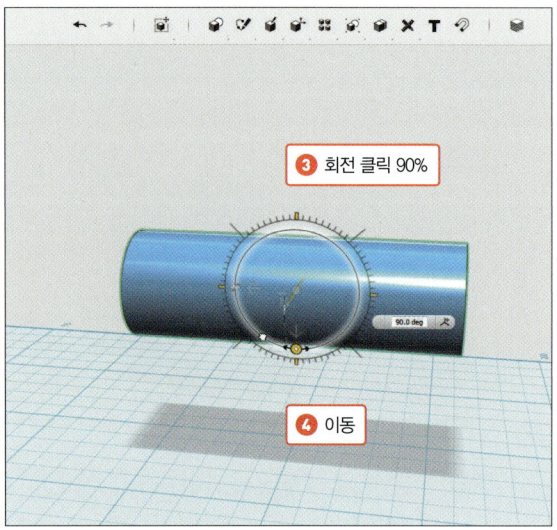

03 그림처럼 원기둥과 연필통을 꽂았다면, 상단 메뉴의 '결합(Combine)-빼기(subtract)'를 선택합니다.

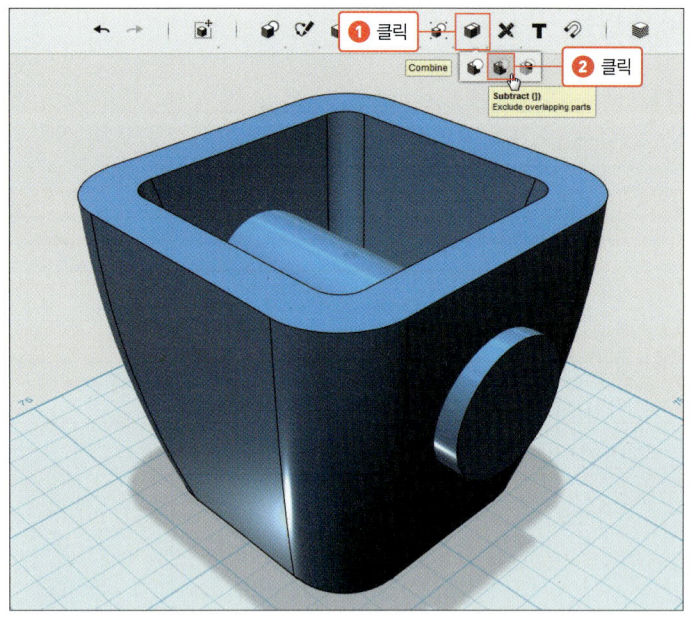

04 빼기(Subtract) 명령을 클릭하면,
선택창이 나타나는데 '타겟 솔리드/
매쉬(Target Solid/Mesh)'가 짙은
색으로 표시되어있으면, 연필통을
선택합니다.

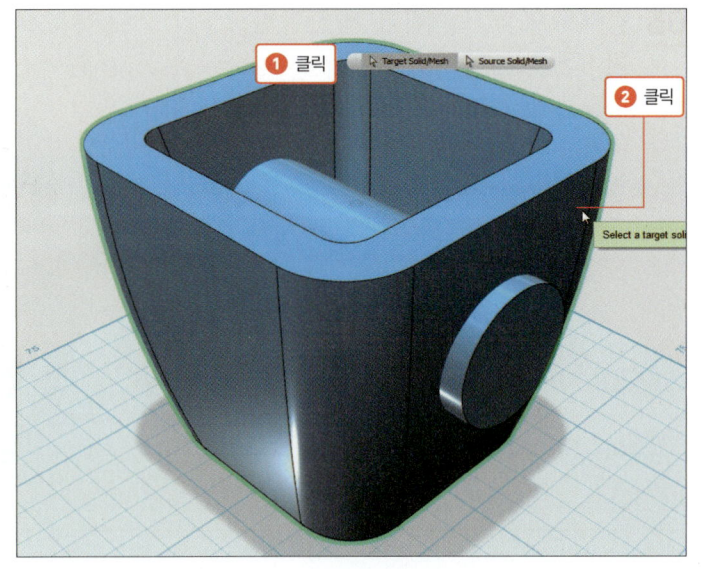

05 소스 솔리드/매쉬(Source Solid/Mesh) 칸이 짙어져 있으면, 원기둥을 선택합니다. 화면의 빈 곳을
아무데나 선택하면 작업이 마무리되면서, 구멍이 뚫립니다.

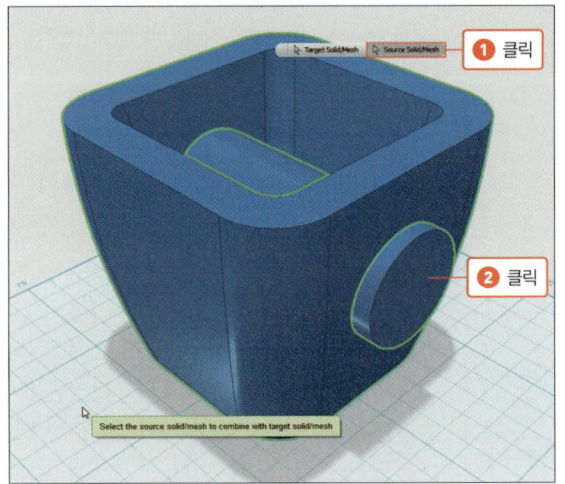 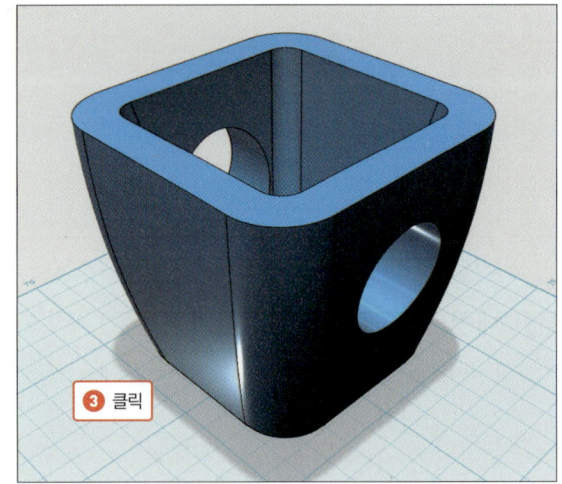

06 반대쪽도 ③~⑤번과 마찬가지로 원기둥을 돌려 구멍을 뚫어줍니다.

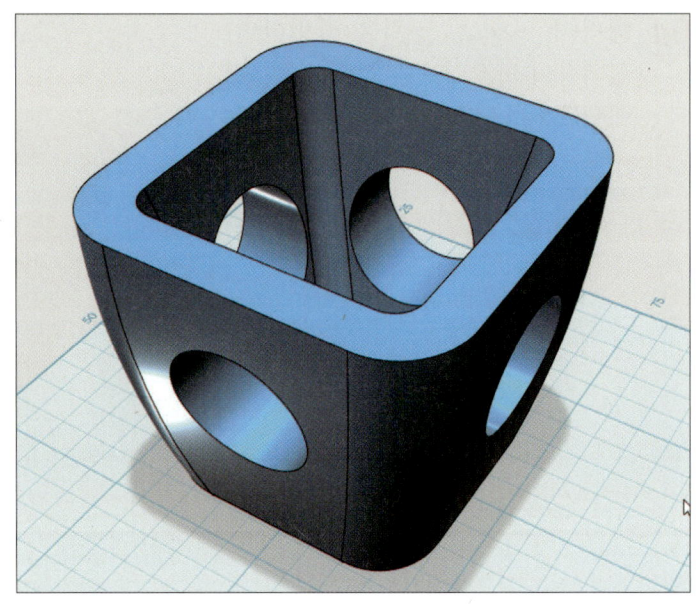

07 오른쪽 메뉴의 접혀진 화살표를 눌러주면 창이 나타나는데, 안에는 123D 자체 모델링이 나타납니다.

08 위의 화살표를 눌러 '로봇(Robot)' 메뉴로 들어가서 '머리 (Heads)'메뉴를 클릭합니다.

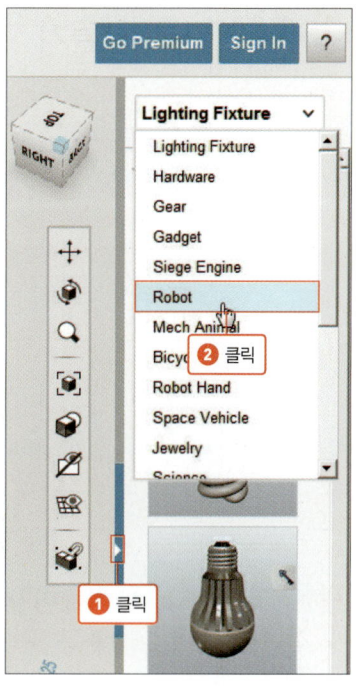

09 모델링 중에 'Eye03'이란 모 델링을 선택하여 작업창으로 드래그하여 이동합니다.

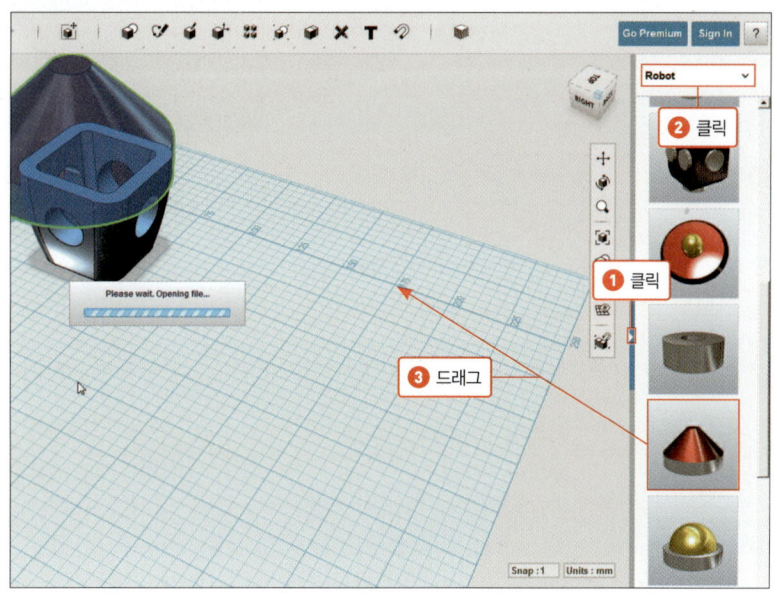

10 불러와진 모델링을 선택한 후 아래에 나타나는 크기변형(Scale) 메뉴를 선택합니다.

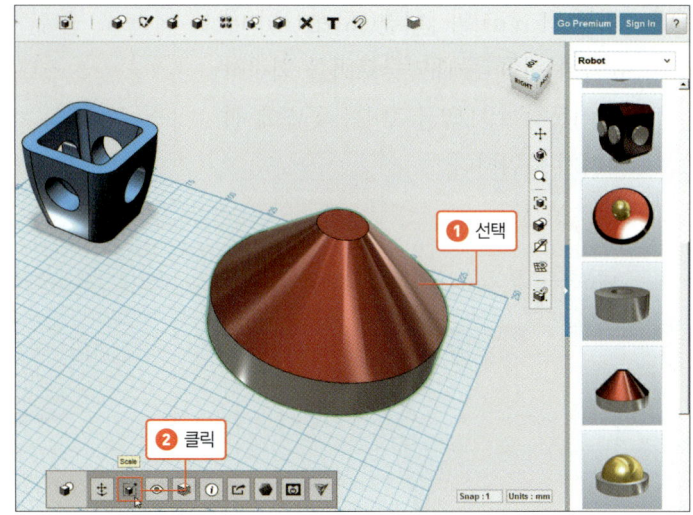

11 아래에 뜨는 크기제어창의 크기를 0.2로 줄여줍니다.

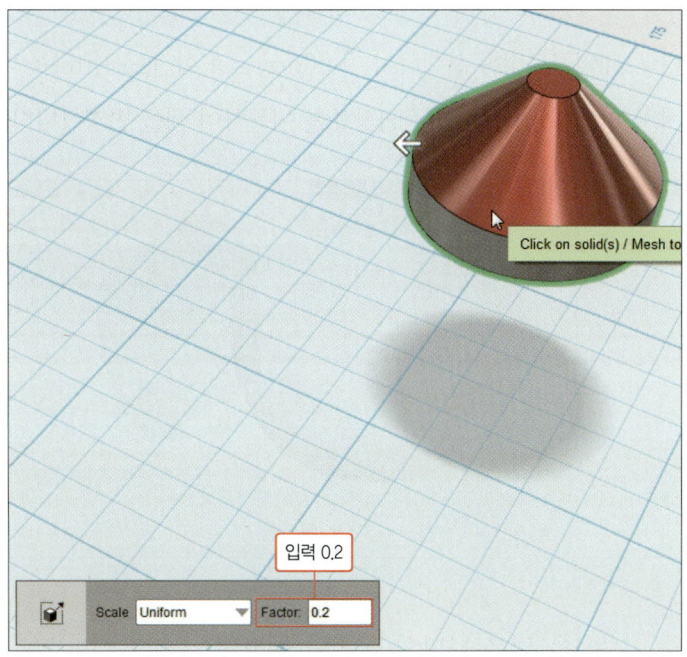

12 다시 모델링을 선택하고 아래의 메뉴에서 '이동(Move)'을 클릭합니다.

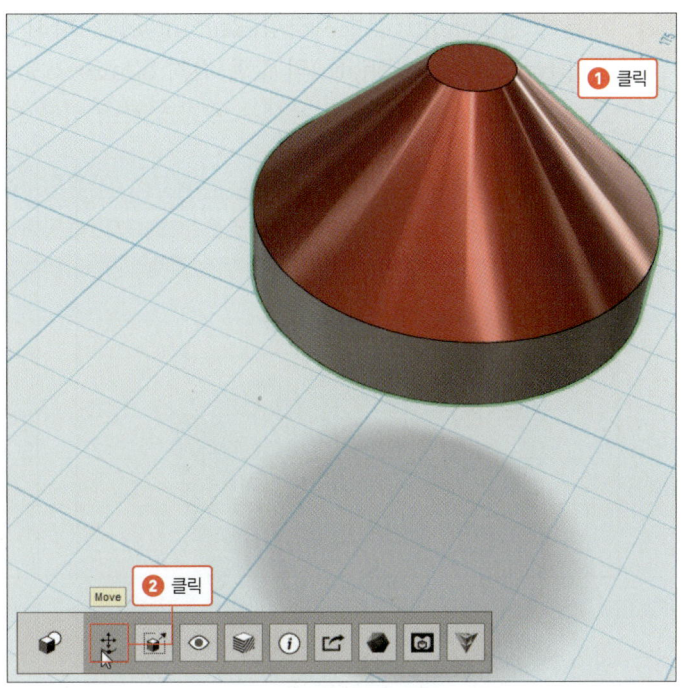

13 원하는 위치로 이동합니다.

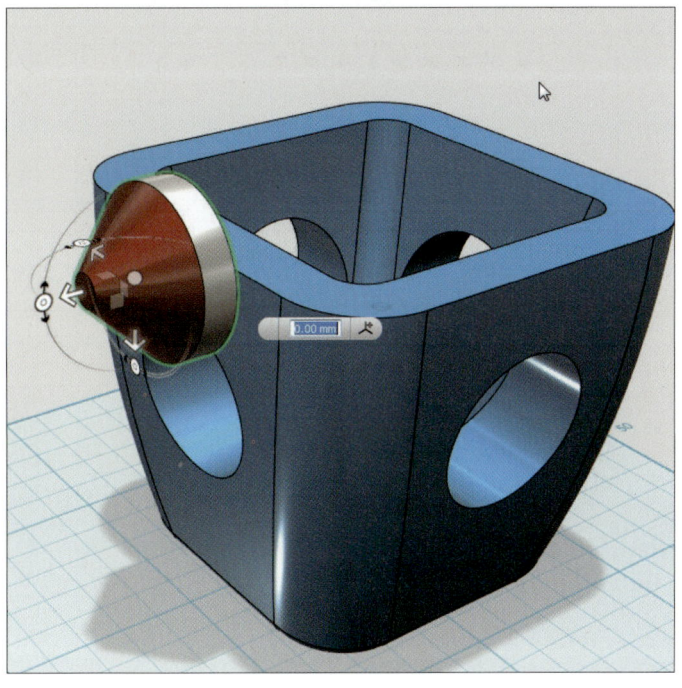

14 이동이 완료되면, '결합(Combine)' 메뉴에 '더하기(Merge)'를 클릭합니다. 타겟 솔리드/매쉬(Target Solid/Mesh)가 짙은색으로 표시되어 있으면 연필통을 선택하고 소스 솔리드/매쉬(Source Solid/Mesh)가 짙은색으로 표시되어 있으면 Eye03모델링을 선택합니다.

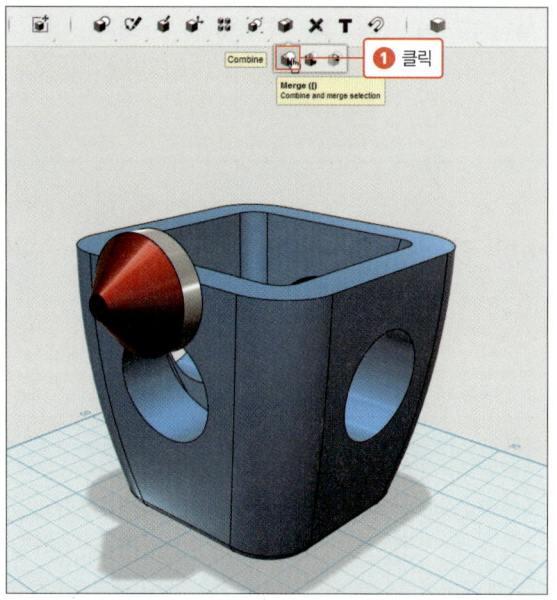

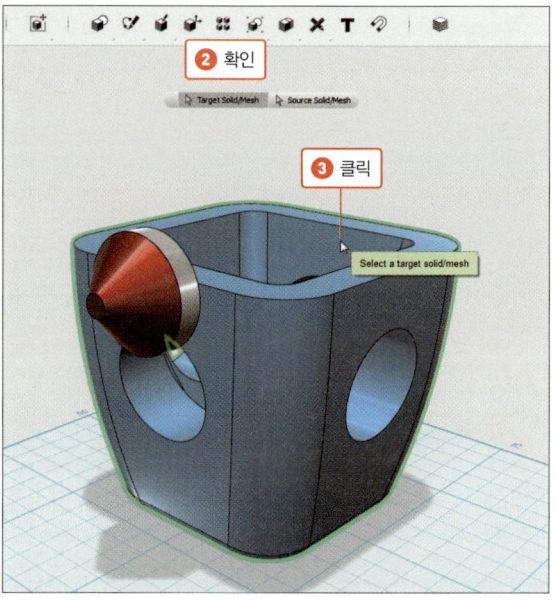

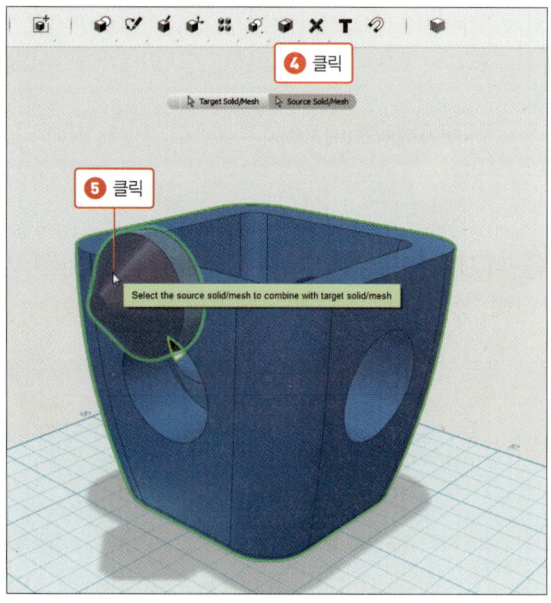

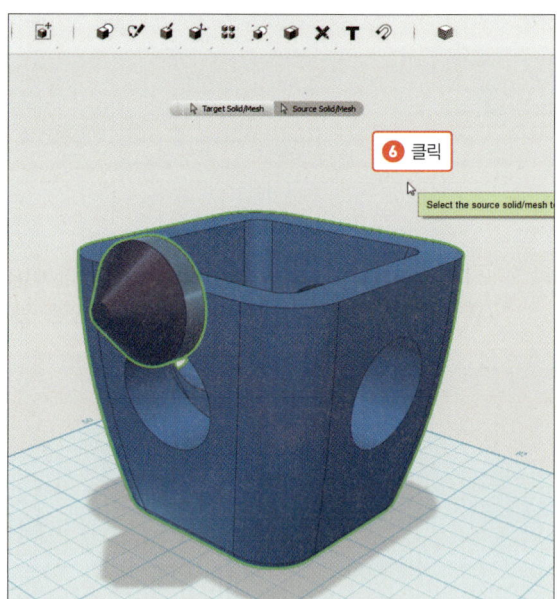

15 화면 빈 곳을 선택하면, 모델링이
연필통에 더해집니다.

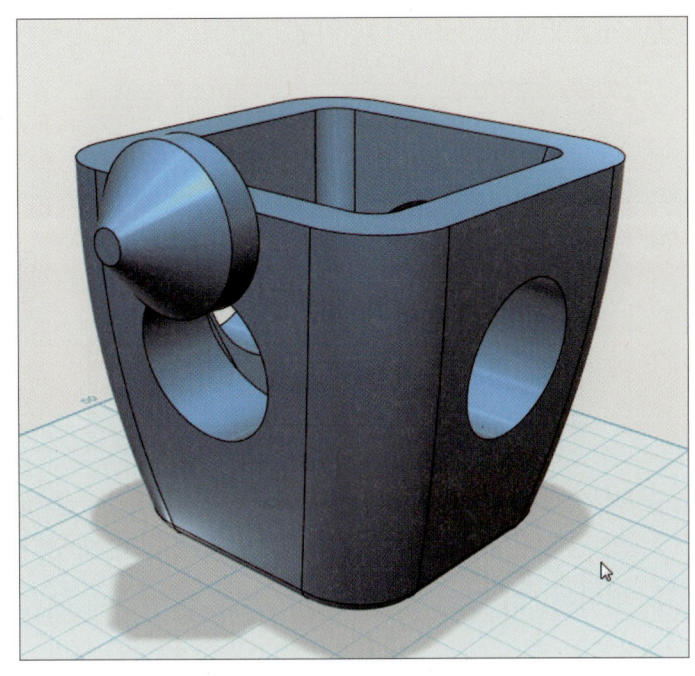

4) 연필통에 재질 입히기

01 상단 메뉴의 '재질(Material)'을 선
택합니다.

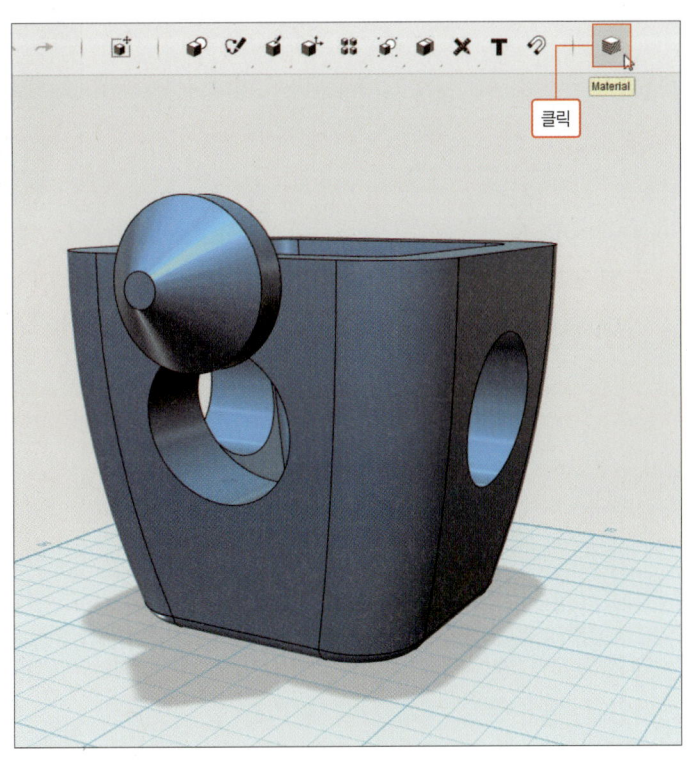

02 '재질창(Materials)'이 나타나면 원하는 재질을 선택하고, 연필통을 클릭하면, 재질이 입혀집니다.

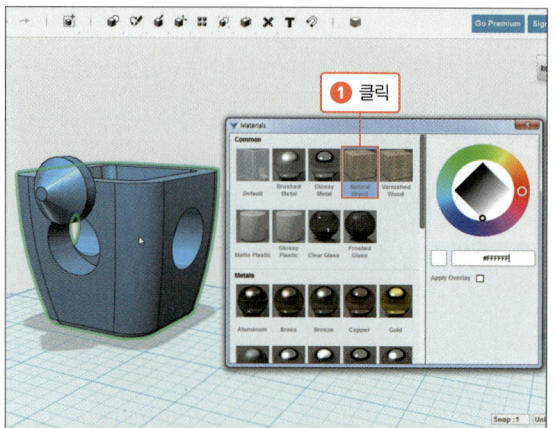 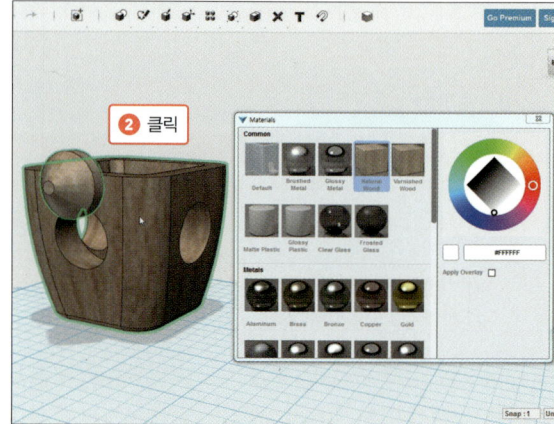

03 나만의 예쁜 연필통이 완성되었습니다.

MEMO

CHAPTER 02
02
3D 프린팅 활용 **중급**

3D 프린팅 중급 활용 예제를 만들어 봅니다. 폴리선(Polyline)과 곡선(Spline), 로프트(Loft)와 셸(Shell) 등의 기능을 이용해 스마트폰 거치대, 종이컵홀더, 핸드폰 케이스를 만들어 봅니다.

1 스마트폰 거치대 만들기

만들어보기

- 폴리선(Polyline)과 곡선(Spline)을 사용하여 원하는 모양의 거치대를 만들어 봅니다.
- 원하는 모양으로 스케치를 편집하는 방법을 알아봅니다.

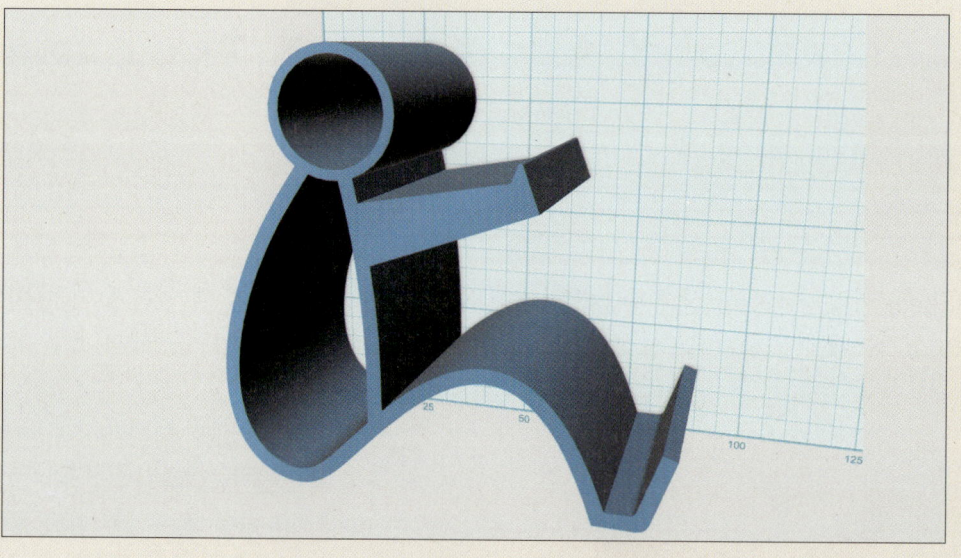

체·크·포·인·트

1 폴리선(Polyline)과 곡선(Spline)을 이용하여 형태를 만들어 봅니다.

2 간격띄우기(Offset)에 대해 이해합니다.

3 스케치 편집(Edit Sketch)에 대해 이해합니다.

1) 기본 형상 만들기

01 상단 메뉴의 '스케치(Sketch)-원
(Circle)'이나 '기본 도형(Primitives)-
원(Circle)'을 이용해 지름 25mm의 원
을 그립니다.

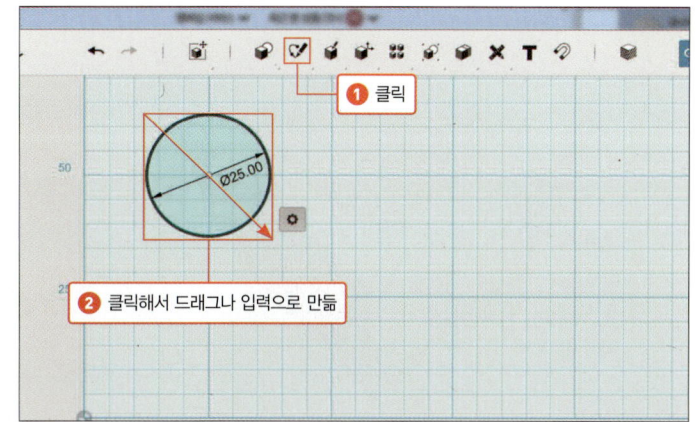

02 그림과 같은 좌표의 위치(75, 25)에
원(Circle)을 그립니다.

+ 플러스 Tip

스케치(Sketch)로 작업할 때 작업창을 클릭하
면 모눈종이(Grid)가 확장됩니다.

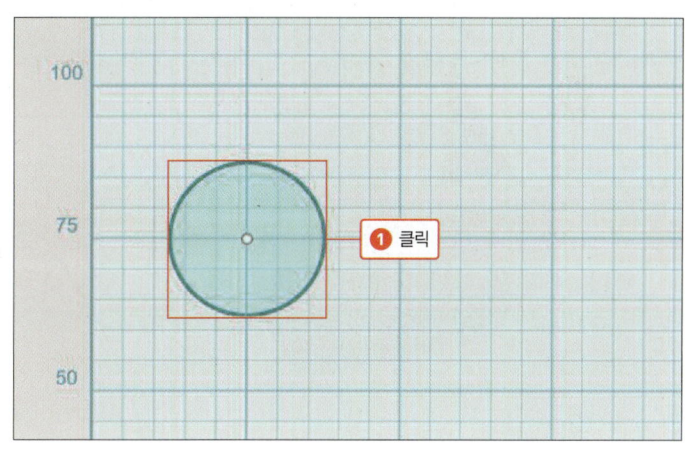

03 상단 메뉴의 스케치(Sketch)의 곡선
(Spline)을 선택합니다. 그림에 있는
점과 같은 위치를 클릭합니다.

+ 플러스 Tip

곡선(Spline)을 잘못 그렸다면 위의 그림에 나와
있는 것처럼 점을 눌러 수정해도 괜찮습니다.

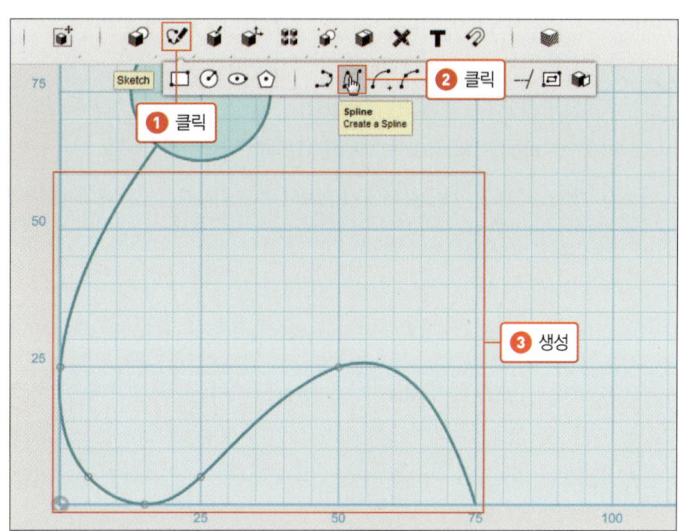

04 상단 메뉴의 스케치(Sketch)의 폴리선(Polyline)을 이용해 그립니다.

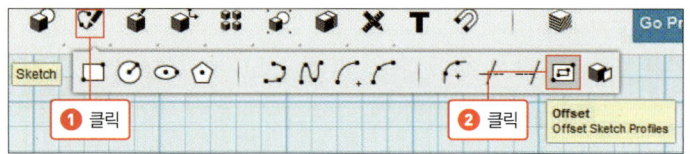

+ 플러스 Tip

폴리선(Polyline)을 그릴 때, 그려진 곡선 (Spline)을 선택하고 선을 이어줄 부분에서부터 그려주어야 합니다.

05 상단 메뉴의 '스케치(Sketch)–간격 띄우기(Offset)' 기능을 선택합니다.

06 조금 전에 그렸던 곡선(Spline)을 클릭합니다. 값 입력창에 '3'을 입력합니다.

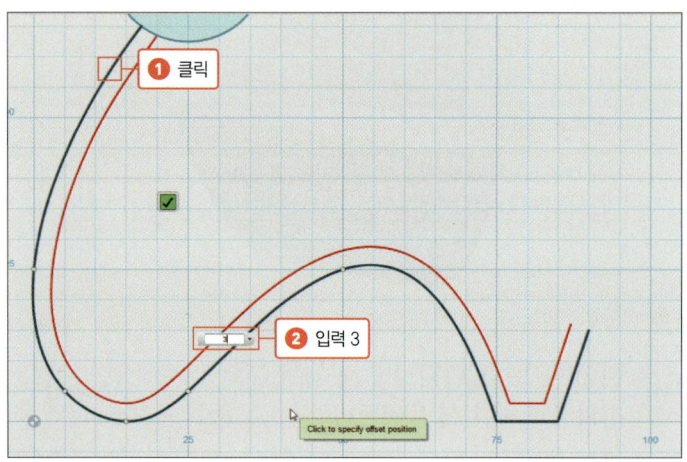

07 다시 '스케치(Sketch)−폴리선(Polyline)'을 선택한 후 선을 연결합니다. 빈틈없이 연결해야만 머리의 원처럼 색이 변합니다. 제대로 연결되었는지 확대 확인하면서 정확하게 연결합니다.

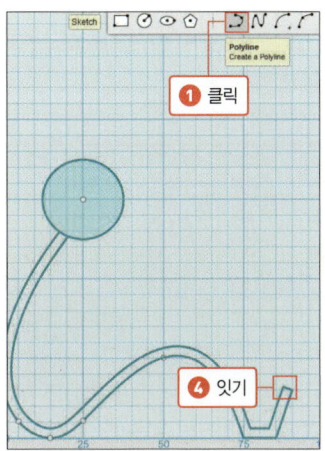
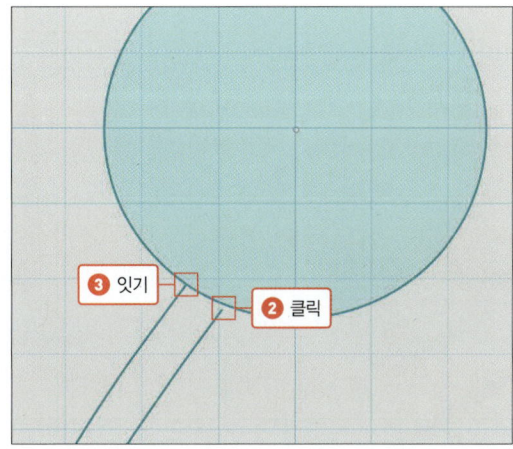

+ 플러스 Tip

간격띄우기(Offset)로 만든 선은 직접 그려 넣은 선과 달리 조절하는 점이 없습니다. (끝과 끝에만 있습니다.) 이어서 연결할 때 조심하세요.

08 그려진 선을 선택하고 '스케치(Sketch)−모깎기(Fillet)'를 선택한 후 모서리를 부드럽게 만듭니다.

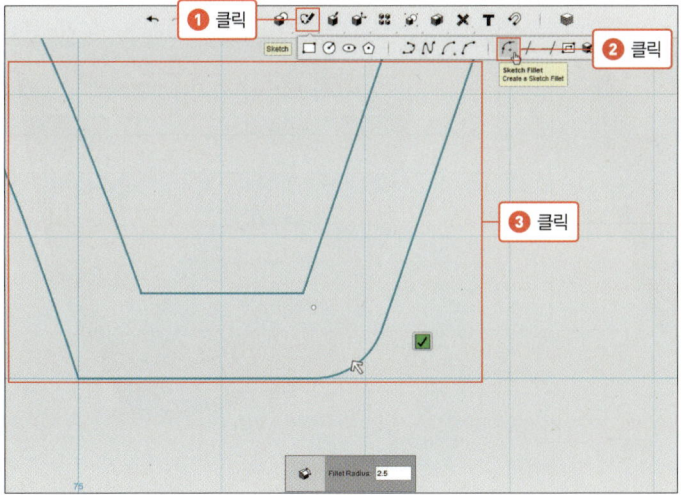

09 상단 메뉴의 '스케치(Sketch)−곡선 (Spline)'을 선택한 후 그림의 위치 에 곡선(Spline)을 두 개 더 연결합 니다. 그린 곡선(Spline)을 폴리선 (Polyline)을 이용해 닫아줍니다.

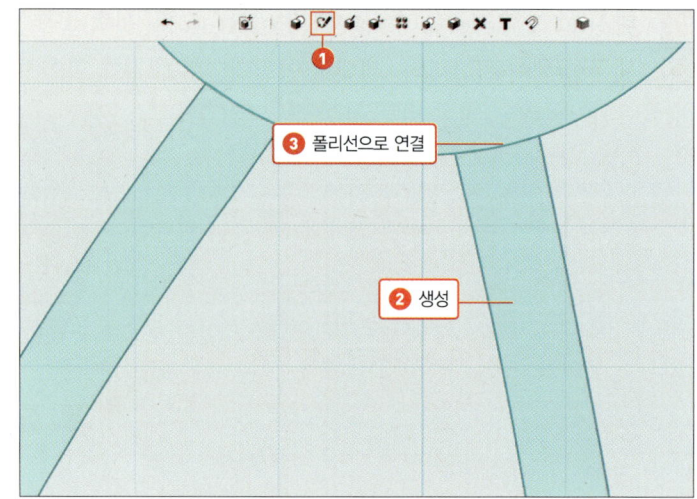

+ 플러스 Tip

> 색이 진해져야 선이 연결되어 닫혀졌다는 뜻이 므로 잘 확인하기 바랍니다.

2) 받침대 만들기

01 '스케치(Sketch)−폴리선(Polyline)' 을 선택한 후 선을 그리려는 곡선 (Spline)을 선택합니다. 길이(29.323) 와 각도(100)를 입력하고 그림과 같은 위치를 클릭합니다.

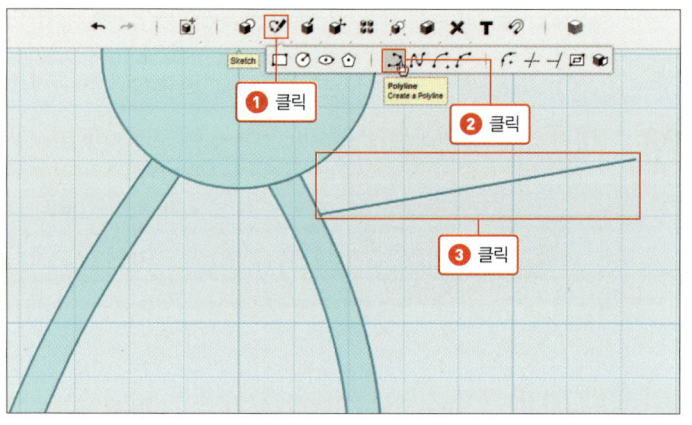

+ 플러스 Tip

> 키보드로 값을 입력한 후 Enter 키를 누르면 값 이 잠겨 마우스를 움직여도 길이와 각도는 변 하지 않습니다. (단, 마우스를 움직이면 위아래 로 방향은 바뀝니다.)

02 길이(5.117), 각도(160)를 설정하여 그 림과 같은 모양을 만듭니다.

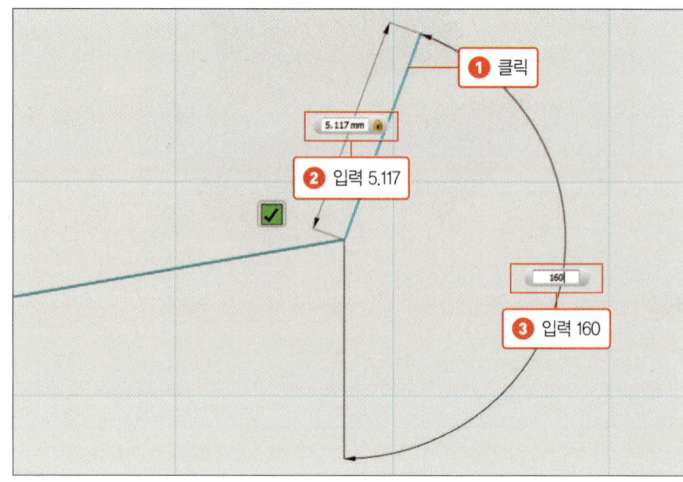

+ 플러스 Tip

> 값을 넣어주고 클릭하면 이어서 다시 그릴 수 있습니다.

03 길이(10.688)와 각도(15)를 설정하여 그림과 같은 모양을 만듭니다.

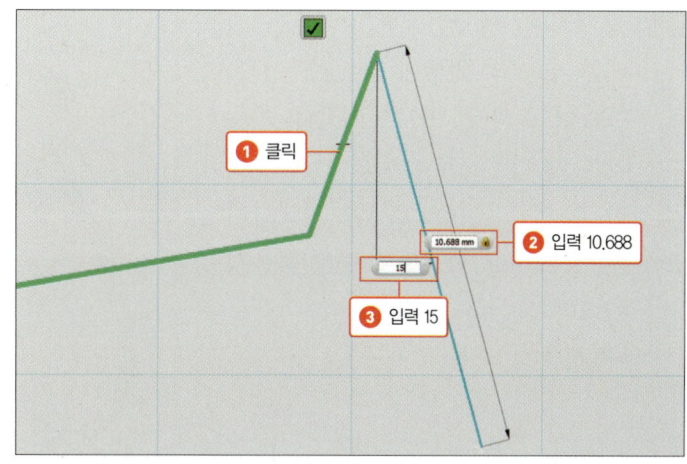

04 나머지 선도 연결합니다. 그림과 같이 길이(33)와 각도(70)를 설정합니다.

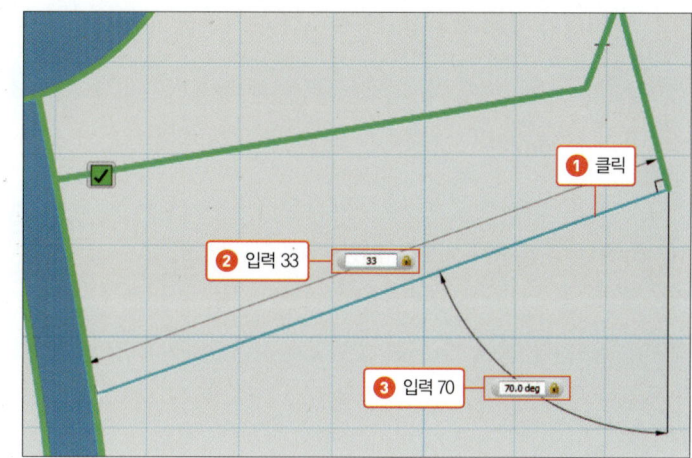

+ 플러스 Tip

선이 넘거나 짧으면 '스케치(Sketch)—잘라내기(Trim)'나 연장하기(Extend)를 사용합니다.

05 '스케치(Sketch)—모깎기(Fillet)'를 선택한 후 면을 다듬어 줍니다.

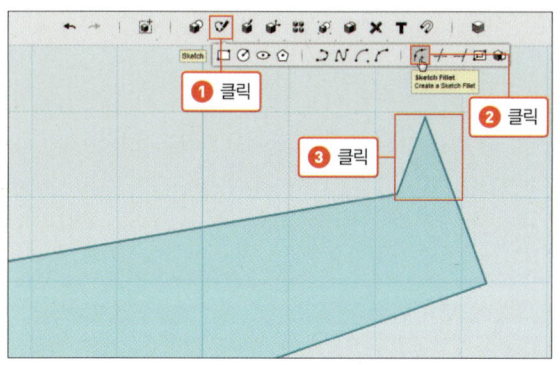
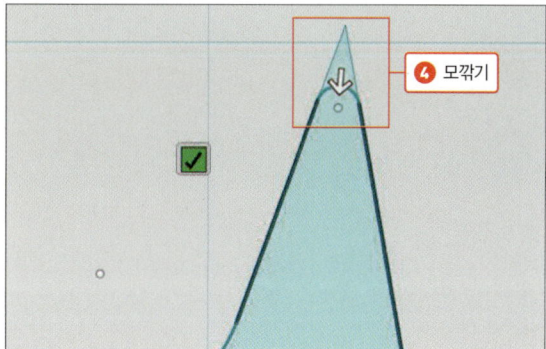

+ 플러스 Tip

모깎기(Fillet)는 스케치(Sketch) 메뉴와 편집(Modify) 메뉴 두 곳에 있습니다. 스케치(Sketch)일 때는 스케치(Sketch) 메뉴의 모깎기(Fillet)를 사용합니다.

06 '스케치(Sketch)−원(Circle)'을 선택한 후 머리 내부에 21mm의 원을 만들어 줍니다. 키보드의 [Ctrl] 키를 누른 채 마우스로 그림과 같이 클릭한 후 돌출(Extrude)을 선택합니다. 50mm를 설정하고 면을 돌출시킵니다.

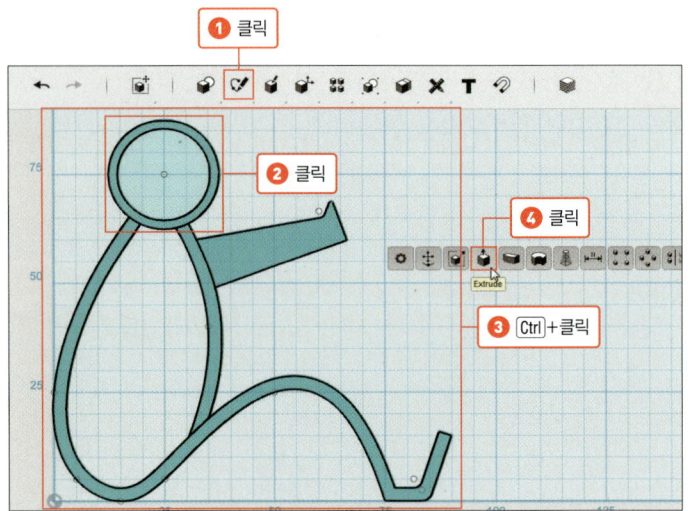

07 거치대가 예쁘게 완성되었습니다.

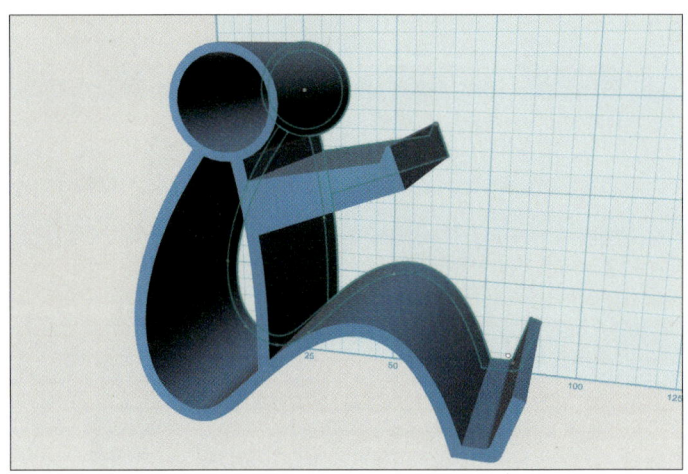

⠿ 만들어보기

- 로프트(Loft)와 셸(Shell) 기능을 이용하여 컵홀더를 만들어 봅시다.
- 텍스트(Text)로 입력해서 컵홀더에 새기는 방법을 알아봅시다.

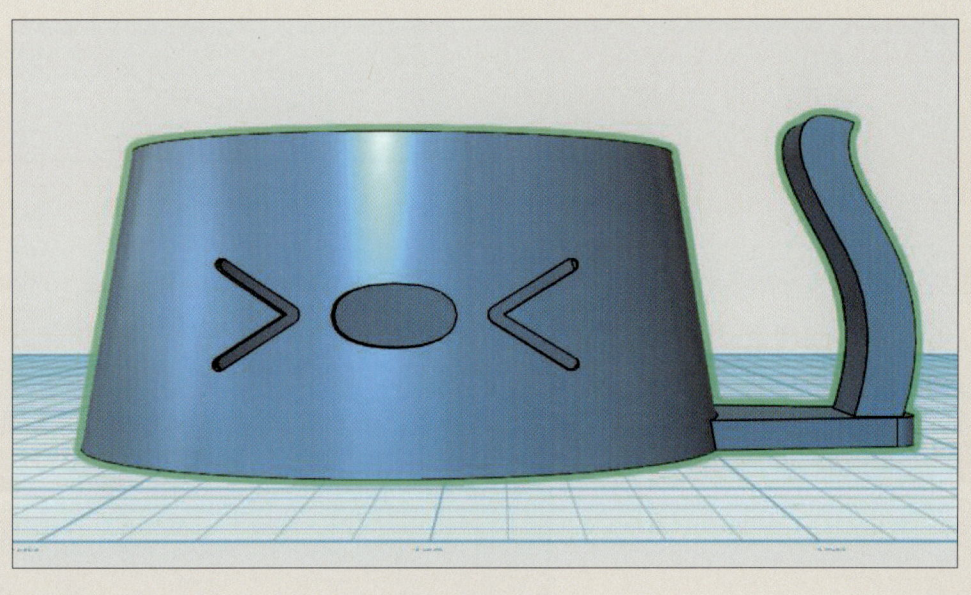

체·크·포·인·트

1 셸(Shell)과 프레스 풀(Press Pull)을 이용하는 방법을 이해합니다.

2 솔리드 빼기(Subtract)를 이용하여 문양을 넣어봅니다.

3 합치기(Merge)를 이용하여 모형과 모형을 붙이는 방법을 이해합니다.

1) 컵홀더 형상 만들기

01 상단 메뉴의 '스케치(Sketch)–원 (Circle)'이나 '기본 도형(Primitives) –원(Circle)'을 선택한 후 65mm를 설정하여 원을 그려줍니다.

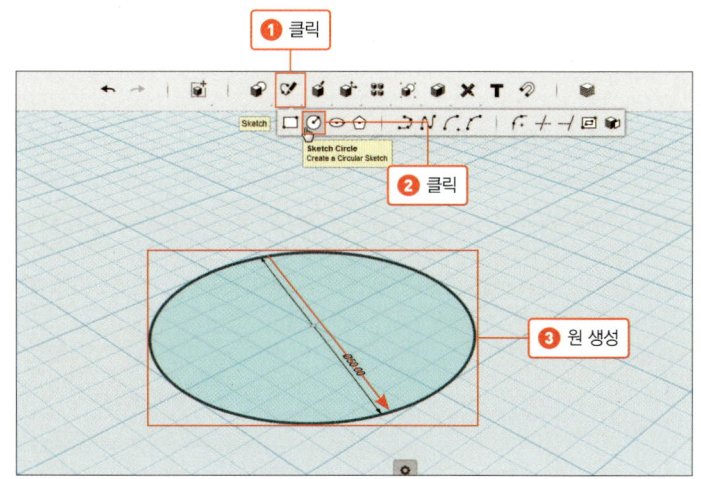

02 상단 메뉴의 '변형(Transform)–이 동(Move)'을 이용해 65mm의 원을 선택해 30만큼 위로 이동합니다.

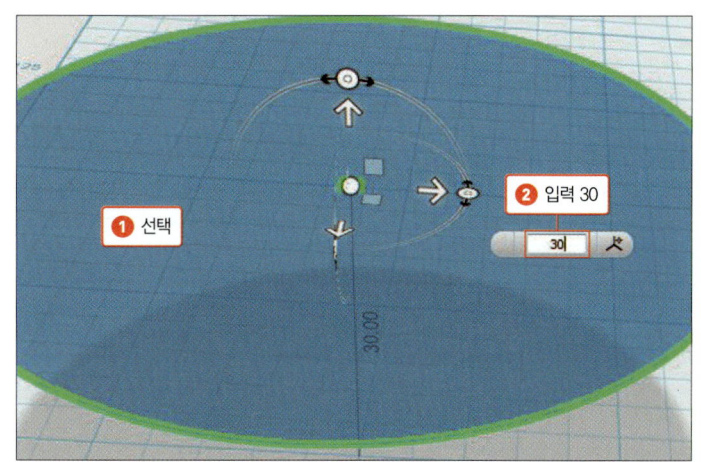

03 똑같이 '스케치(Sketch) –원(Circle)' 이나 '기본 도형(Primi tives)– 원(Circle)'을 선택한 후 60mm를 설 정하여 원(Circle)을 그려줍니다.

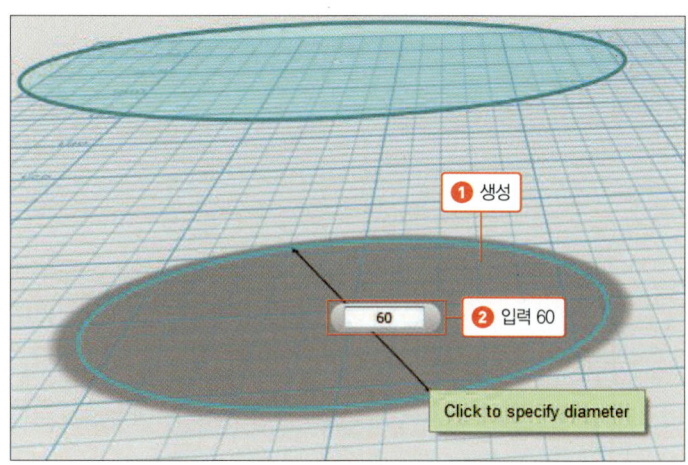

04 만든 60mm의 원(Circle)을 선택한
후 이동(Move)을 이용해 15mm만큼
위로 이동시킵니다.

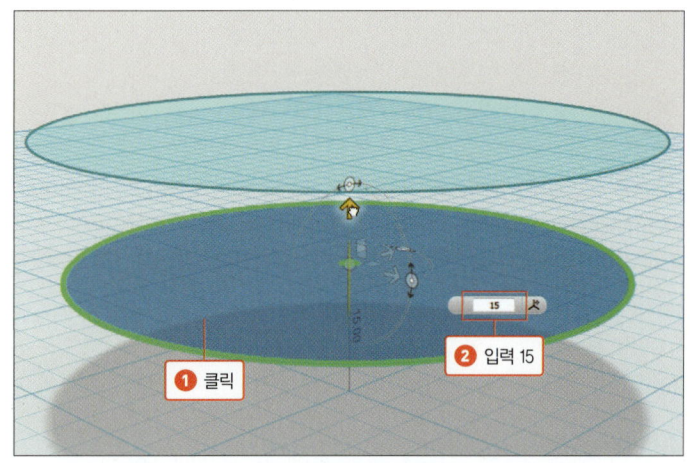

05 그 밑에 다시 스케치(Sketch)의 원
(Circle)을 이용해 55mm를 설정하
여 원(Circle)을 그려줍니다.

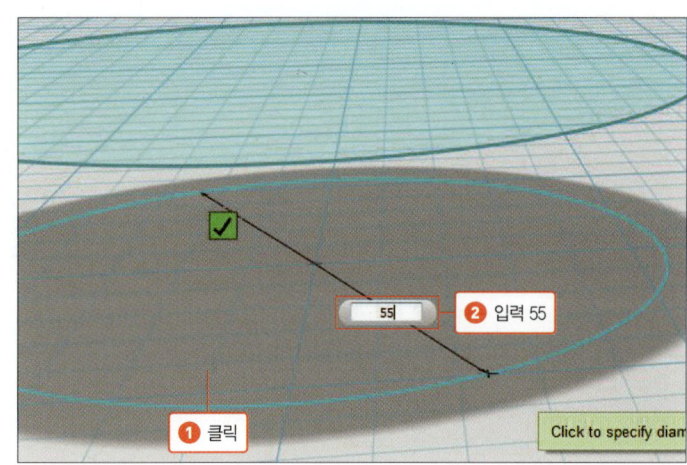

06 키보드의 Ctrl 키를 누른 채 3개의 원
(Circle)을 클릭한 후 '로프트(Loft)'
를 선택합니다.

+ 플러스 Tip

원(Circle)을 순서대로 선택할 때 원의 색이 짙어
지는 것을 주의하세요! 짙어지지 않은 것은 선
택되지 않은 것입니다.

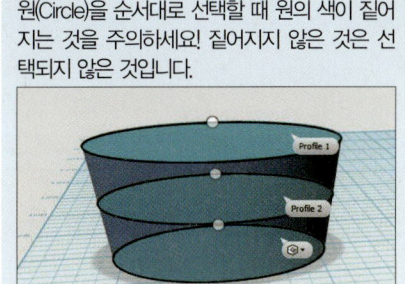

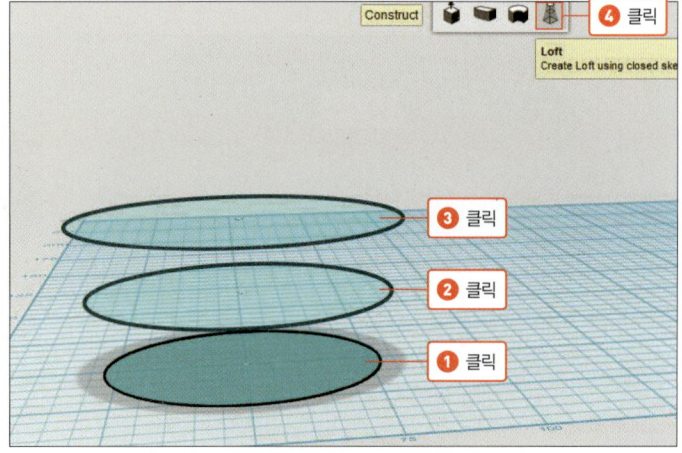

07 상단 메뉴의 '편집(Modify)-셸 (Shell)'을 선택하고, 윗면을 선택해 내부를 비워줍니다.

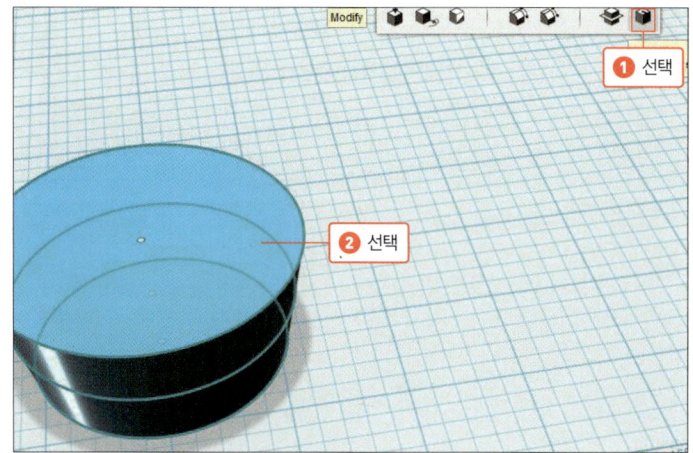

08 안쪽 두께(Thickness Inside)는 셸 (Shell)값 입력창에서 '2'를 입력하여 설정합니다.

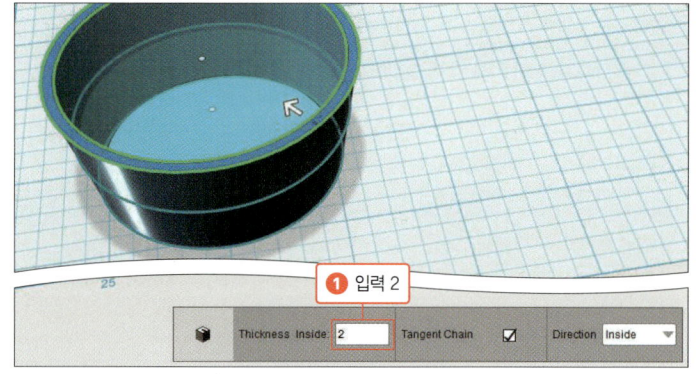

09 '편집(Modify)-프레스 풀(Press Pull)'을 선택한 후 아래 내부에 남아있는 원의 시점을 돌려 선택하고, 값 입력창으로 '-2'를 입력해 남아있는 원을 없애줍니다.

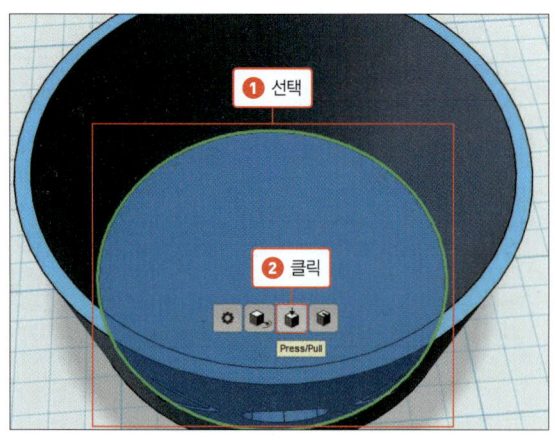
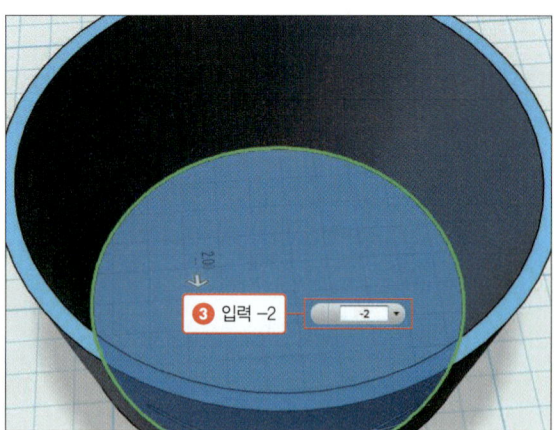

+ 플러스 Tip

내부에 남아있는 원을 선택할 때 스케치를 숨겨주고 선택하면 편합니다.

2) 문양 넣어 주기

01 기본적인 종이컵 홀더에 나만의 귀여운 무늬를 넣어줍시다. 상단 메뉴에서 '텍스트(Text)'를 선택한 후 모눈종이를 선택하고 그림과 같이 원하는 글자나 이모티콘(Text : >O<, Font : 굴림)을 만듭니다.

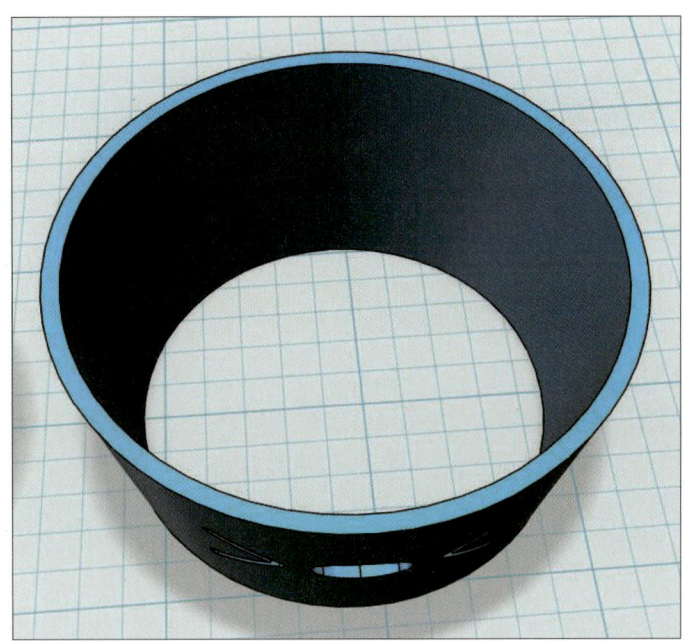

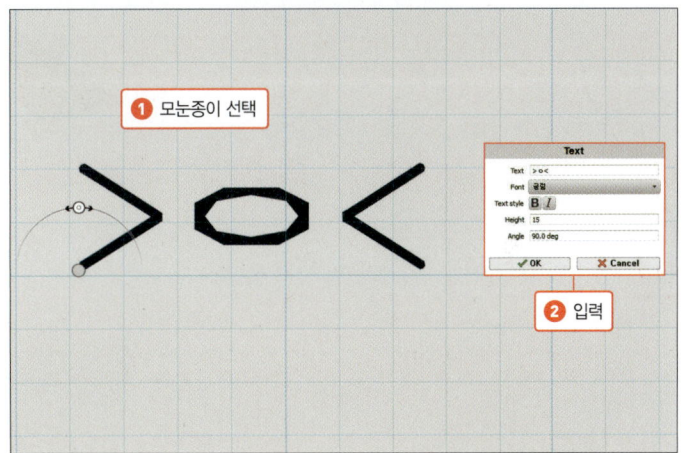

02 텍스트(Text)를 선택한 후 돌출(Extrude) 명령을 이용해 10mm만큼 돌출시킵니다.

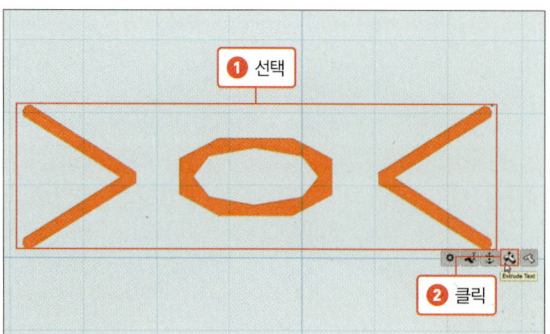
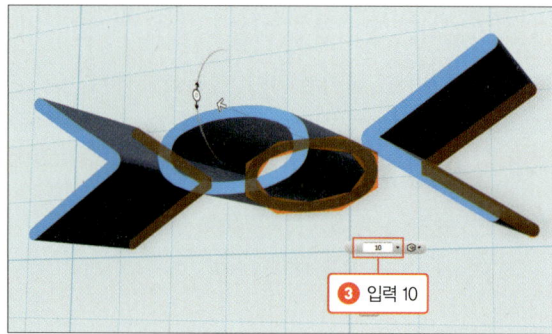

03 상단 메뉴의 '이동(Move)'을 선택한 후 귀여운 무늬를 이동하여 컵홀더의 정중앙에 배치합니다.

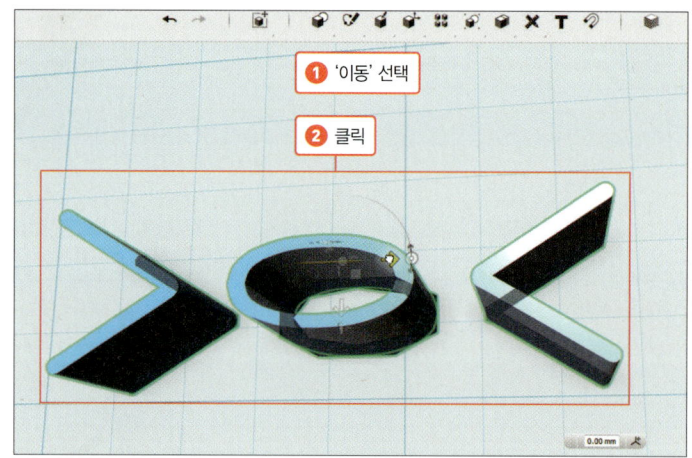

04 컵홀더와 귀여운 무늬가 합쳐져 있습니다.

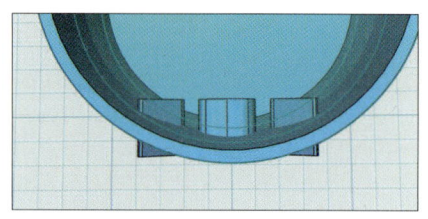

컵홀더와 무늬가 합쳐진 상태

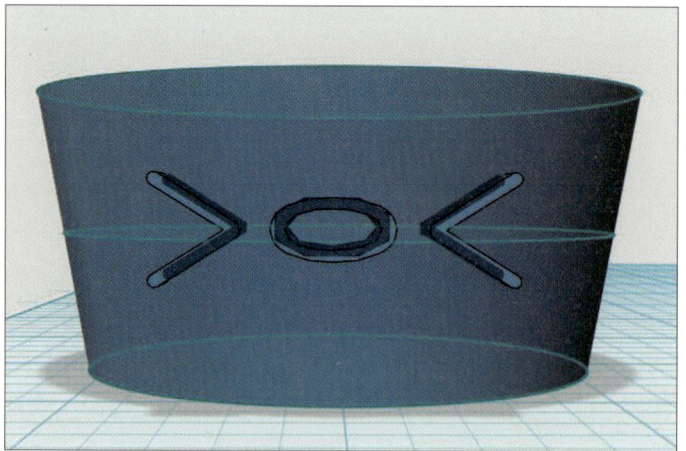

05 '결합(Combine)-빼기(Subtract)'
를 선택한 후 타깃(Target)으로 컵홀
더를 선택하고, 소스(Source)로 글
자를 각각 선택해 합칩니다.

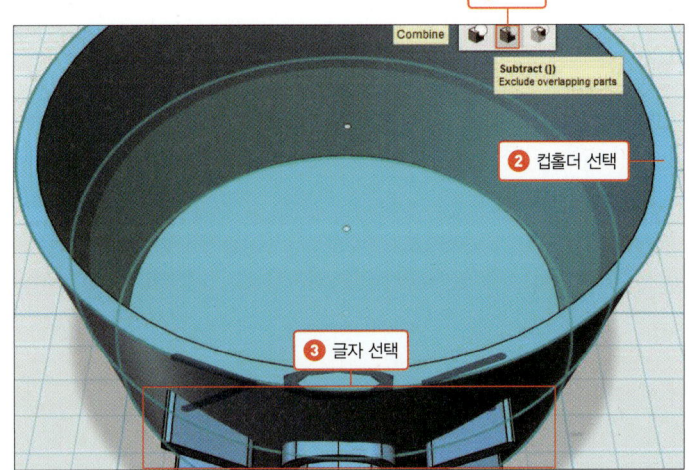

3) 손잡이 만들기

01 '이동(Move)'을 클릭한 후 컵홀더를
선택하고 180도 뒤집습니다.

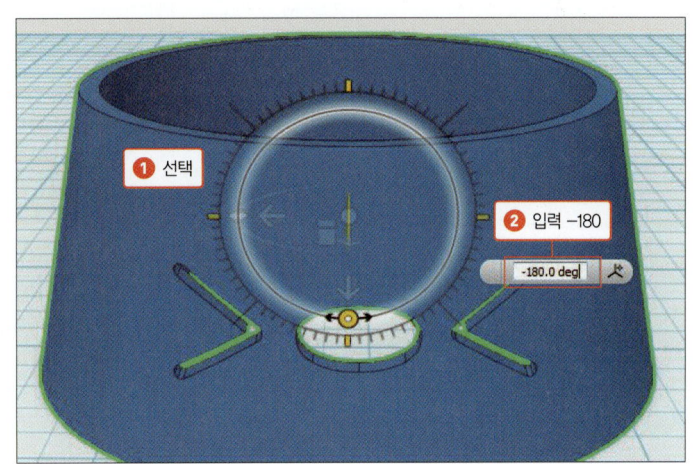

02 그림과 같이 '스케치(Sketch)-폴리
선(Polyline)'을 선택한 후 선을 그려
줍니다. 길이 21.698, 각도 90도로 입
력합니다.

+ 플러스 Tip

폴리선을 이용하여 그림과 같이 그려줍니다.

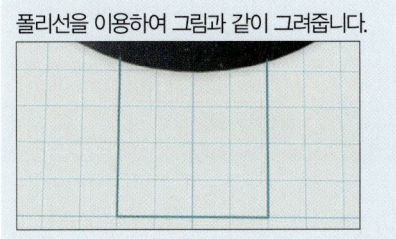

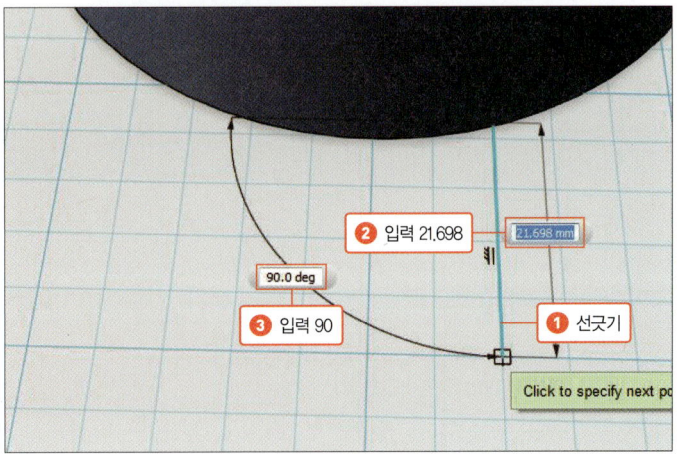

03 그려진 선을 선택하고 이어서 각도 80도로 폴리선(Polyline)을 그려줍니다.

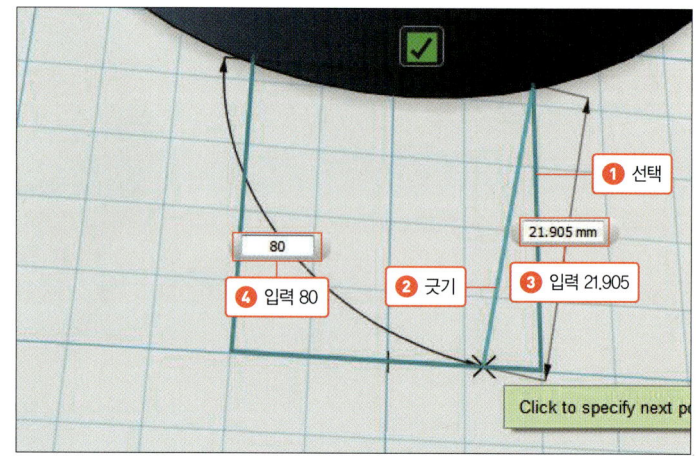

04 반대편도 마찬가지로 나머지 부분을 그려줍니다.

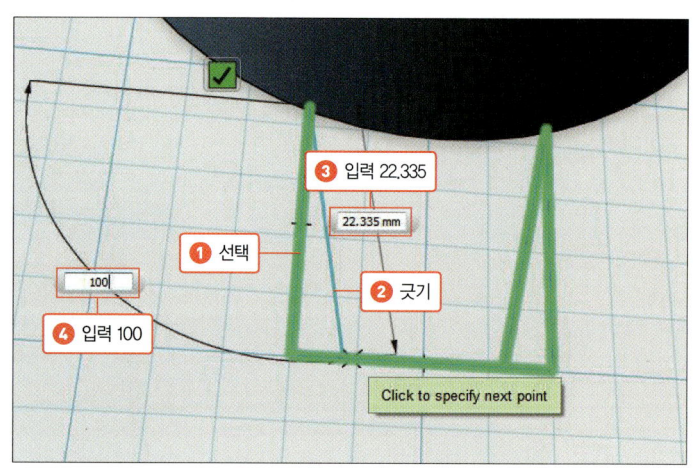

05 상단 메뉴의 '스케치(Sketch)–모깎기(Fillet)'를 선택한 후 그려진 선의 구석을 부드럽게 만들어 줍니다.

+ 플러스 Tip

모깎기(Fillet)의 반지름 치수는 3이 적당합니다. 하지만 도면마다 치수는 다릅니다.

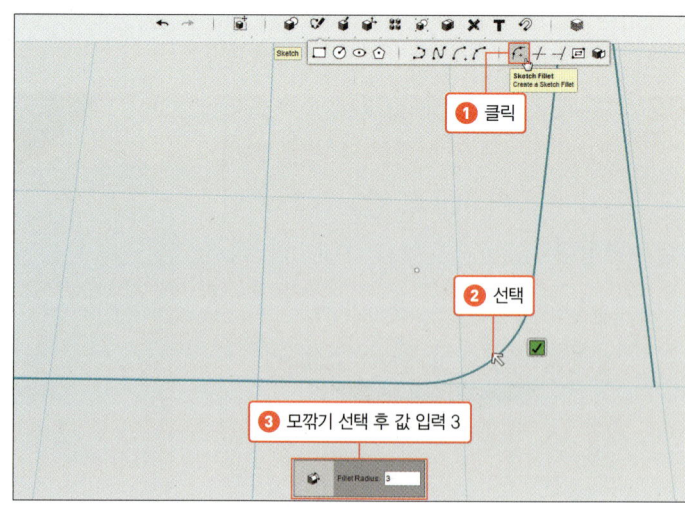

06 모깎기를 한 선을 제외한 필요 없는 선들은 마우스로 선택한 후 [Delete] 키를 이용해 삭제합니다.

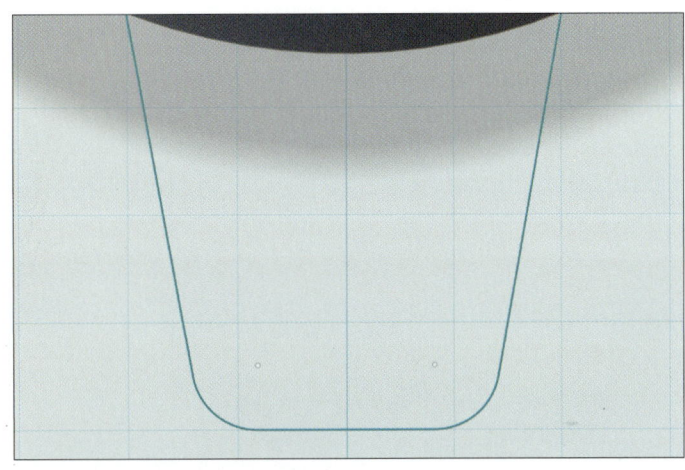

07 상단 메뉴의 '스케치(Sketch)-타원(Sketch Ellipse)'을 선택합니다.

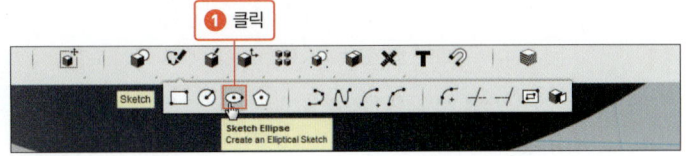

08 타원의 두께를 그림과 같이 가로 3mm, 세로 1.5mm로 설정합니다.

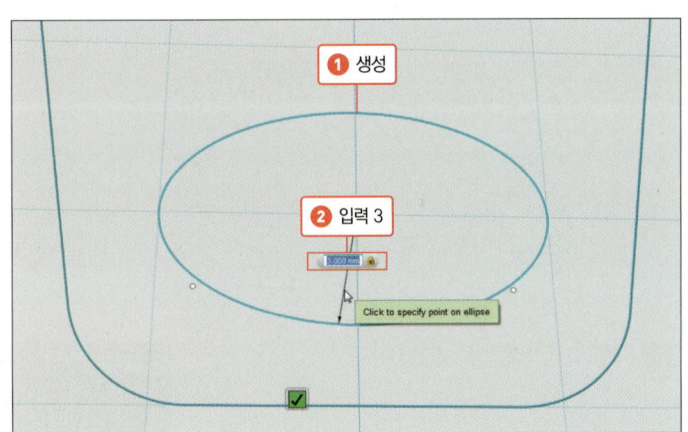

09 상단 메뉴의 '스케치(Sketch)-곡선(Spline)'을 이용해 그려진 선을 선택한 후, 두 선을 그림과 같이 이어줍니다.

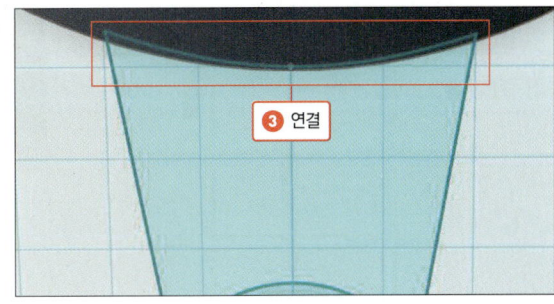

10 상단 메뉴의 '돌출(Extrude)'을 선택
한 후 3mm만큼 돌출시킵니다.

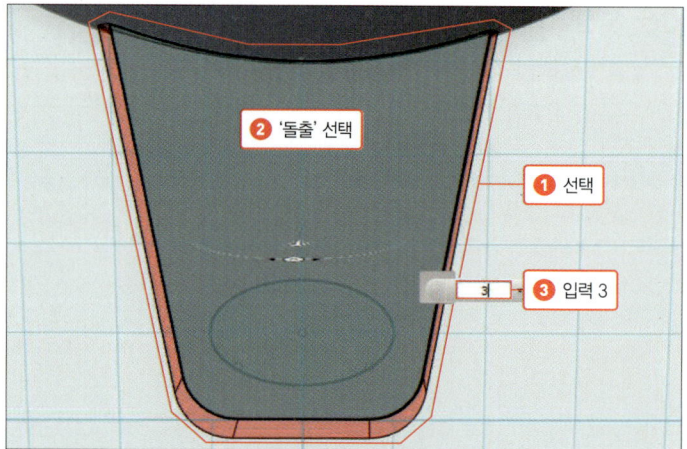

+ **플러스 Tip**

바로 돌출(Extrude)은 안 될테니, 한 번 더 돌출
시켜줍시다.

11 안의 타원도 선택한 후 돌출(Extrude)
명령을 이용해 타원을 20mm만큼 돌
출시킵니다.

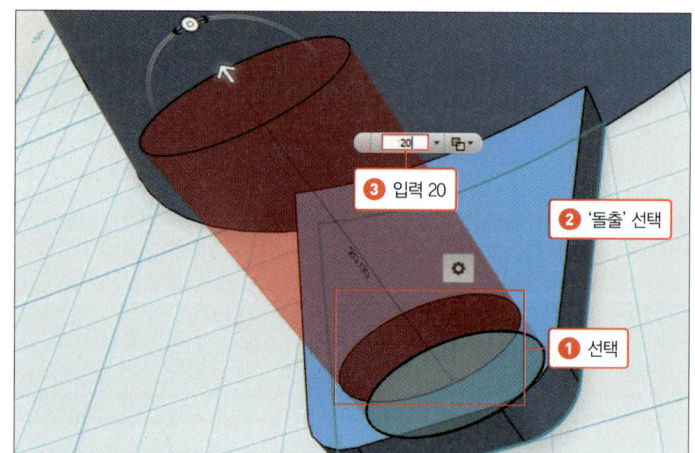

12 손잡이가 완성되었습니다.

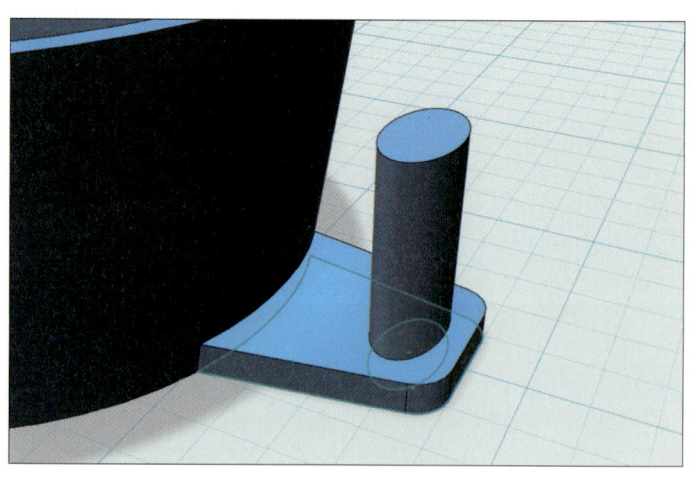

4) 손잡이를 좀 더 굴곡진 멋진 디자인으로 만들기

01 '스케치(Sketch)-곡선(Spline)'과 '폴리선(Polyline)'을 선택한 후 그림과 같이 그려줍니다.

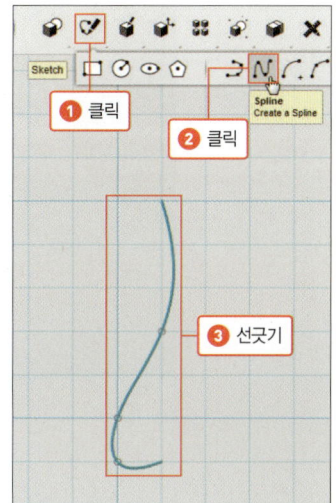 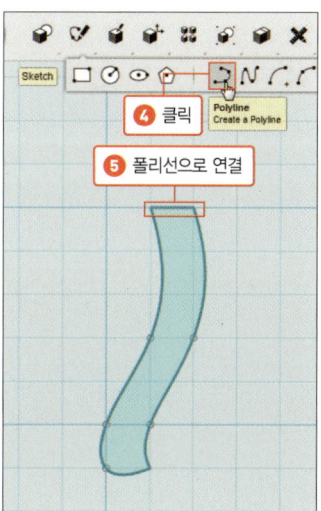

02 '작성(Construct)-돌출(Extrude)'을 선택한 후 그려진 스케치(Sketch)를 선택하여 값을 '10'으로 입력하여 돌출(Extrude)시킵니다.

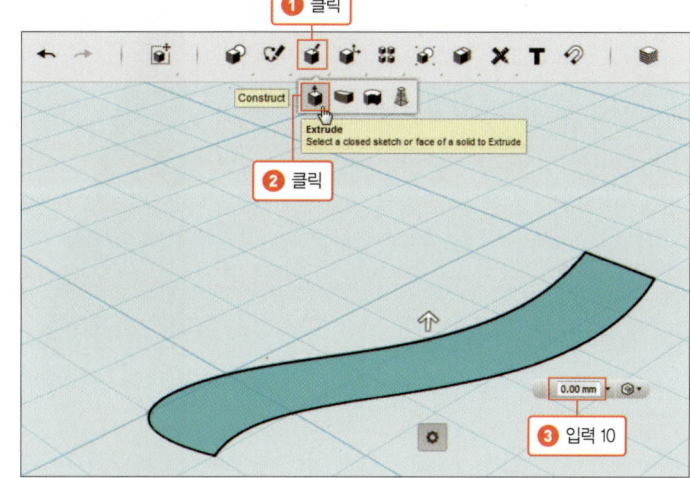

03 만들어진 손잡이를 선택한 후 상단 메뉴의 이동(Move) 명령을 이용해 그림과 같이 회전(Rotate)시킵니다.

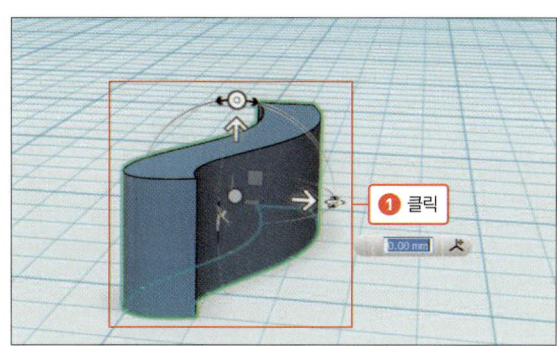 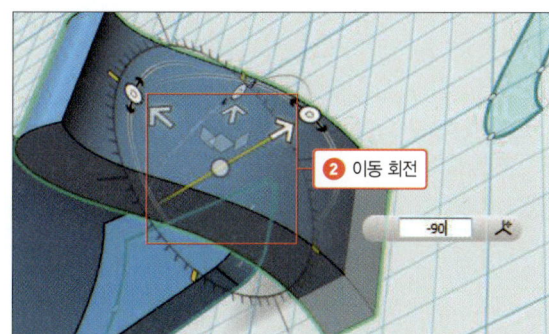

PART 04 3D 프린팅 활용 예제 따라하기

04 다음 그림과 같이 이동(Move)합니다.

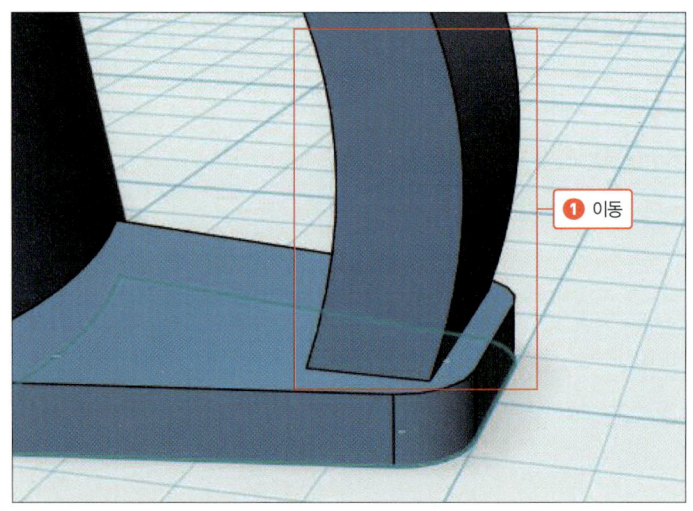

05 '결합(Combine)–합치기(Merge)'를 선택한 후 타깃(Target)으로 컵홀더를 선택하고, 소스(Source)로 손잡이를 선택하여 합칩니다.

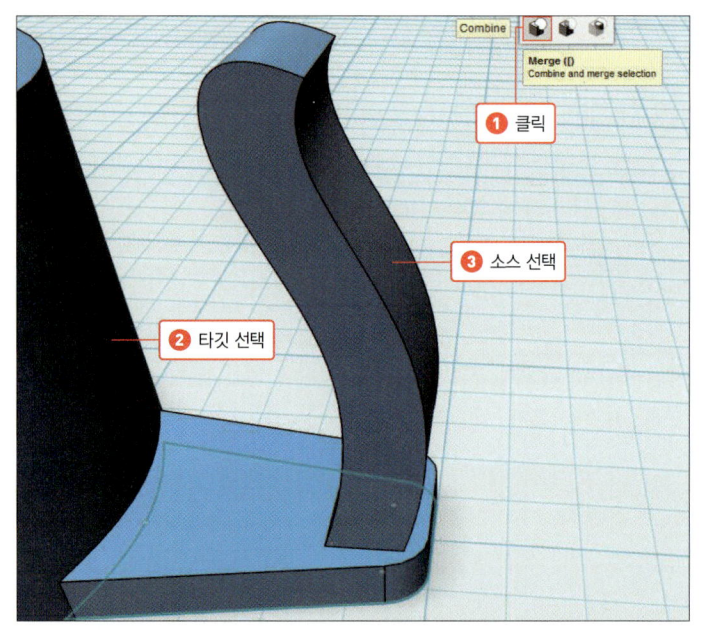

06 나만의 예쁜 컵홀더가 완성되었습니다.

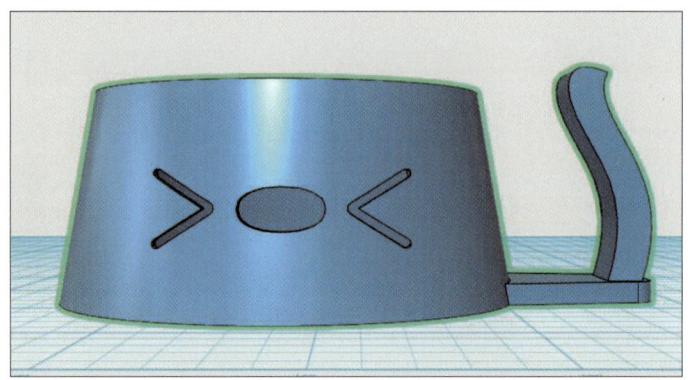

:: 만들어보기

- 나만의 특별한 핸드폰 케이스를 만들어 봅시다.
- 실생활에서도 쓸 수 있는 자신만의 디자인이 돋보이는 핸드폰 케이스를 만들어 봅시다.

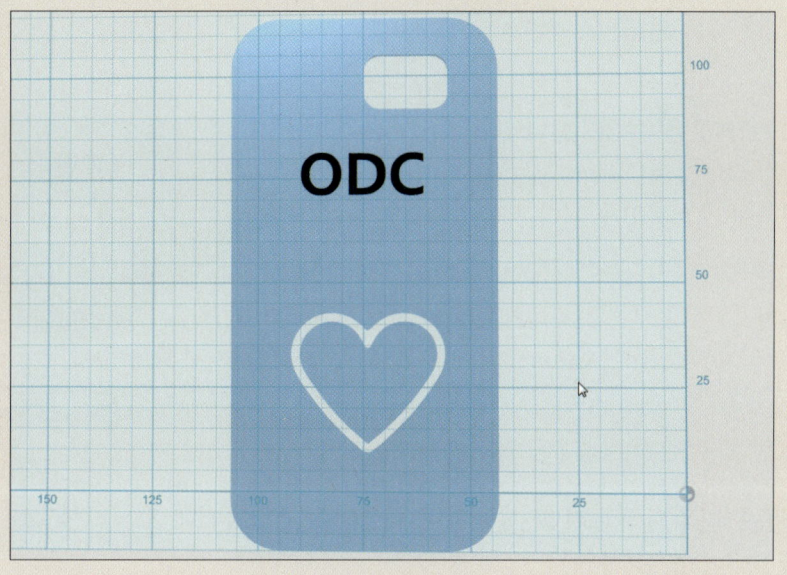

체·크·포·인·트

1. 형상투영(Project)의 사용법을 배워 봅시다.

2. 돌출(Extrude)을 사용하여 다양한 디자인을 만들어 봅시다.

3. 만들어놓은 케이스에 다른 문양을 빼기(Subtract)하는 기능을 이용하여 새겨 봅시다.

1) 휴대폰 케이스 형상 만들기

01 상단 메뉴의 '기본 도형(Primitives)−박스(Box)'를 선택합니다.

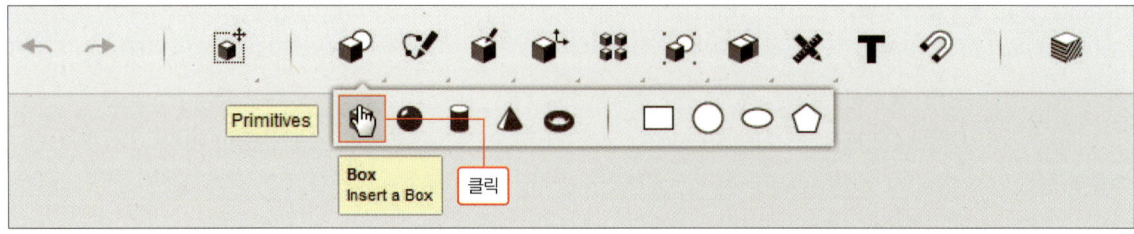

02 길이(Length)값은 '128', 너비 (Width)값은 '63', 높이(Height)값은 '10'을 입력하여 박스를 만듭니다.

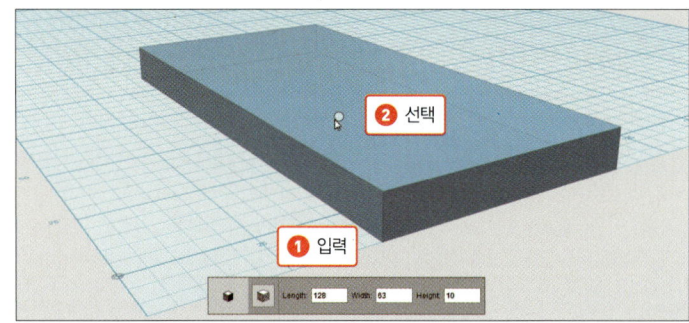

03 '편집(Modify)−모깎기(Fillet)'를 선택합니다. 그리고 박스의 네 모서리를 잡아서 모깎기 값(Fillet Radius)를 10으로 설정합니다.

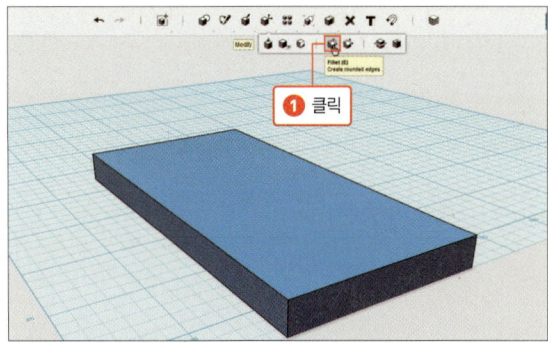

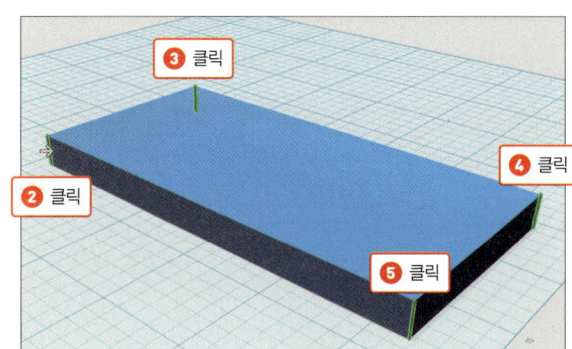

04 휴대폰 케이스의 형상이 만들어졌
습니다.

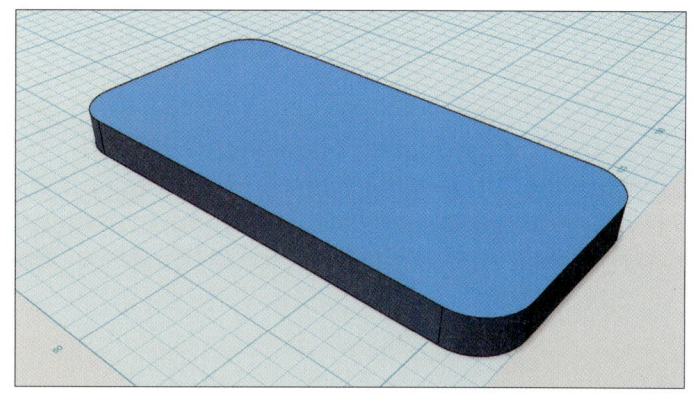

2) 휴대폰 케이스 껍데기 형태 만들기

01 상단 메뉴의 '편집(Modify)−셸
(Shell)'을 클릭한 후 케이스 윗면을
선택합니다.

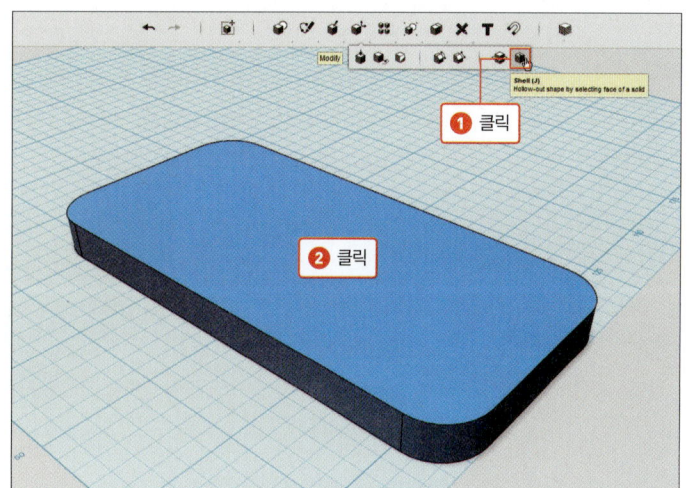

02 하단의 셸의 제어창에 안쪽 두께
(Thickness Inside) 값으로 '1.25'를
입력합니다. Enter 키나 화면 빈 곳을
클릭합니다.

03 상단 메뉴의 '스케치(Sketch)–형상 투영(Project)'을 클릭합니다.

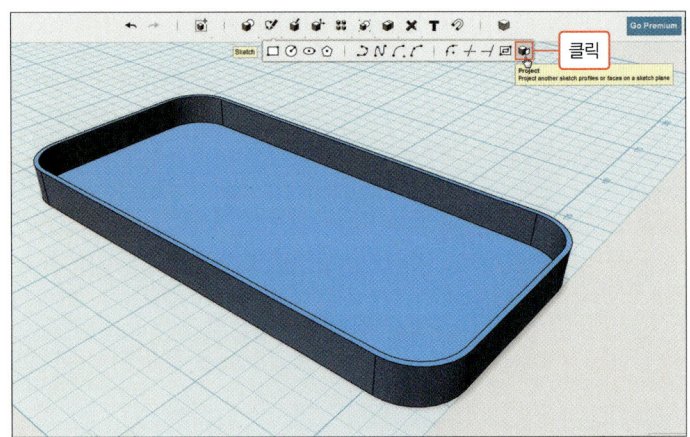

04 그림에 보이는 면을 클릭합니다.

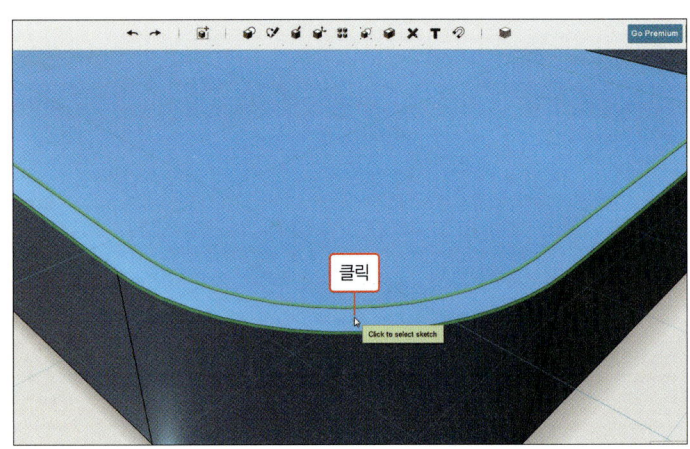

05 케이스 안쪽 모서리를 전부 선택합니다.

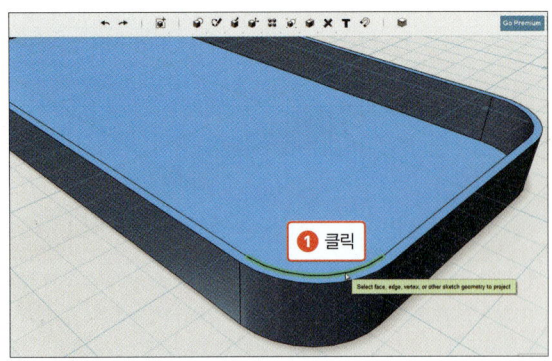

06 모두 선택했으면, '스케치 종료(Exit Sketch)'를 클릭합니다.

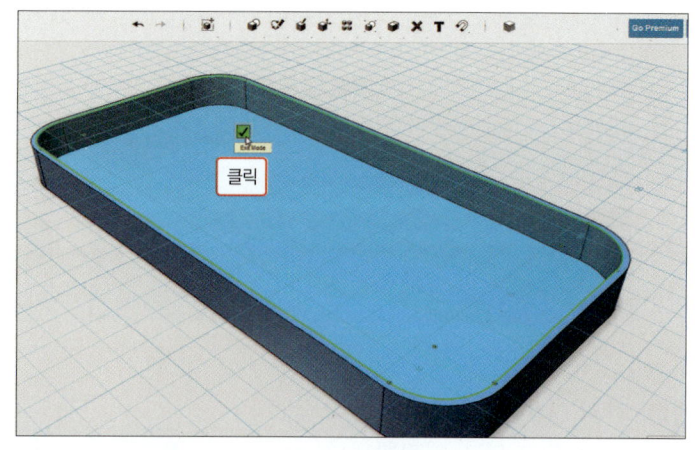

07 그림처럼 형상 투영된 모서리 선이 녹색으로 표시됩니다.

08 '스케치(Sketch)-간격띄우기(Offset)' 를 선택합니다.

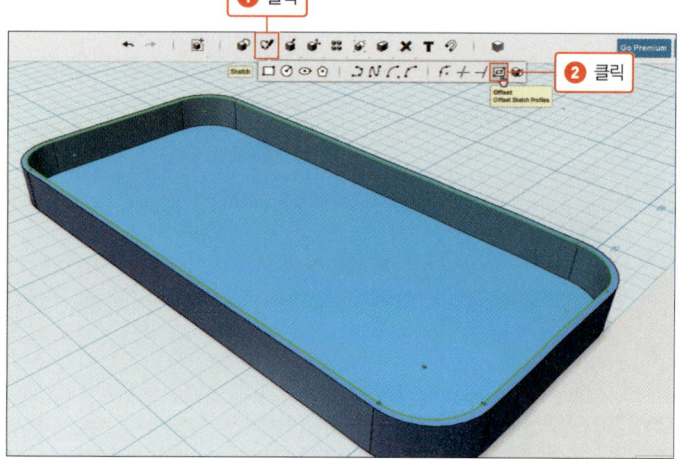

09 형상 투영된 모서리 선을 선택한 후 이전에 만든 선을 선택합니다.

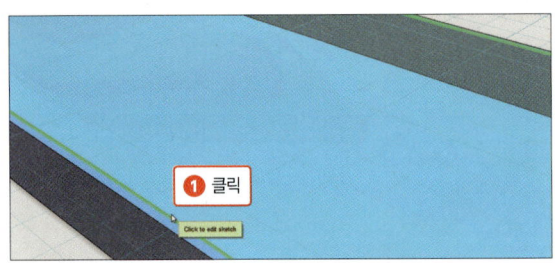

10 간격 띄우기 선이 생기며, 간격 띄우기 값은 '1.5'로 입력합니다. Enter 키나 '스케치 종료(Exit Sketch)'를 눌러서 마무리합니다.

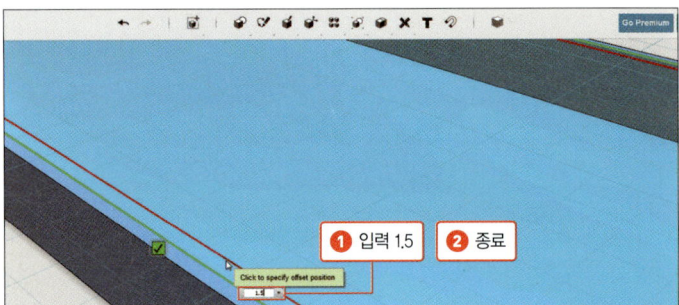

11 상단 메뉴의 '작성(Construct)−돌출(Extrude)'을 클릭합니다.

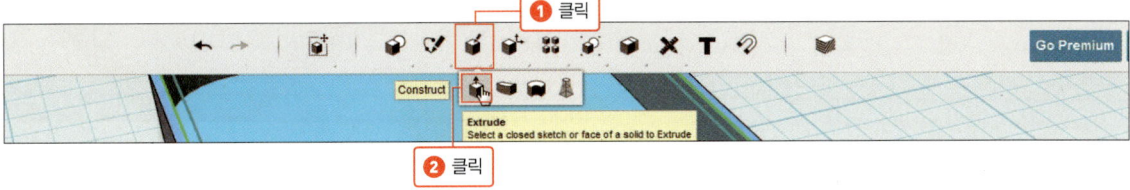

12 **10** 에서 생긴 사이의 면을 선택하고 돌출값으로 '−1.3'을 입력합니다. 마무리는 Enter 키나 화면 빈 곳을 클릭해줍니다.

+ 플러스 Tip

돌출 핸들의 화살표 방향을 잘보고 값을 입력합니다.

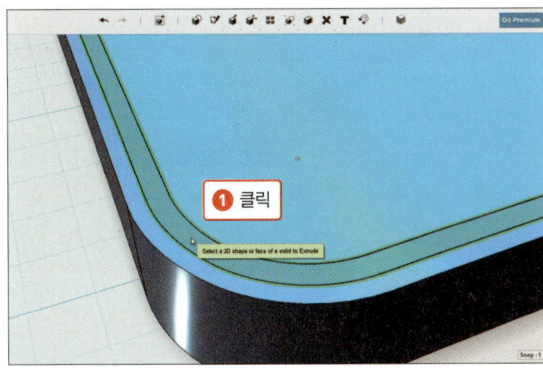

3) 버튼 구멍과 카메라 구멍 만들기

01 '스케치(Sketch)-사각형(Sketch Rectangle)'을 클릭합니다.

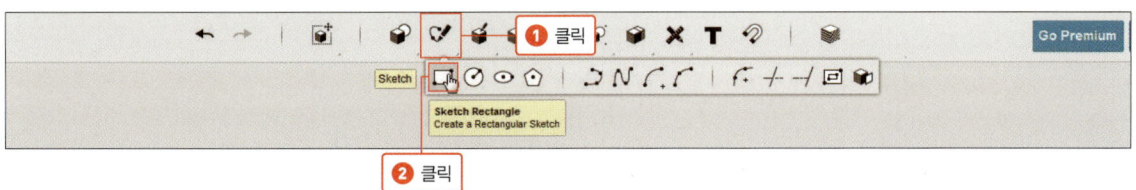

02 휴대폰 케이스의 옆면을 클릭합니다.

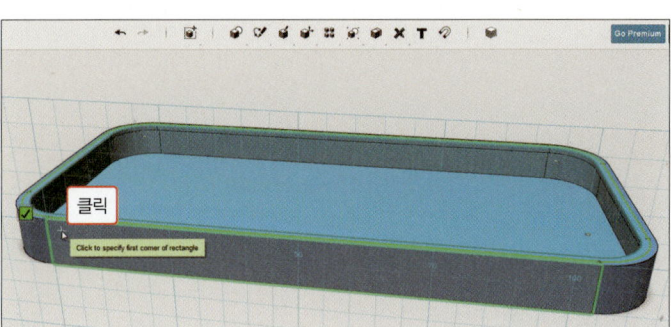

+ 플러스 Tip

스케치(Sketch) 명령이나 기본 도형(Primitives)
의 사각형(Rectangle) 또는 원(Circle) 등은 만
들어진 형상에 클릭하면 형상에 바로 스케치할
수 있습니다.

03 케이스 옆면에 사각형 스케치의 값을
가로 '60', 세로 '6.8'로 입력합니다.

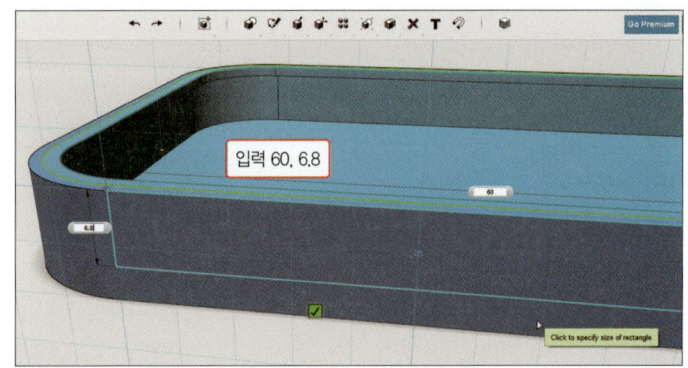

04 화면 빈 곳이나 Enter 키를 눌러 마무
리합니다.

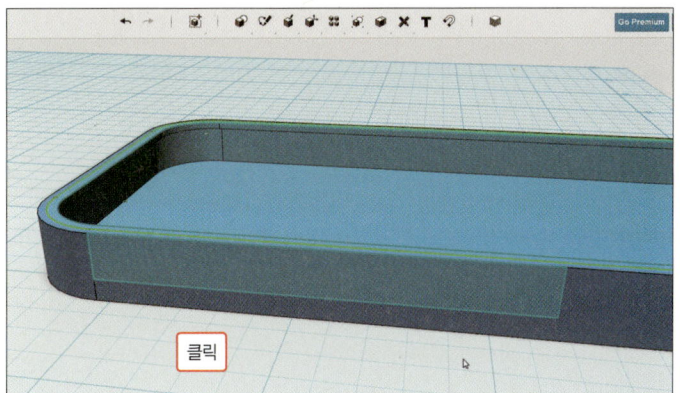

05 상단 메뉴의 '작성(Construct)-돌출
(Extrude)'을 선택한 후 케이스 옆면
에 그린 사각형 스케치를 클릭합니다.

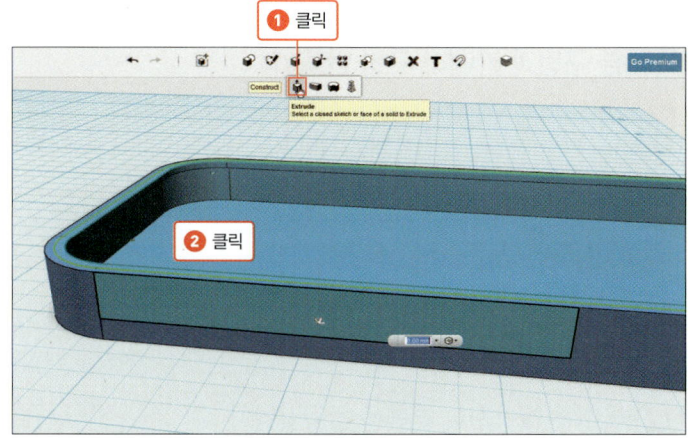

06 돌출 핸들이 나타나면서 핸들의 화살
표를 잡아 드래그합니다.

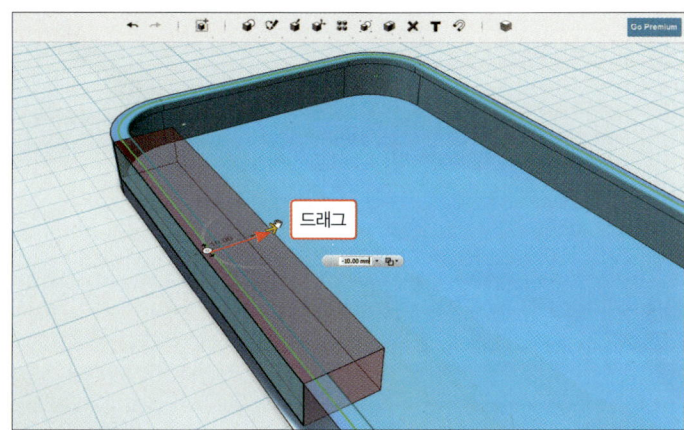

+ 플러스 Tip

화살표 방향으로 드래그하면 자동으로 돌출되
어 더해지거나 빼기가 적용됩니다.

07 화면 빈 곳이나 Enter 키를 눌러 마무
리합니다.

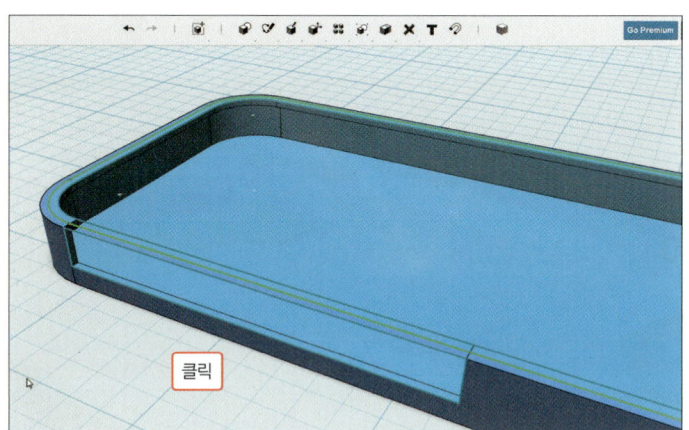

08 시점을 아래로 돌려 뒷면이 보이게 해줍니다.

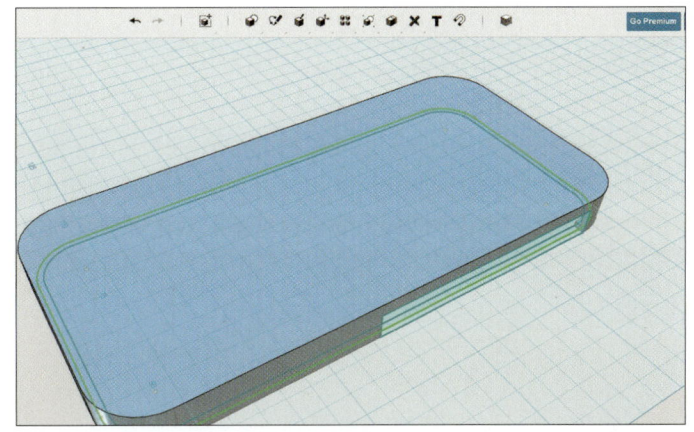

09 '스케치(Sketch)−사각형(Sketch Rectangle)'을 선택한 후 보이는 뒷면을 클릭합니다.

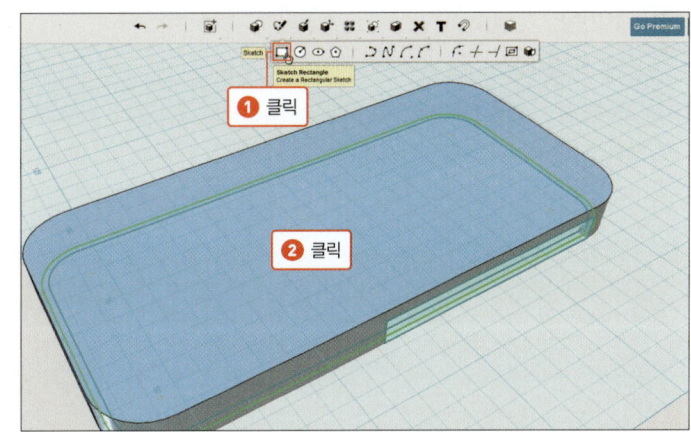

10 사각형의 값을 가로 '20', 세로 '13' 으로 입력합니다.

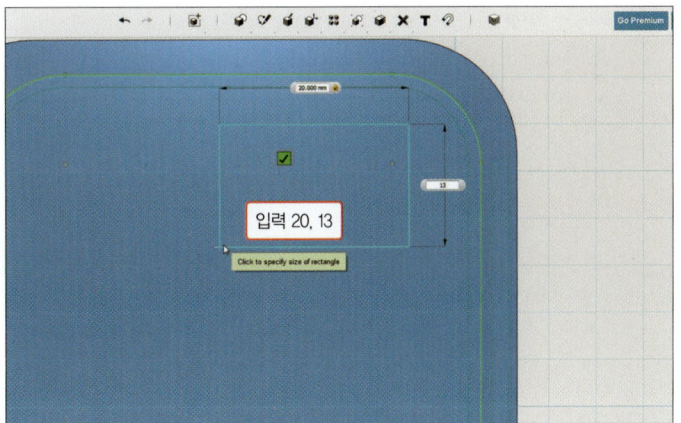

11 [Enter] 키나 화면 빈 곳을 눌러 마무리
합니다.

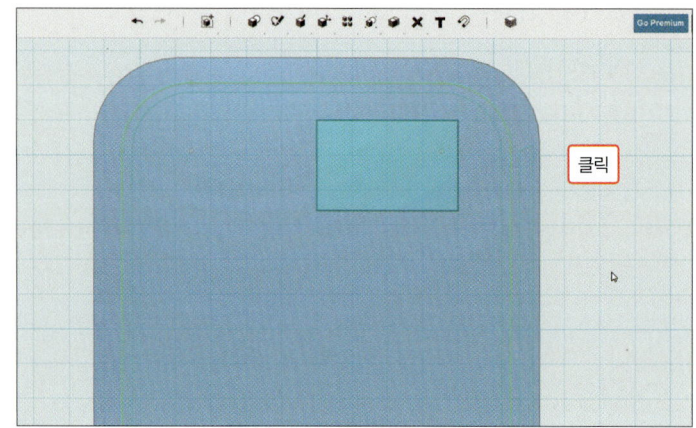

12 사각형 스케치를 눌러 나오는 옵션
의 돌출(Extrude)을 클릭합니다. 사
용법은 상단 메뉴의 돌출(Extrude)
과 같습니다.

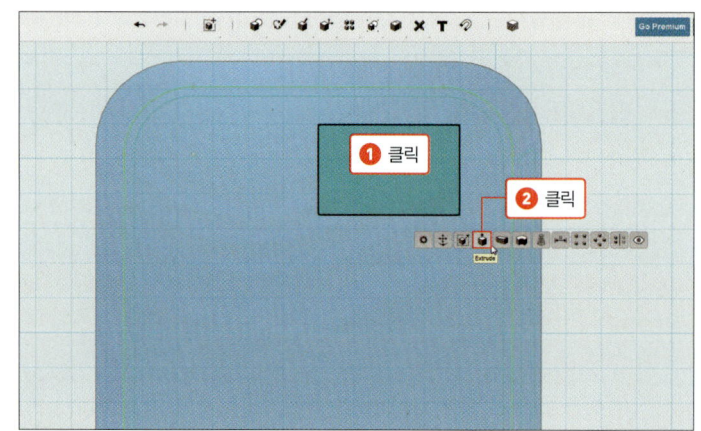

13 핸들 화살표를 안쪽으로 밀어 넣어
잘라내줍니다.

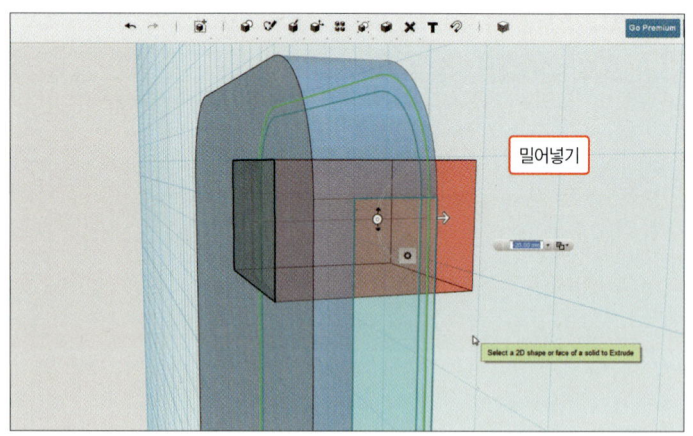

14 Enter 키나 화면 빈 곳을 눌러 마무리
합니다.

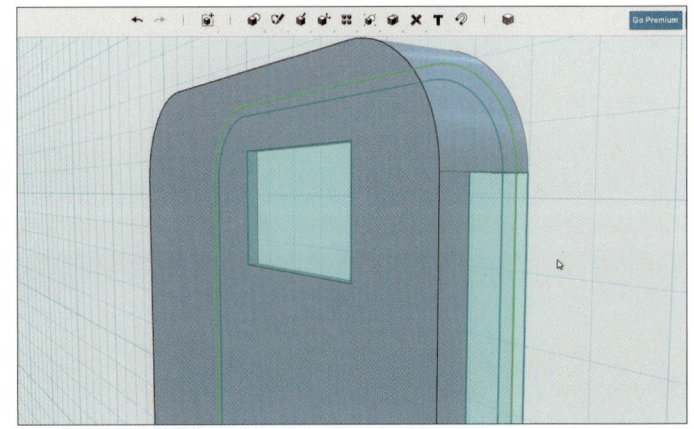

15 '스케치(Sketch)−사각형(Sketch
Rectangle)'을 클릭하고, 카메라 구멍
을 만든 부분의 윗면을 선택합니다.

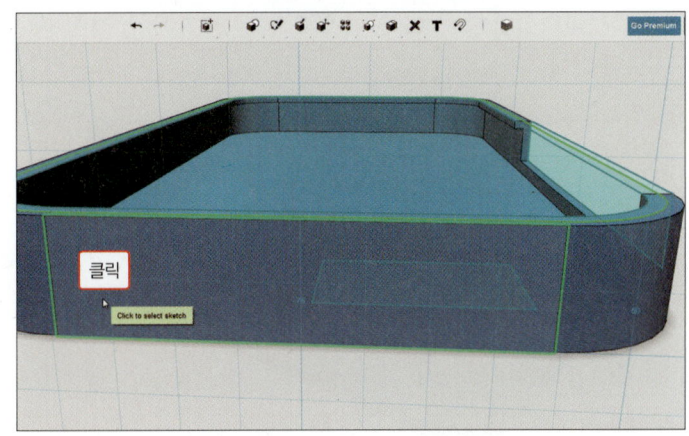

16 사각형 스케치의 값은 가로 39mm,
세로 7mm로 설정합니다. Enter 키를
눌러 마무리합니다.

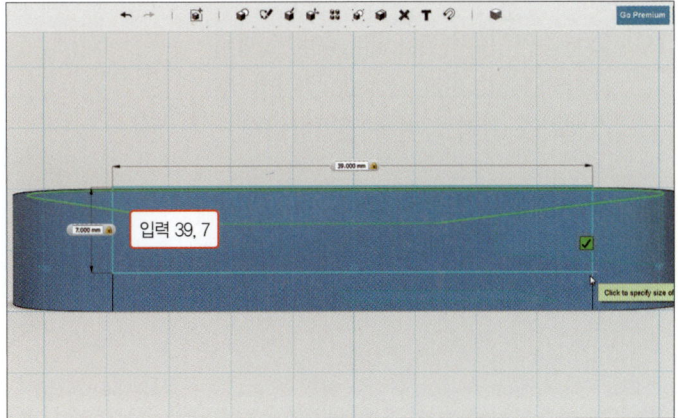

17 사각형 스케치를 선택하고 나오는 옵션에서 '돌출(Extrude)'을 선택합니다.

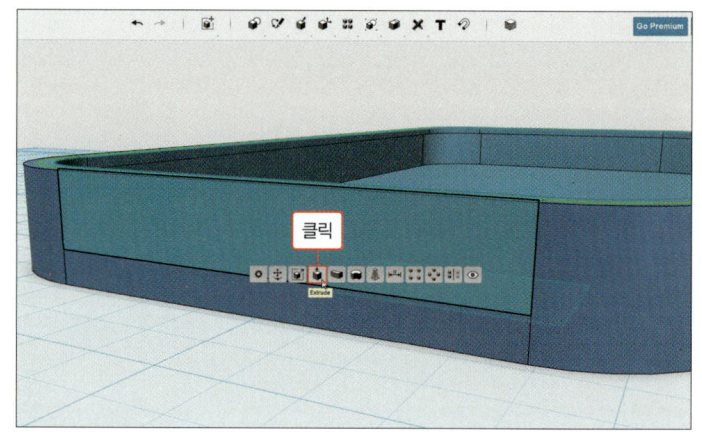

18 핸들 화살표를 잡아 안쪽으로 맞은편까지 끌어서 빼줍니다. 화면 빈 곳이나 Enter 키를 눌러 마무리합니다.

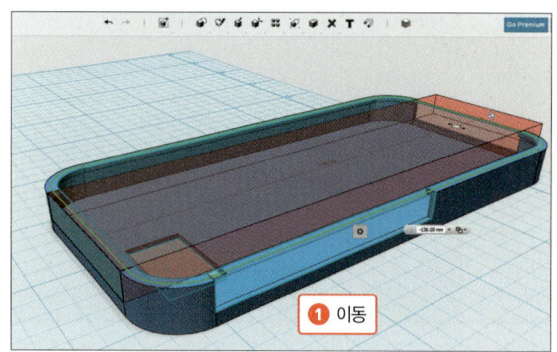

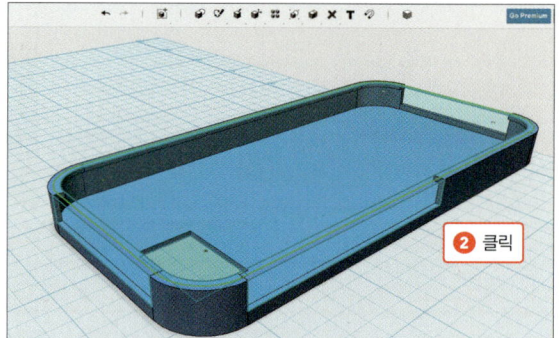

19 오른쪽의 '표시(Visibility)'의 '스케치 숨기기(Hide Sketch)'를 클릭한 후 스케치를 숨겨 화면을 정리합니다.

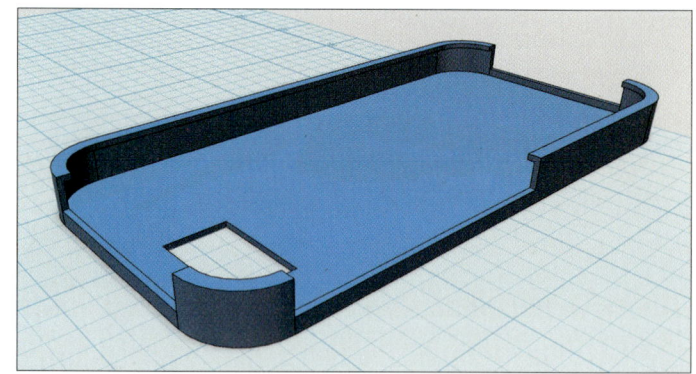

4) 휴대폰 케이스의 세부 모양 다듬기

01 '편집(Modify)-모깎기(Fillet)'를 클릭한 후, 옆면의 구멍 안쪽 모서리 두 곳을 선택하여 모깎기 반지름 값을 '6.5'로 입력합니다. Enter 키를 눌러 마무리합니다.

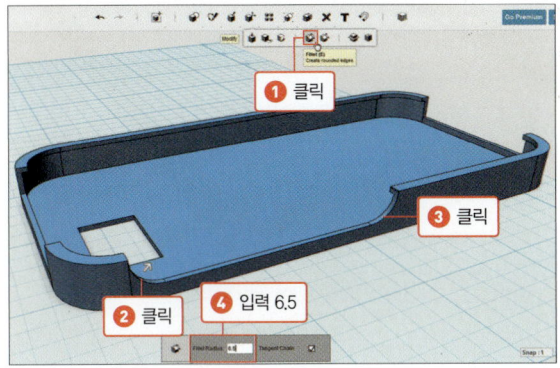 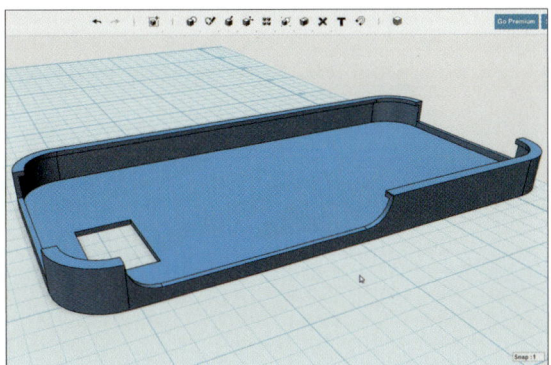

02 마찬가지로 '편집(Modify)-모깎기(Fillet)'를 선택한 후 카메라 구멍의 네 모서리를 선택하고 모깎기 값은 '4'로 입력합니다. Enter 키를 눌러 마무리합니다.

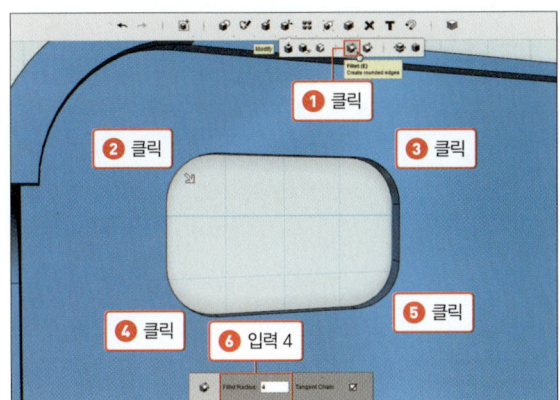 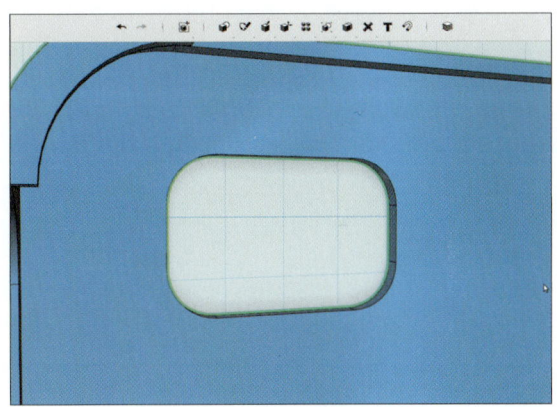

03 휴대폰 케이스의 위아래 구멍의 모서리도 마찬가지로 선택해줘서 모깎기 값을 '2'로 입력합니다.

입력 2

5) 휴대폰 케이스에 텍스트 입력하기

01 시점을 돌려 휴대폰 케이스의 뒷면으로 향하게 합니다. 상단 메뉴의 텍스트(Text)를 클릭합니다.

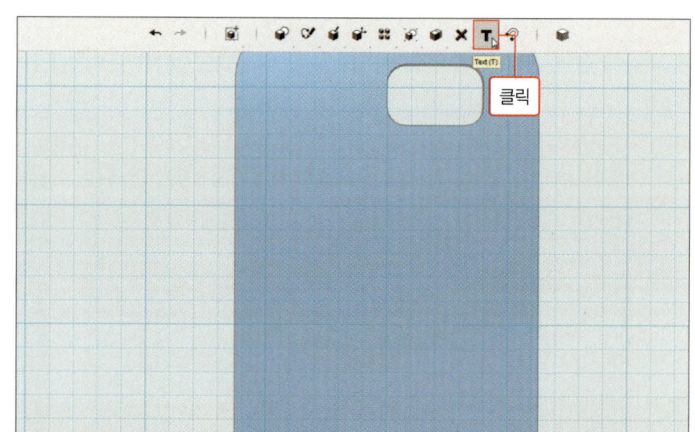

클릭

02 휴대폰 케이스의 뒷면을 클릭합니다.

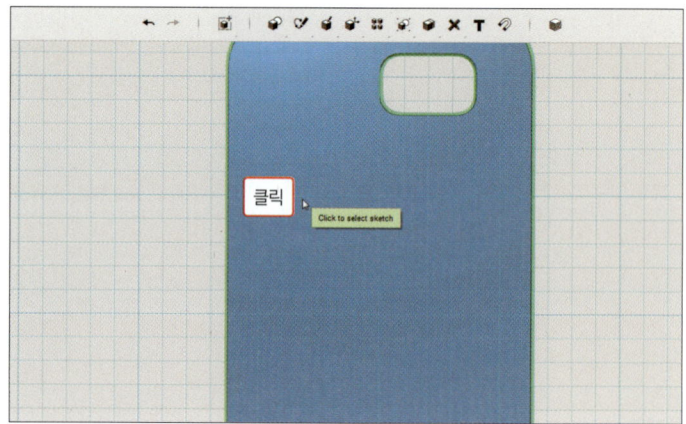

클릭

Click to select sketch

03 '텍스트(Text)'를 선택하여 이름을 새겨줍니다. 여기서는 Font는 '맑은 고딕', 설정은 '진하게', 높이는 '14', 각도는 '270'으로 설정합니다.

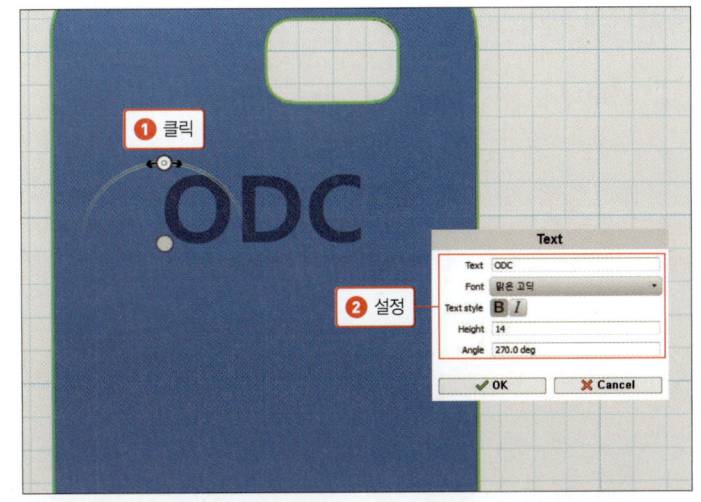

04 텍스트(Text)를 뒷면에 썼으면, 텍스트를 선택하여 나오는 옵션 중 '텍스트 돌출(Extrude Text)'을 클릭합니다.

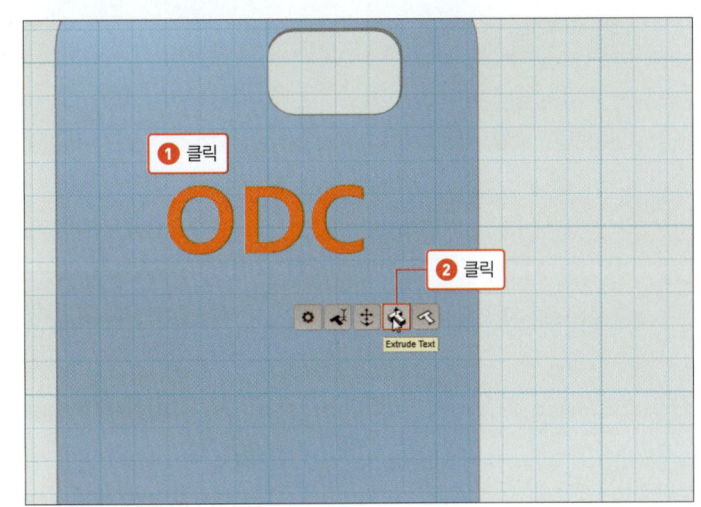

05 돌출값은 '−5'로 입력합니다. 화면 빈 곳을 클릭하거나 Enter 키를 눌러 마무리합니다.

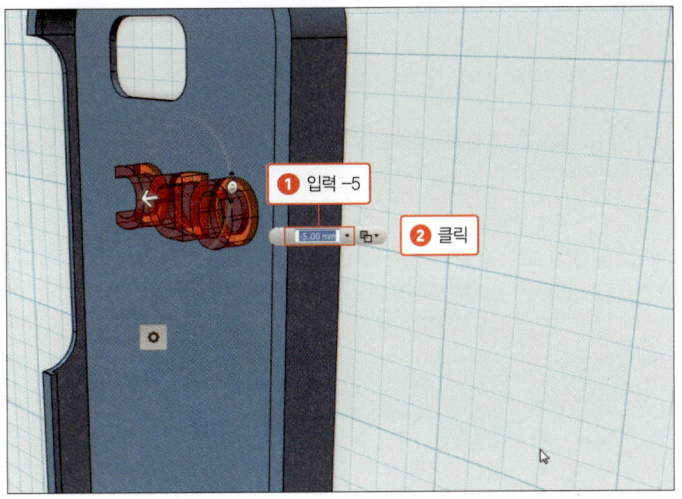

6) 휴대폰 케이스에 문양 새기기

01 인터넷 크롬(Chrome)에 'www.thingiverse.com'을 입력해서 thingiverse에 접속합니다. 검색창에 'strong heart'를 입력하여 검색합니다.

02 다양한 하트 문양들이 나오며, 그 중 하나를 선택합니다.

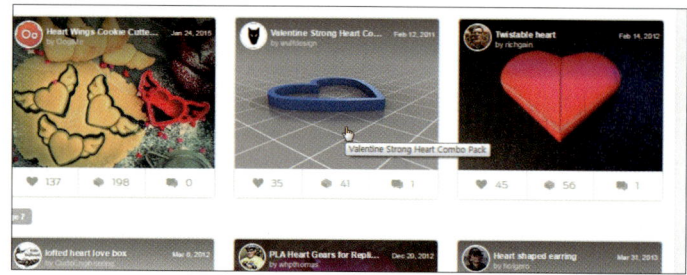

03 화면에 [Download This Thing!] 버튼을 클릭한 후 창 아래에 나타나는 [Download All Files] 버튼을 클릭하면 문양이 다운로드됩니다.

04 작업창으로 돌아와 왼쪽 상단의 'AUTODESK 123D DESIGN' 문구를 클릭한 후 기본 메뉴가 나타나면 '삽입(Insert)'을 클릭합니다.

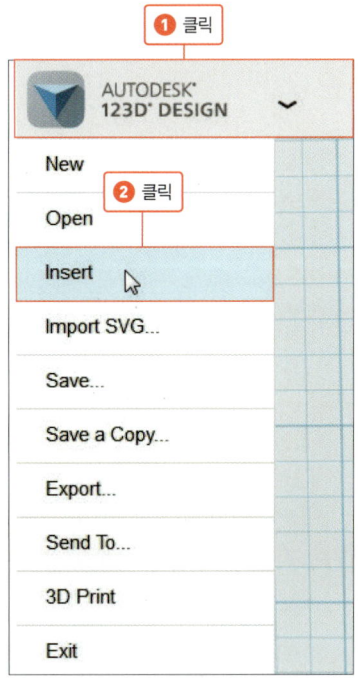

05 새 창이 나타나는데, 그 곳에서 '내 컴퓨터 브라우저(Browse My Computer)' 탭으로 들어가 [브라우저(Browse...)] 버튼을 클릭합니다.

06 thingiverse에서 받은 파일을 압축 해제한 경로로 들어가 'Heart Pendent3' 파일을 열어줍니다.

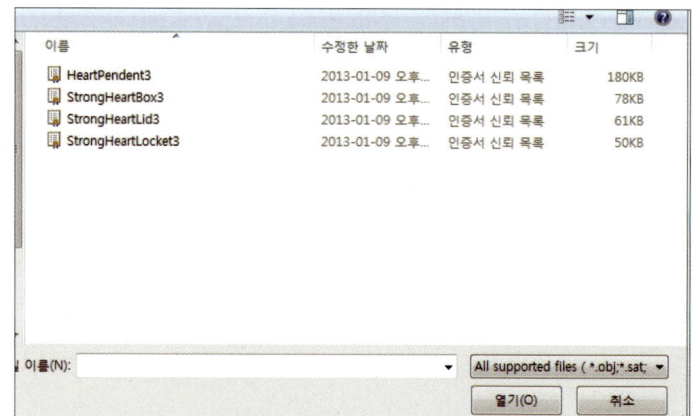

07 작업창 모눈종이(Grid)에 하트 모양 모델링이 삽입됩니다.

하트 모양 모델링을 선택하고 '변형(Transform)−이동/회전(Move/Rotate)'을 클릭합니다.

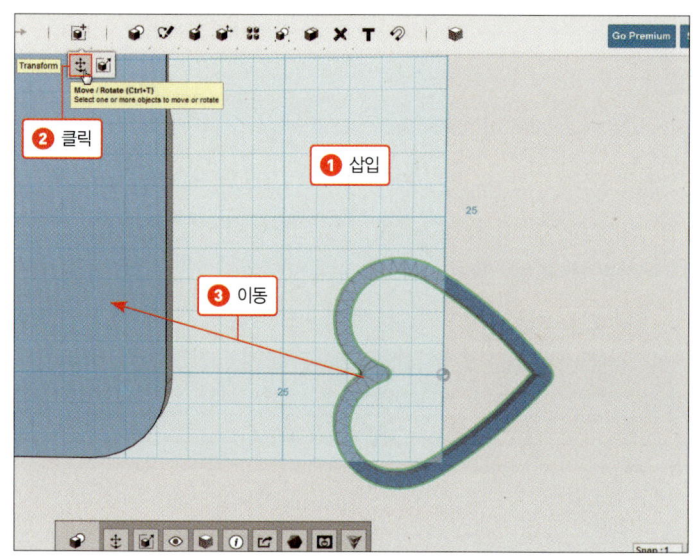

08 하트 모양 모델링을 원하는 곳으로 이동시킨 후에 케이스와 겹쳐줍니다.

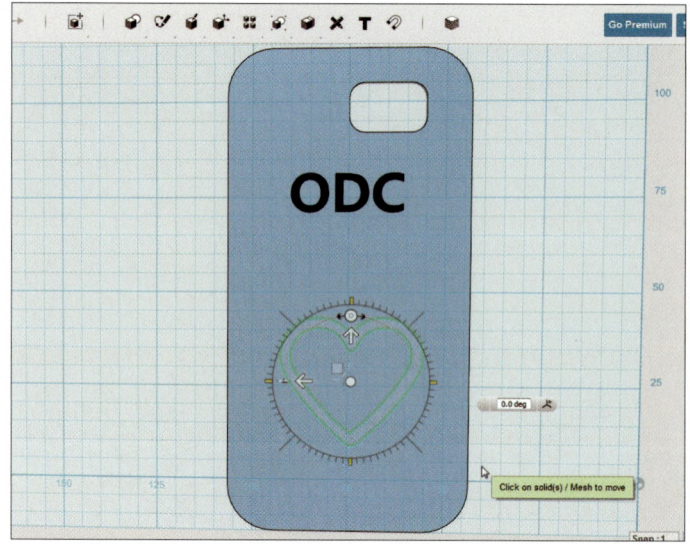

09 상단 메뉴의 '결합(Combine)−빼기 (Subtract)'를 클릭합니다.

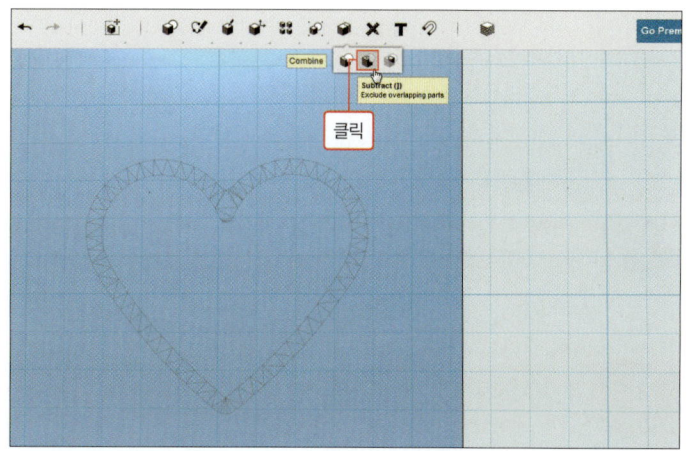

10 '타겟 솔리드/매쉬(Target Solid/Mesh)'는 휴대폰 케이스를 선택하고, '소스 솔리드/매쉬(Source Solid/Mesh)'는 하트 모양을 선택합니다. 화면 빈 곳을 클릭하여 마무리합니다.

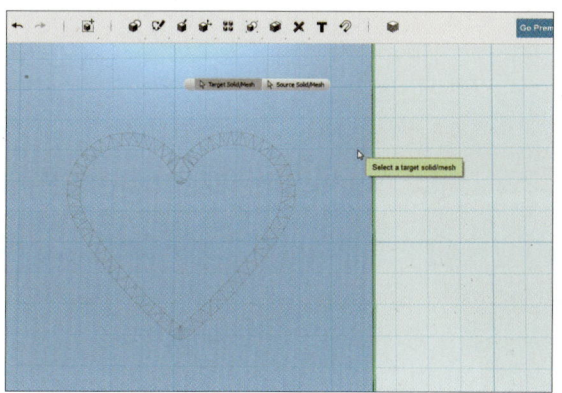

11 나만의 예쁜 휴대폰 케이스가 완성 되었습니다.

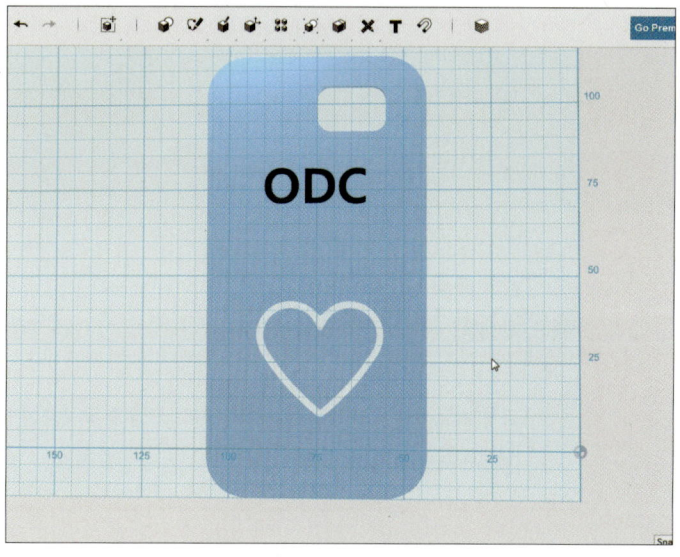

CHAPTER 03
03 3D 프린팅 **활용 고급**

3D 프린팅을 활용하기 위해 고급 단계로 도장, 비행기, 고정판을 만들어 봅니다.
텍스트(Text), 로프트(Loft), 모깎기(Fillet), 돌출(Extrude), 대칭(Mirror) 기능 등을
이용해 만들어 봅니다.

1 나만의 도장 만들기

∷ 만들어보기

- 텍스트(Text)를 이용해 나만의 도장을 만들어 봅니다.
- 매끄러운 모양의 도장을 만들기 위해선 어떤 기능을 사용해야 하는지 생각해 봅시다.

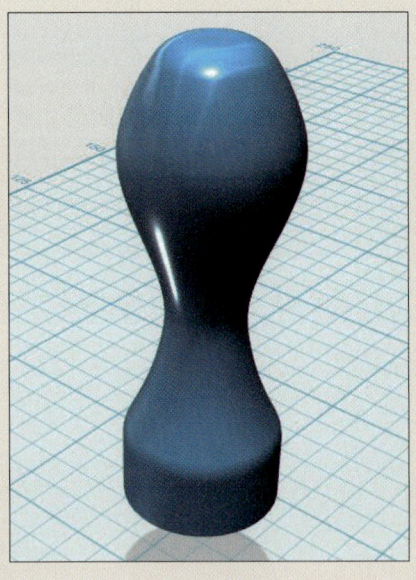

체·크·포·인·트

1 로프트(Loft)와 모깎기(Fillet)를 이용하여 모형에 굴곡을 주는 방법을 이해합니다.

2 면에서 바로 돌출(Extrude)시켜서 원하는 모형을 만드는 방법을 이해합니다.

1) 형태 만들기

01 상단 메뉴의 '기본 도형(Primitives)
–원(Circle)'을 선택한 후 10mm의
원(Circle)을 그려줍니다.

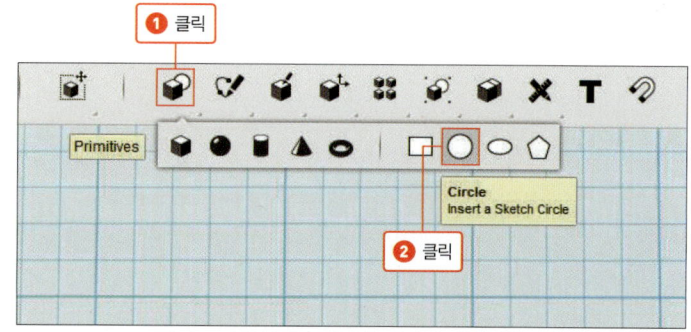

02 만들어진 원(Circle)을 선택한 후 '이
동(Move)'을 이용해 50mm만큼 올
려줍니다.

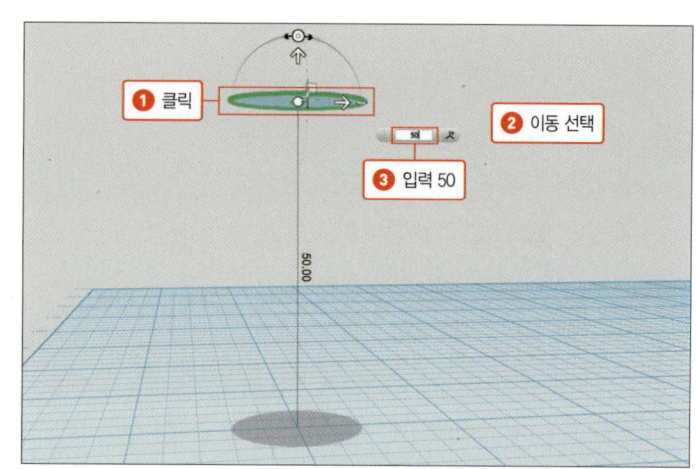

03 '기본 도형(Primitives)–원(Circle)'
을 선택한 후 'Radius'를 '5'로 입력하
고 원(Circle)을 그려줍니다.

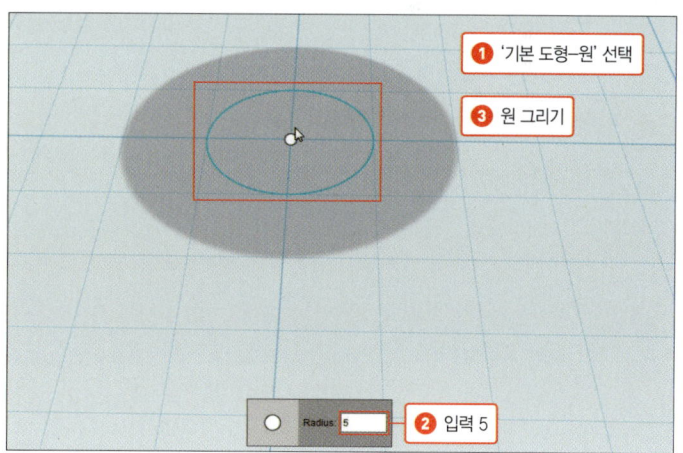

04 만든 원(Circle)을 60mm만큼 위로 올려줍니다.

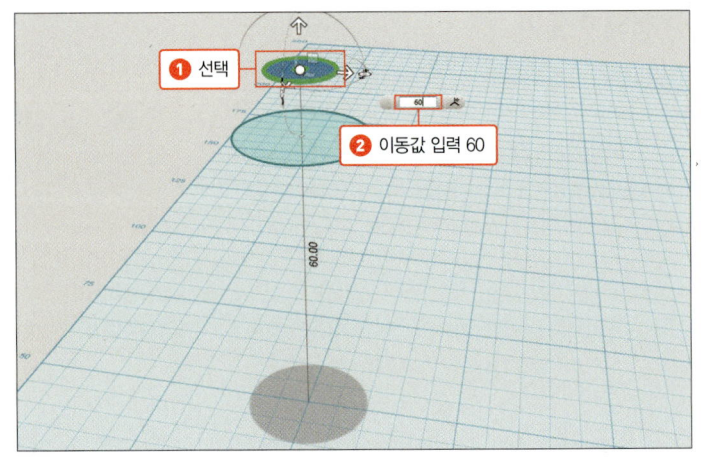

05 '기본 도형(Primitives)-원(Circle)'을 선택한 후 'Radius'를 '5'로 입력하고 원(Circle)을 그려줍니다.

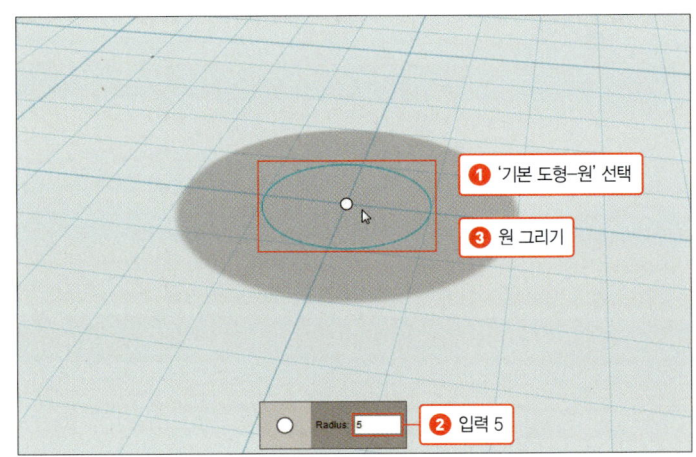

06 만든 원(Circle)을 선택하여 25mm만큼 올려줍니다.

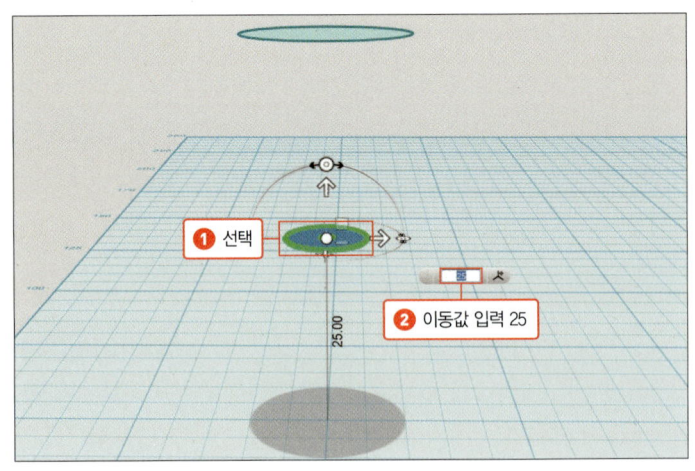

07 '기본 도형(Primitives)−원(Circle)'
을 선택한 후 'Radius'를 '10'으로 입
력하고 원(Circle)을 그려줍니다.

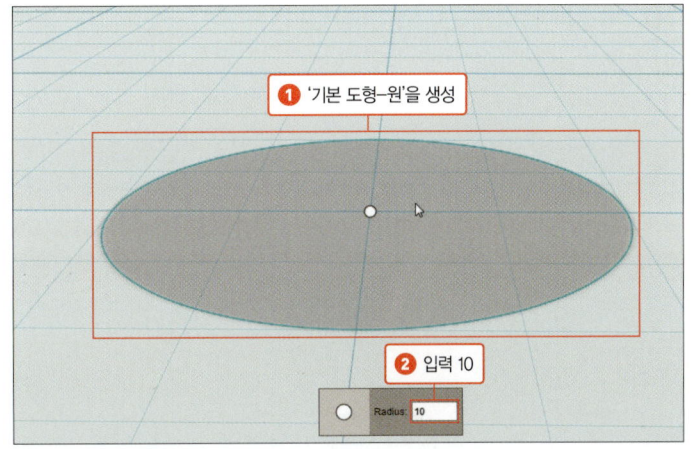

08 만든 원을 선택하여 10만큼 위로 올려
줍니다.

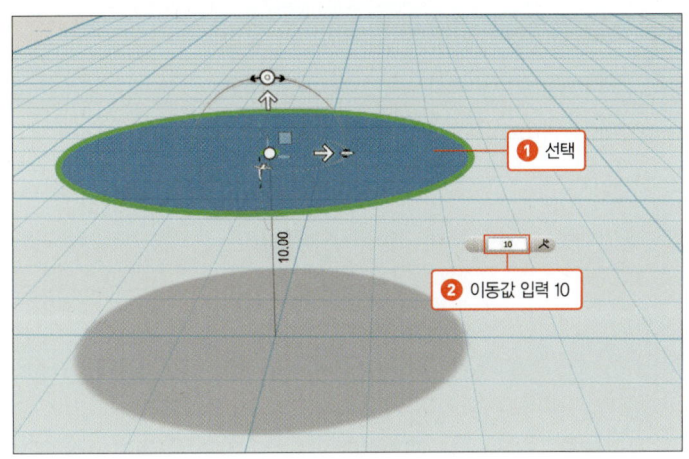

09 키보드의 Ctrl 키를 누른 채로 원
(Circle)을 모두 순서대로 선택합니
다. 원 선택이 제대로 되지 않으면 마
우스나 뷰큐브를 조절하여 화면을 위
아래로 보면서 선택합니다.

전부 선택되었다면 상단 메뉴의 '작성
(Construct)−로프트(Loft)'를 선택
합니다.

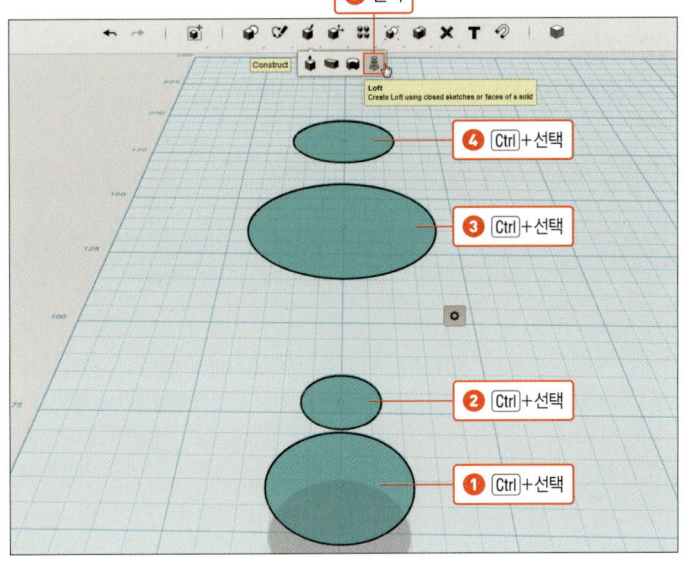

10 로프트 명령이 완성된 그림입니다.

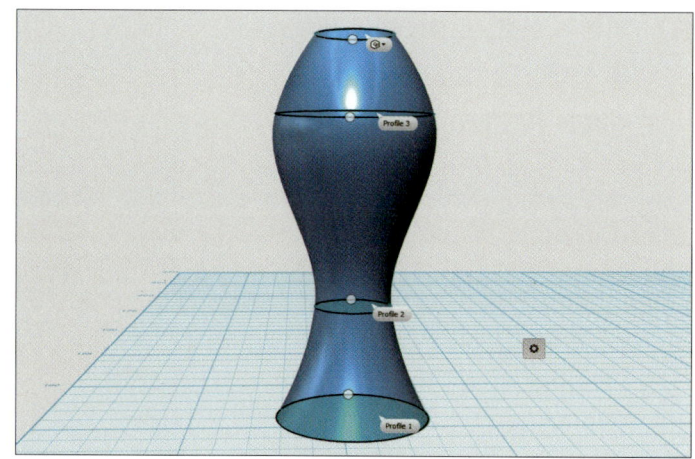

11 시점을 돌려 밑면을 선택한 후 상단 메뉴의 돌출(Extrude) 명령을 이용해 −10mm만큼 돌출시킵니다.

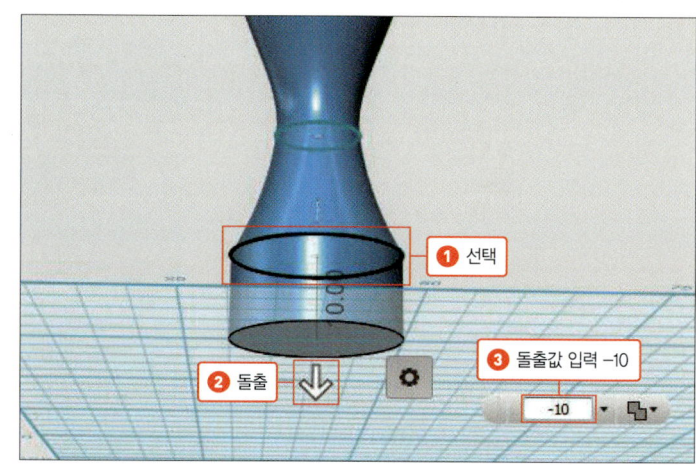

12 기본적인 도장이 만들어져 모눈종이 위에 위치를 잡았습니다.

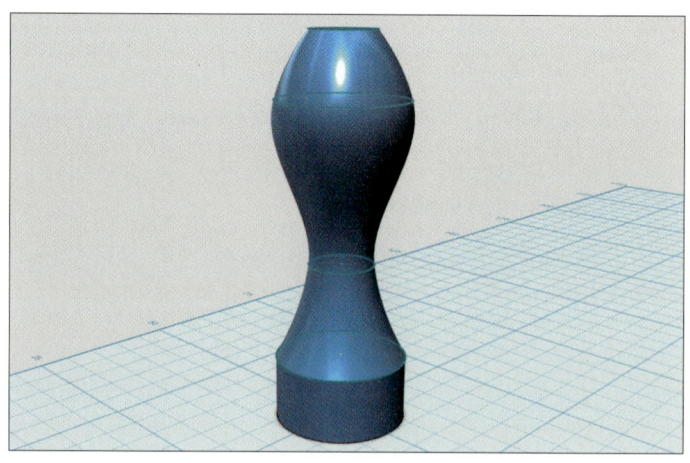

13 '편집(Modify)-모깎기(Fillet)'를 이
용해 맨 윗부분의 면 모서리를 부드
럽게 만들어 줍니다.

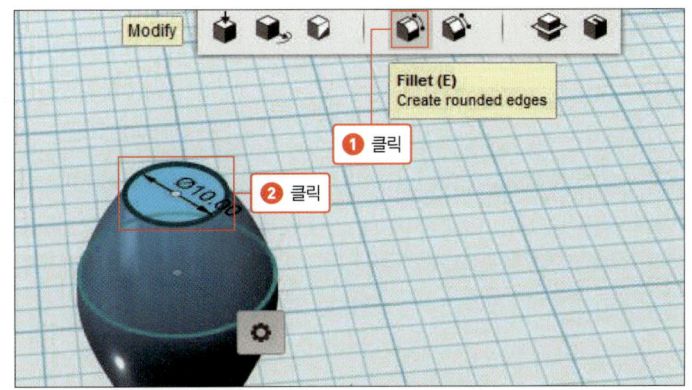

14 모깎기 반지름(Fillet Radius)값 '5'
를 입력합니다.

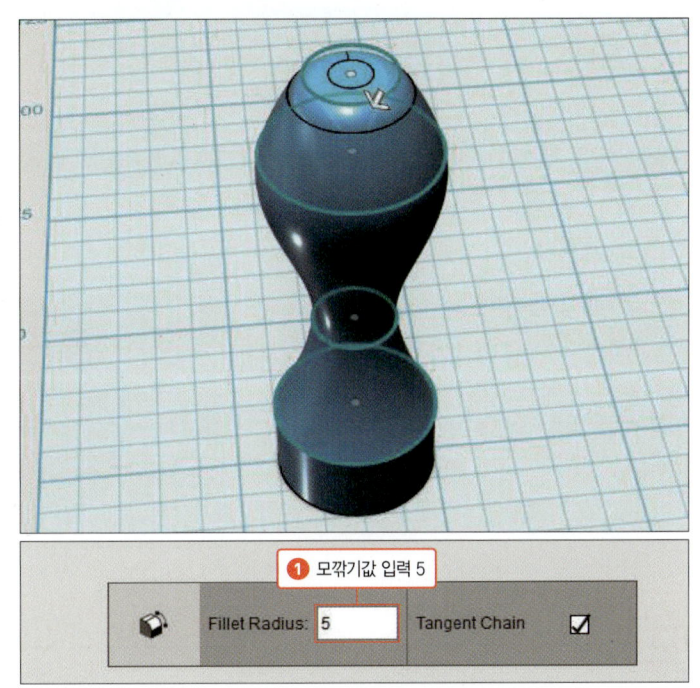

15 돌출(Extrude)시켰던 부분과 맞닿
는 부분의 모서리(그림의 부분)도 부
드럽게 만들어 줍니다.

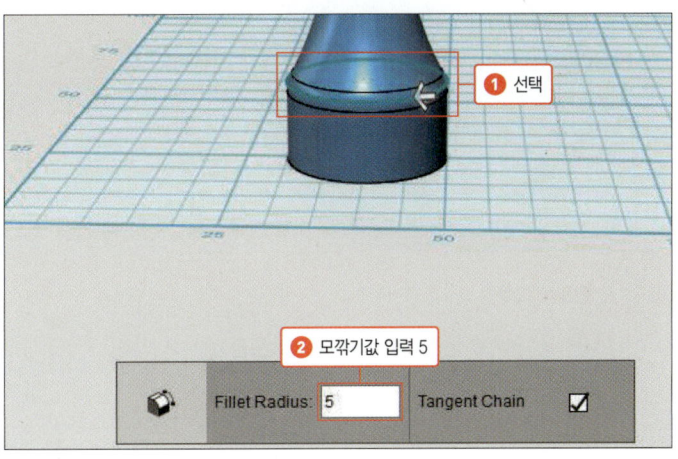

2) 글씨 새기기

01 도장을 선택한 후, '이동(Move)–회전(Rotate)'을 이용해 180도 회전(Rotate)시킵니다.

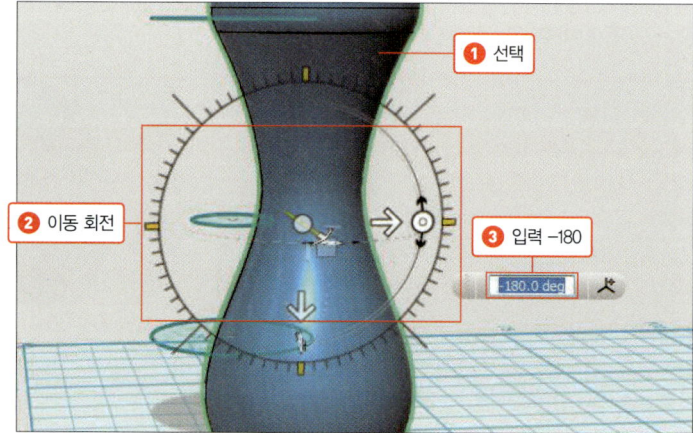

+ 플러스 Tip

이후 원활한 작업을 위하여 스케치(Sketch)를 지워줍니다.

02 '기본 도형(Primitives)–원(Circle)'을 선택한 후 도장의 맨 윗부분에 8mm의 원(Circle)을 만들어 줍니다.

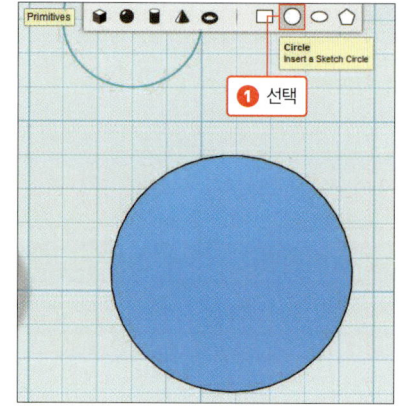
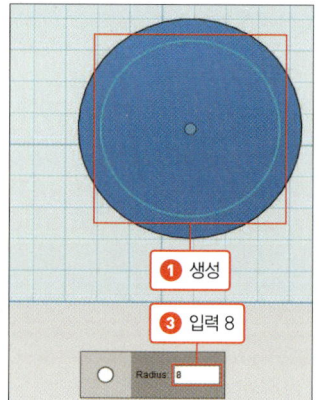

03 만들어진 원(Circle)을 선택하고 돌출(Extrude) 명령을 선택한 후 값을 2로 입력하여 돌출시킵니다.

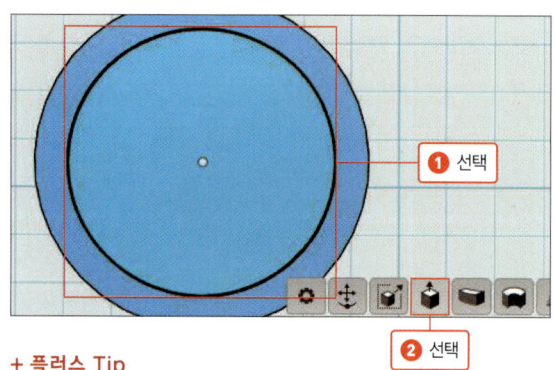
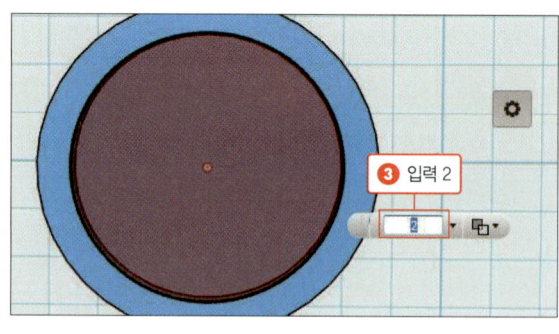

+ 플러스 Tip

붉은색은 안으로 돌출시킨 것입니다. 즉 파고들어간 것입니다.

04 '기본 도형(Primitives)−원(Circle)'
을 선택한 후, 또 다른 위치에 모눈종
이를 클릭해 8 크기의 원(Circle)을
그려줍니다.

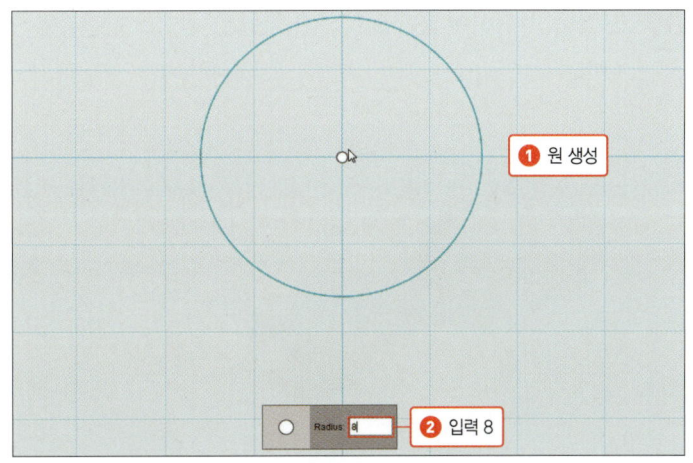

05 텍스트(text) 명령을 이용해 만들어진 원(circle)을 선택한 후 그림과 같이 원하는 글자를 그 안에 적어
줍니다.

- 한글 : 이음(한글은 입력 후 방향 키를 한 번 누르고 'font−HY헤드라인M'을 지정해야 한글이 됩니
다. 진하게, 높이(Height) : 7, 각도(Angle) : 90)

- 영어 : DLP(font : HY헤드라인M, 진하게, 높이 : 6, 각도 : 90)

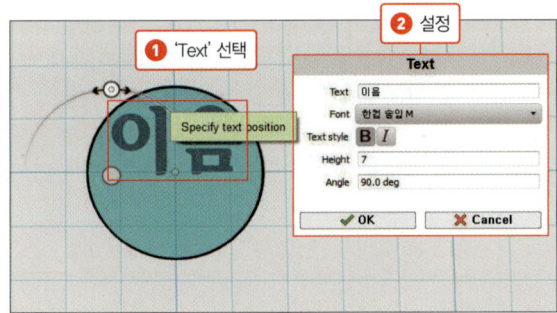

06 쓰여진 텍스트(Text)를 선택하여 옵
션에 있는 돌출(Extrude) 기능을 이
용해 2만큼 돌출시킵니다.

+ 플러스 Tip

돌출(Extrude)기능을 지원하지 않는 폰트가
있습니다.

07 도장을 선택하여 180도 회전(Rotate)시키고 회전값을 입력한 후 적어놓은 글자 위로 이동(Move)시킵니다.

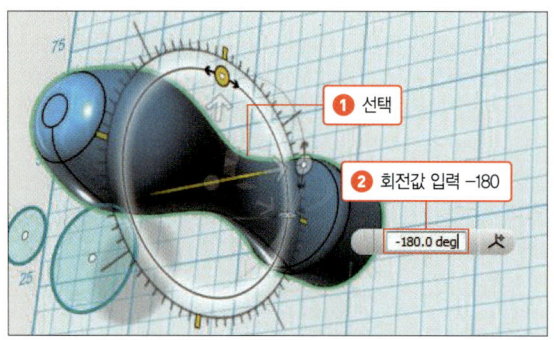
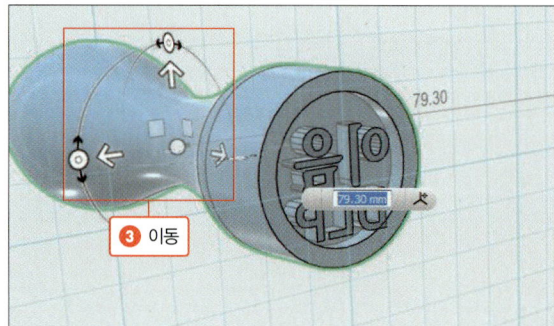

08 '결합(Combine)–합치기(Merge)'를 이용해 타깃(Target)으로 도장을 선택합니다. 소스(Source)로 글자를 선택한 후 Enter 키나 다시 합치기(Merge)를 눌러 하나로 만들어 줍니다.

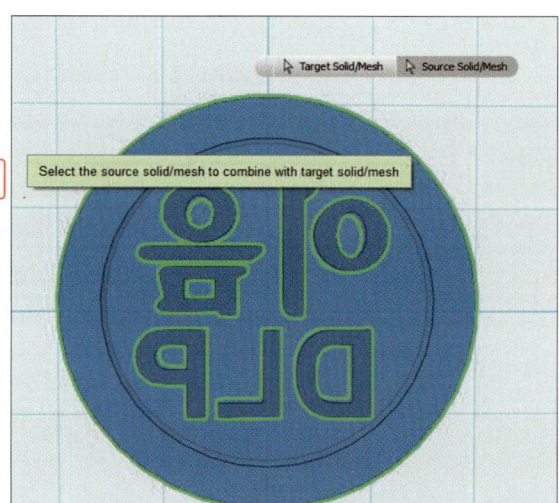

09 나만의 예쁜 도장이 완성되었습니다.

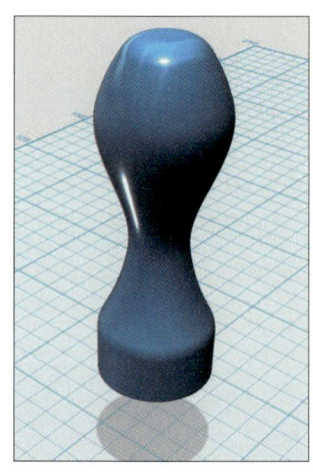

MEMO

:: 만들어보기

- 대칭(Mirror) 기능을 응용하여 나만의 멋진 비행기를 만들어 봅니다.
- 기본 도형들을 변형시켜서 멋진 비행기를 만들어 봅니다.

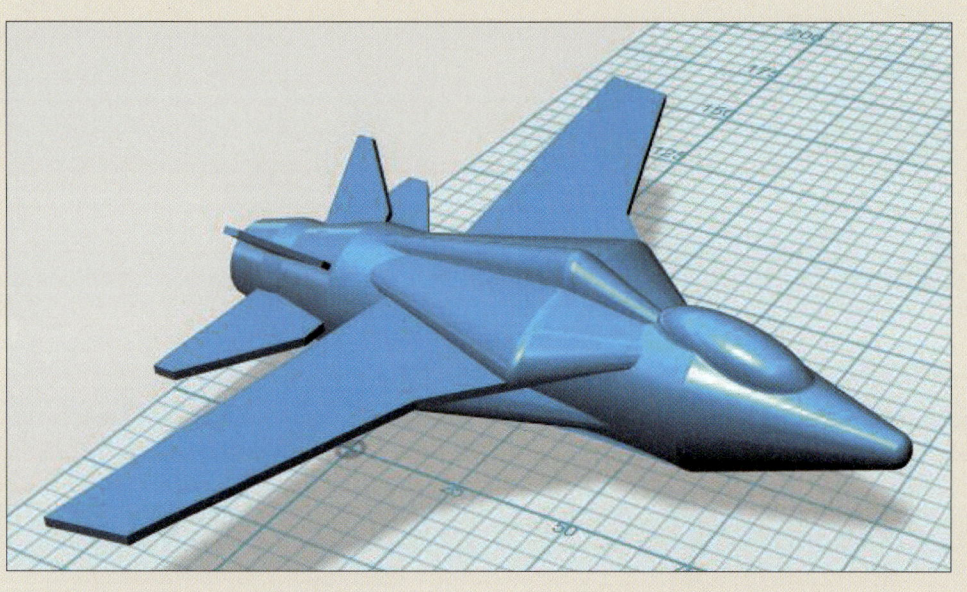

체·크·포·인·트

1 돌출(Extrude)시킨 후 각도를 회전(Rotate)시키는 방법을 이해합니다.

2 대칭(Mirror)으로 모델링을 반대 방향으로 복사하는 방법을 이해합니다.

3 리볼브(Revolve) 명령어로 라인을 회전시켜 비행기 형태를 만들어 봅니다.

1) 비행기 몸통 만들기

01 상단 메뉴 '스케치(Sketch)−원(Circle)'을 선택한 후 모눈종이에 30mm의 원(Circle)을 그려줍니다.

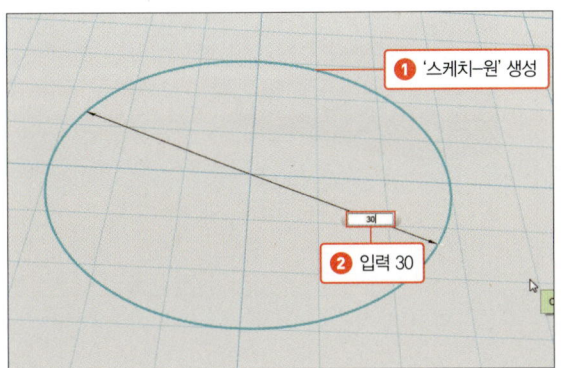
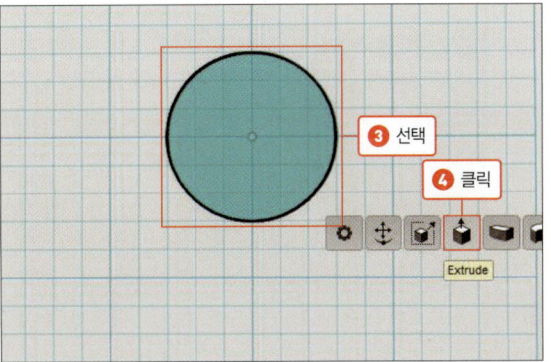

02 원을 선택하면 나타나는 메뉴 버튼 중 'Constauct−Extrude'를 선택한 후 70만큼 돌출시킵니다.

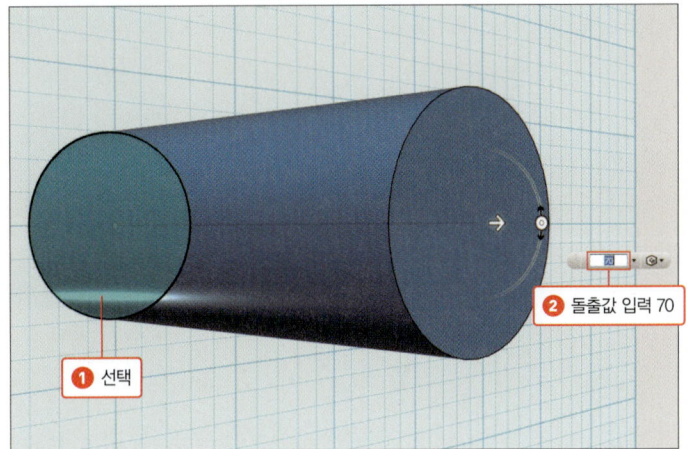

03 돌출시킨 면을 선택한 후 다시 돌출(Extrude) 명령을 이용해 돌출시킵니다.

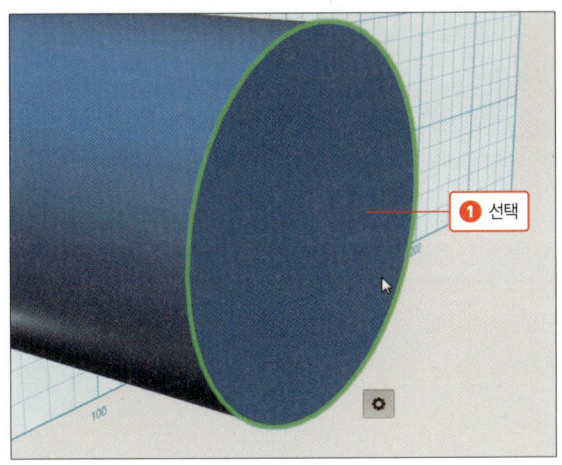
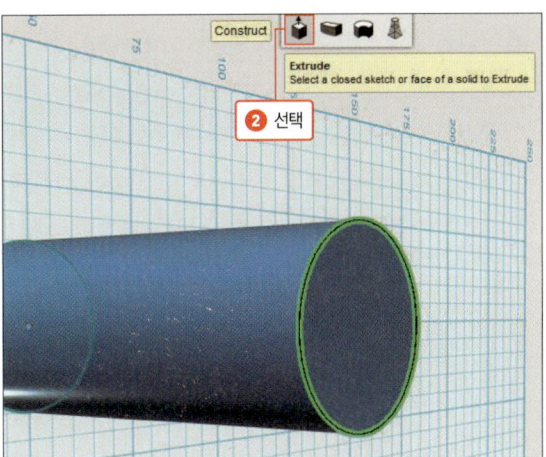

04 40만큼 돌출시킨 후 −17도 만큼 그림과 같이 회전(Rotate)시킵니다.

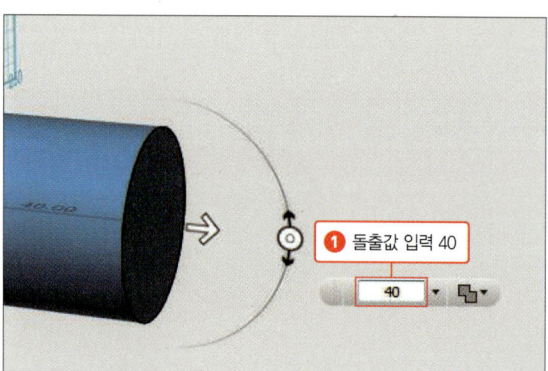

① 돌출값 입력 40

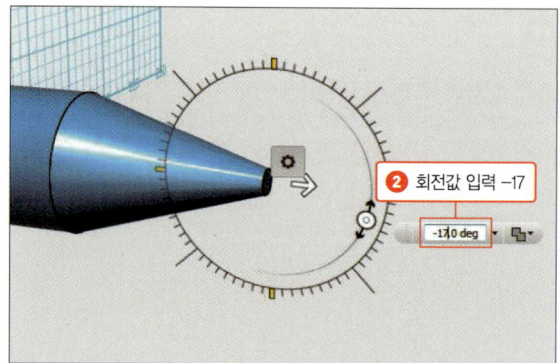

② 회전값 입력 −17

05 돌출시킨 면의 끝 모서리를 선택하여 모깎기(Fillet) 명령을 이용해 부드럽게 만들어 줍니다(치수 : 3).

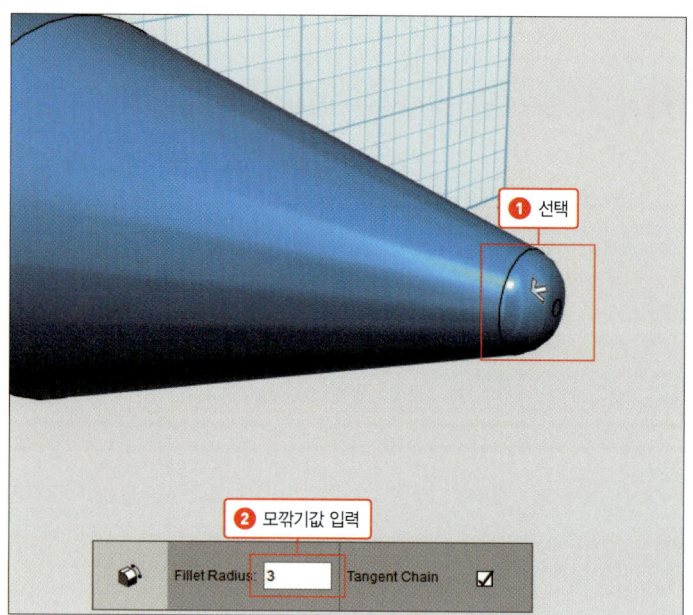

① 선택

② 모깎기값 입력

Fillet Radius: 3   Tangent Chain ☑

06 만들기 명령인 '기본 도형(Primitives) −구(Sphere)'를 선택한 후 구의 Radius를 15로 설정하고 만들어 줍니다. 구를 선택한 후 이동(Move) 명령을 이용해 그림과 같이 위치시킵니다.

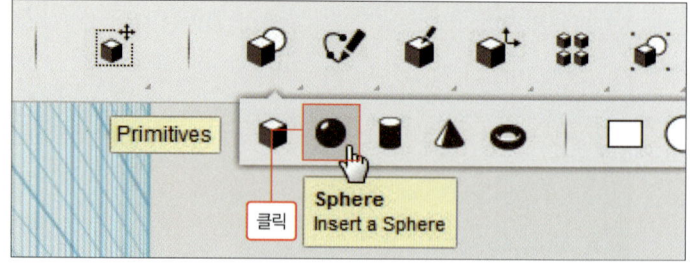

Primitives

Sphere
Insert a Sphere

클릭

07 구를 선택하면 나타나는 아래 메뉴에서 '크기 변경(Scale)'을 선택한 후 나타나는 설정 창에 '자유크기 변경(Non Uniform)'을 선택하고 그림과 같은 크기로 원(Circle)을 늘려줍니다.

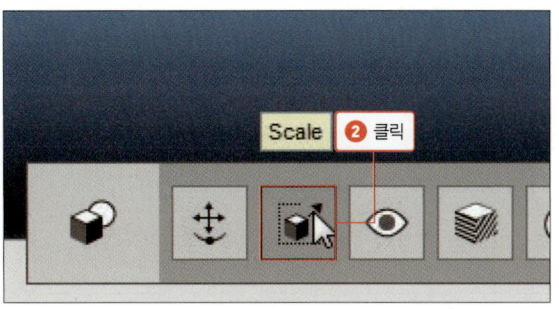
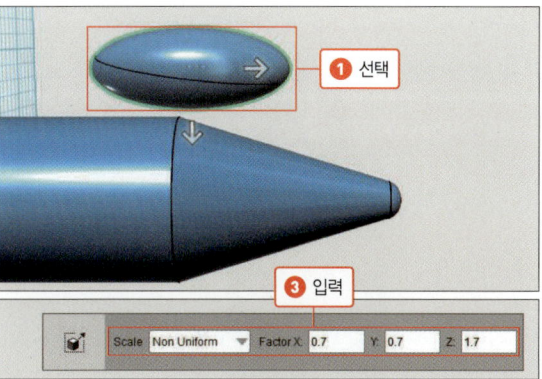

08 늘려준 원을 선택한 후 상단 메뉴의 '이동' 메뉴를 선택한 후 회전값을 15로 입력하고 그림과 같은 위치로 이동합니다.

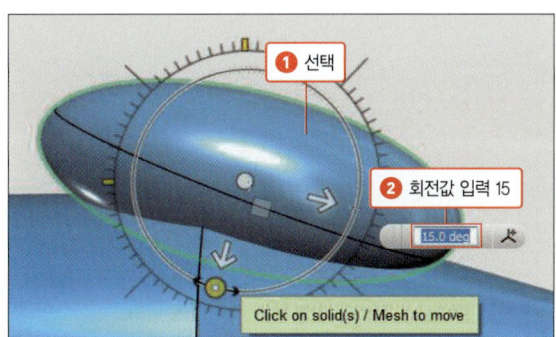
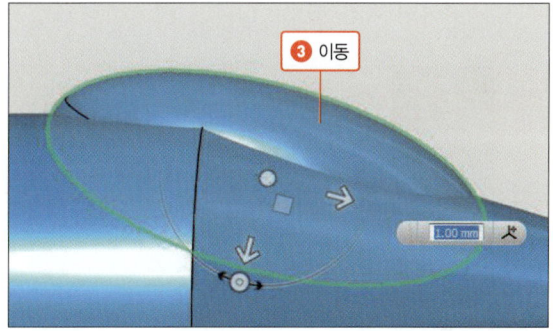

09 '결합(Combine)-합치기(Merge)' 명령을 이용해 타깃(Target)은 비행기몸통, 소스(Source)는 구를 선택해 하나로 합쳐줍니다. 합친 후 구와 몸통이 합쳐진 부분의 모서리를 선택하여 모깎기(Fillet) 명령을 이용해 둥그렇게 만들어 줍니다. 이때 Fillet 수치는 2를 입력합니다.

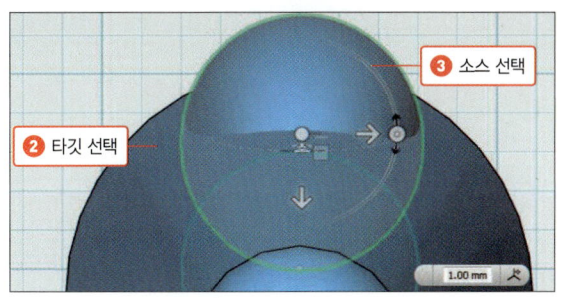
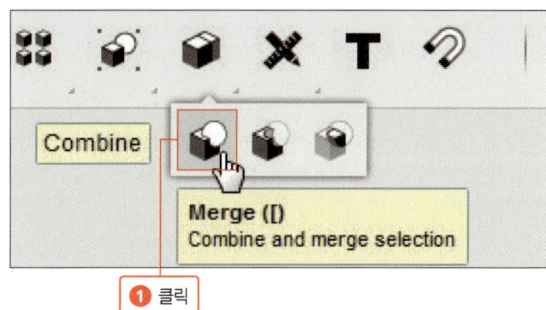

2) 비행기 날개 만들기

01 비행기 몸통을 선택한 후 상단 메뉴의 이동(Move) 명령을 선택한 후 그림과 같이 회전시킵니다.

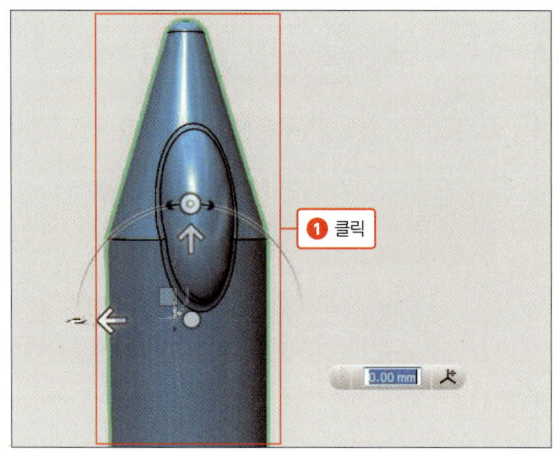
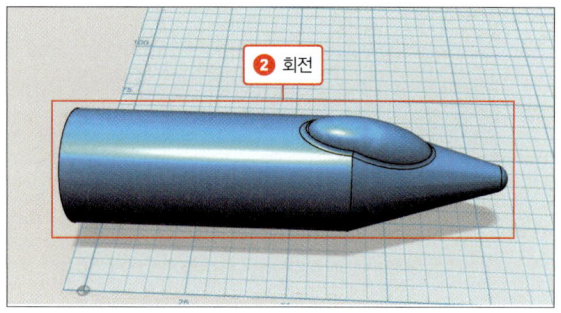

02 '스케치(Sketch)-폴리선(Polyline)'을 이용해 그림과 같이 그려줍니다. 정확한 수치를 기입하기보다 자신만의 스타일대로 날개를 디자인하셔도 됩니다.

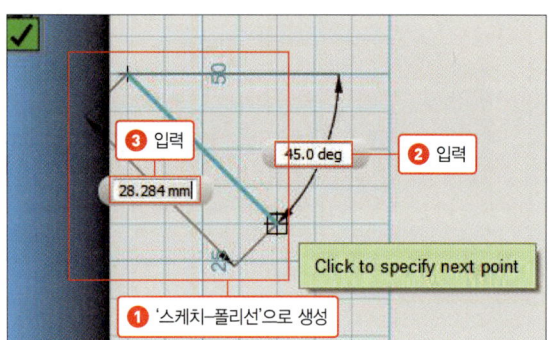

(길이 : 28.284, 각도 : 45)

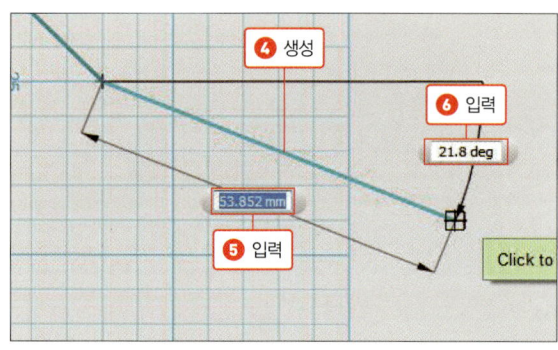

(길이 : 53.852, 각도 : 21.8)

03 폴리선을 한 번에 이어 만들어 선택합니다.

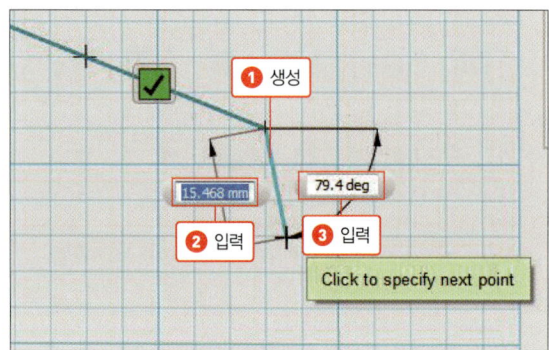

(길이 : 15.468, 각도 : 79.4)

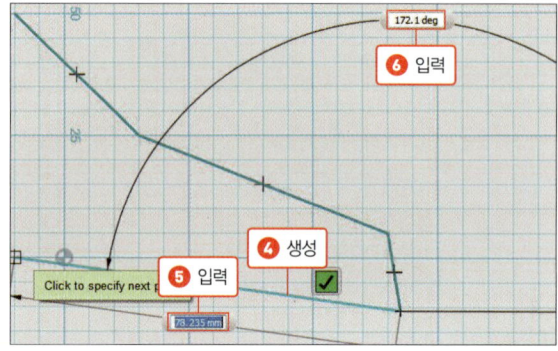

(길이 : 78.235, 각도 : 172.1)

04 폴리선(Polyline)으로 만든 스케치를 선택한 후 'Extrude'를 선택하고 면을 2mm만큼 돌출 (Extrude)시킵니다.

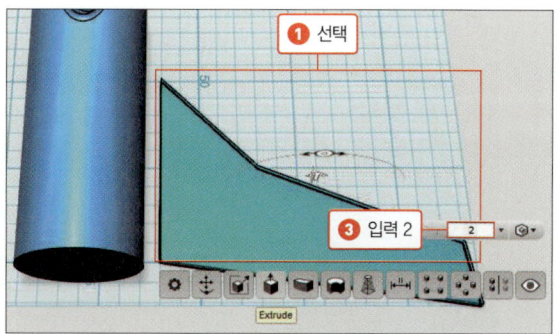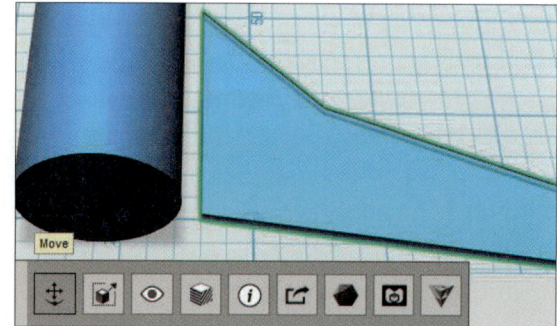

05 날개를 선택하여 이동(Move) 명령을 이용해 그림과 같이 위치시킵니다.

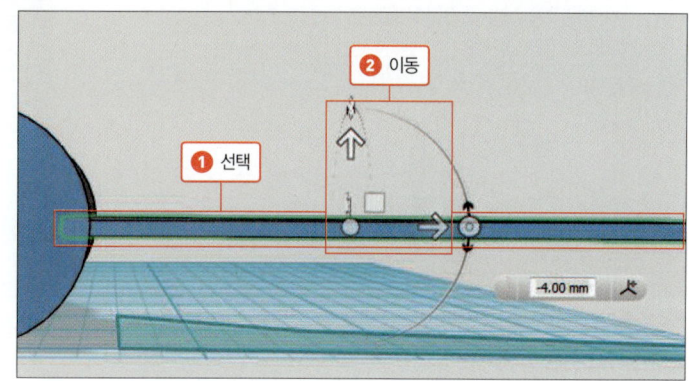

06 폴리선(Polyline)을 이용해 그림과 같이 정면에 긴 직선을 그려줍니다.

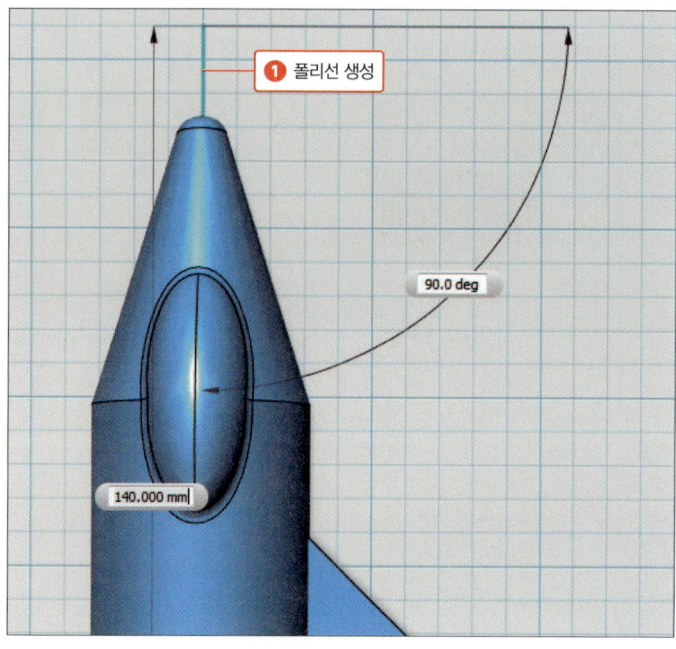

07 '패턴(Pattern)─대칭(Mirror)'을 클릭해 비행기 날개를 선택한 후 조금 전에 그려준 직선을 중심선으로 선택해 반대쪽에도 동일한 비행기 날개를 만듭니다.

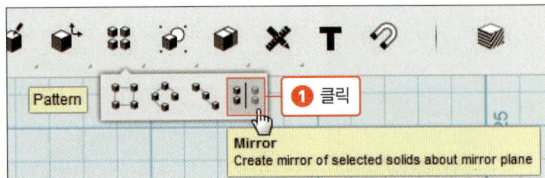

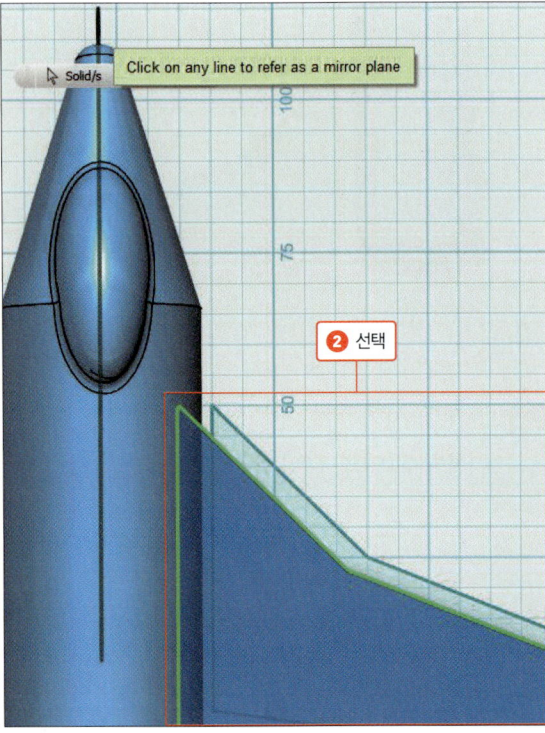

+ 플러스 Tip

미러는 거울처럼 사용하여 물체를 대칭되게 복사하는 기능입니다.

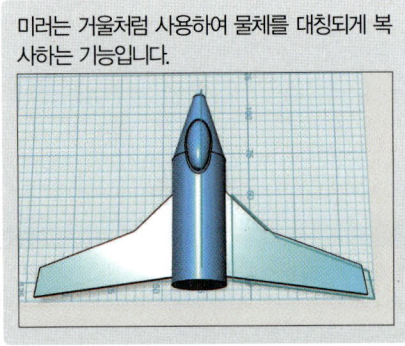

3) 비행기 엔진 만들기

01 그림과 같이 비행기 몸통 뒷부분 면을 선택해 15만큼 돌출(Extrude)시켜준 후 ─15만큼 뒤틀어줍니다.

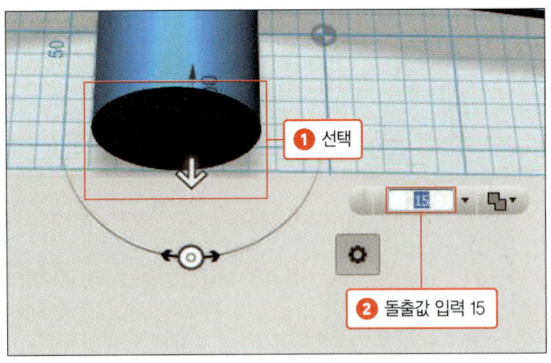

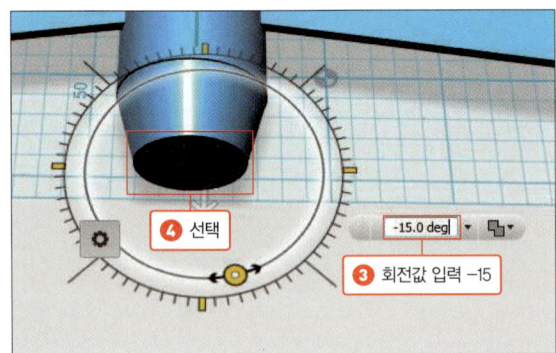

02 다시 돌출(Extrude)시킨 면을 선택해서 5mm만큼 돌출시키고 또다시 10mm만큼 돌출(Extrude)시켜
준 후 −15도 만큼 뒤틀어줍니다.

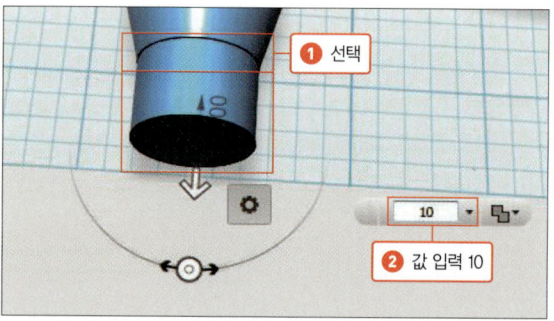 

03 시점을 돌려 다시 그 뒷면을 선택한 후 '스케치(Sketch)−원(Circle)'을 이용해 10mm의 원(Circle)을
그려줍니다.

 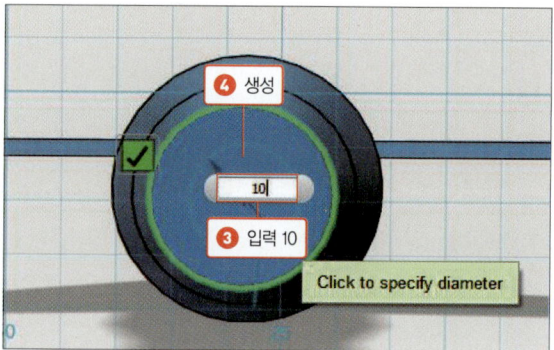

04 그려준 원(Circle)을 선택한 후 'Extrude'를 클릭해 '−10'을 입력하여 안으로 돌출시킵니다.

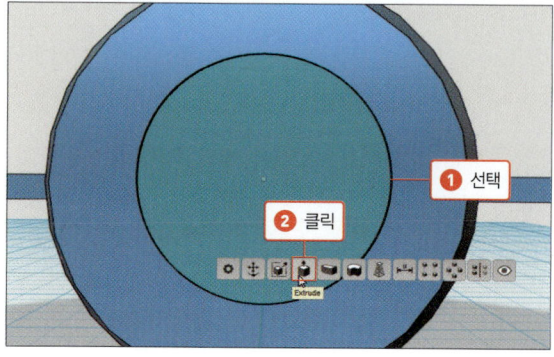 

4) 비행기 보조날개 만들기

01 모눈종이를 선택한 후 '스케치(Sketch)–폴리선(Polyline)'을 이용해 그림과 같이 그려줍니다.

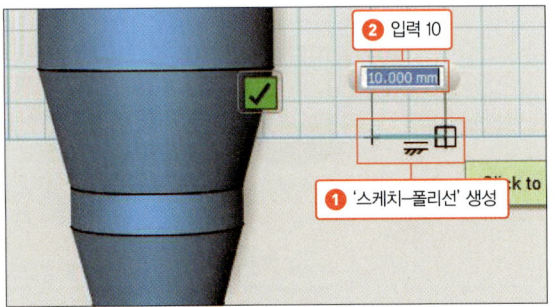

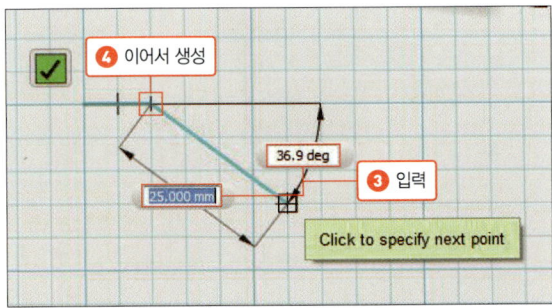

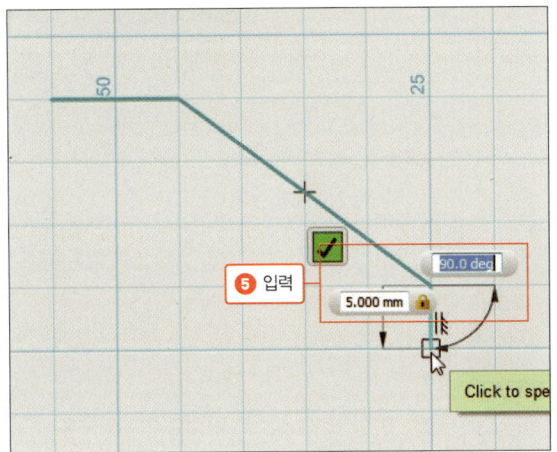

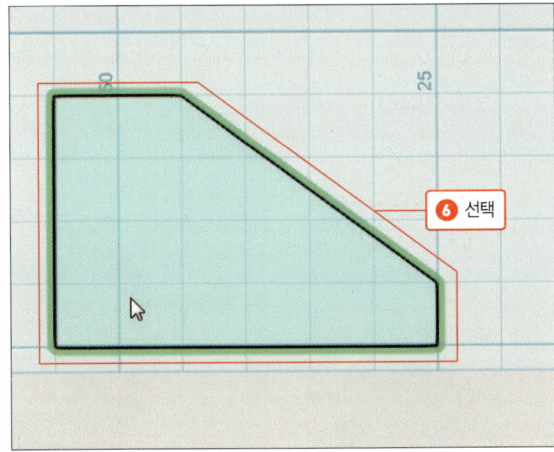

02 그려진 스케치(Sketch)를 선택하여 면 2mm만큼 돌출(Extrude)시킵니다.

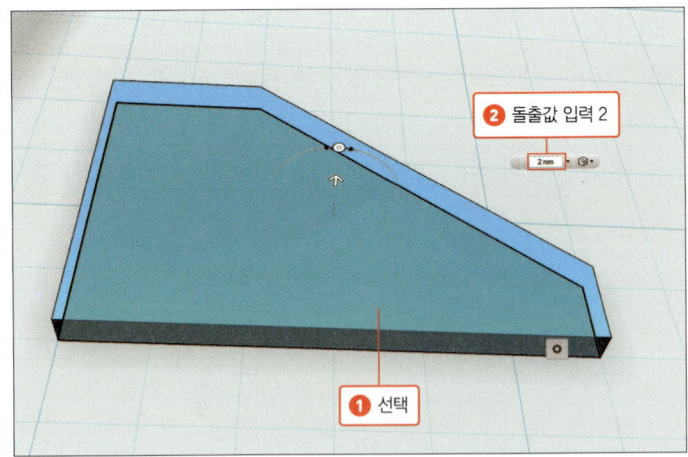

03 만들어진 작은 비행기 뒷날개를 이동(Move) 명령을 이용해 그림과 같이 위치시킵니다.

 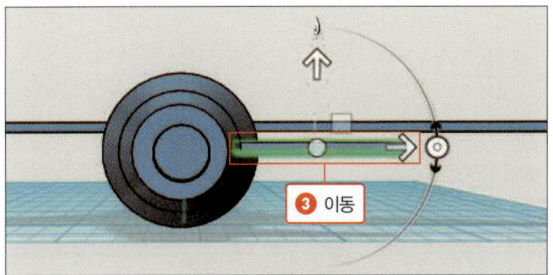

+ 플러스 Tip

이동 명령 사용 시 항상 좌우 방향을 돌려 여러 가지 변화하는 모습을 보세요.

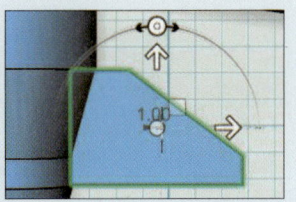

04 뒷날개를 선택한 후 키보드의 Ctrl +C 키를 누른 후 Ctrl+V 키를 눌러 한 개를 더 복사합니다. 'Move'를 선택한 후 '10'을 입력하여 복사한 뒷날개를 위로 이동시킵니다.

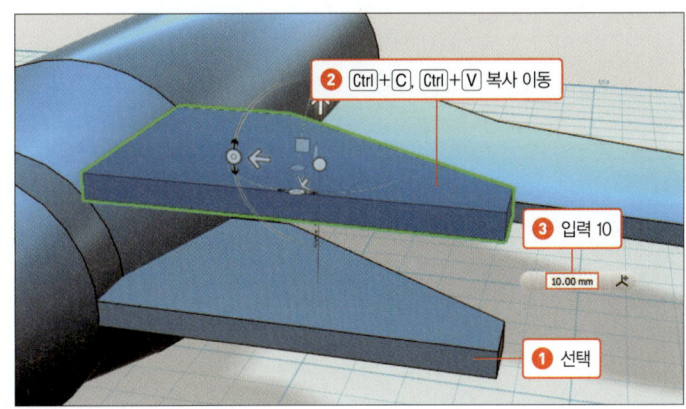

05 복사한 뒷날개는 그림처럼 회전(Rotate)시켜주고 아래 메뉴의 크기 변경(Scale) 명령을 이용해 크기를 그림과 같이 고정크기 변경(Uniform)으로 값 '0.7'을 입력해 줍니다.

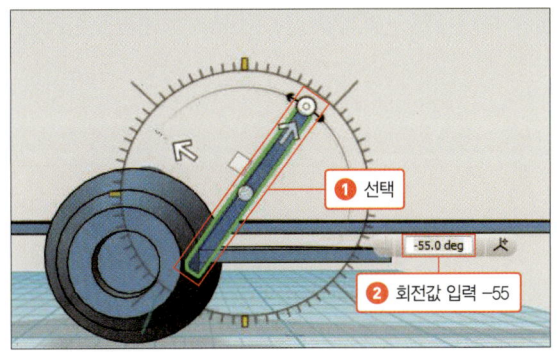  

06 다시 선택하여 이동(Move) 명령을 이용해 그림과 같은 위치로 이동시킵니다.

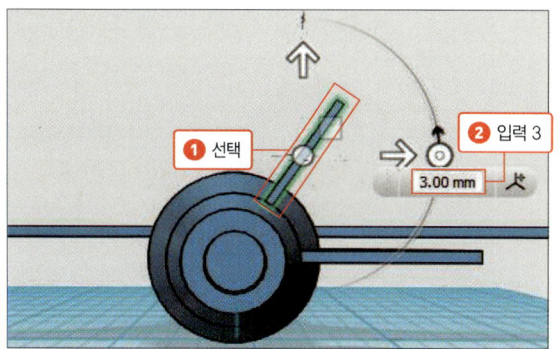
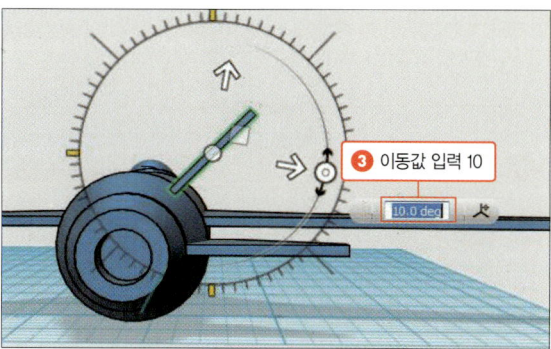

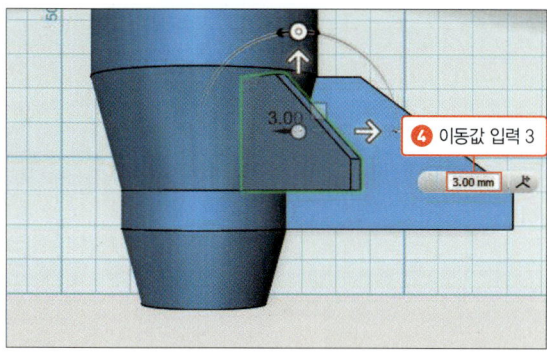

07 이렇게 만들어진 뒷날개들을 선택하여 '패턴(Pattern)–대칭(Mirror)' 명령을 이용해 앞에서 그렸던 기준선을 기준으로 뒷날개를 반대쪽에도 복사합니다.

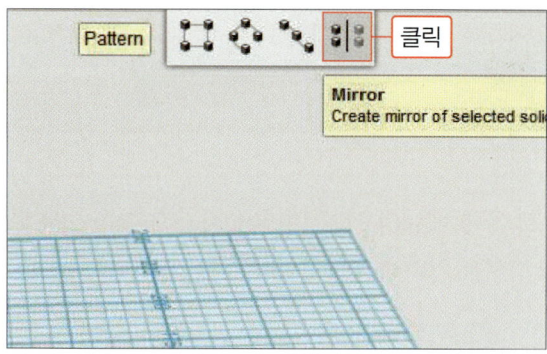

5) 비행기 부품 만들기

01 모눈종이(Grid)에 '기본 도형(Primitives)−구(Sphere)'를 이용해 10mm 구(Sphere)를 생성합니다.

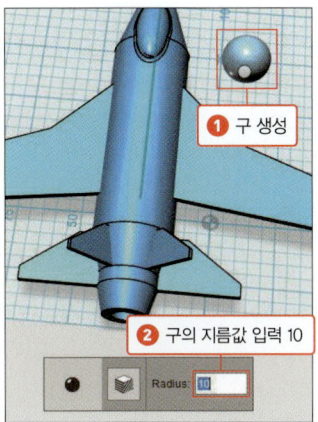 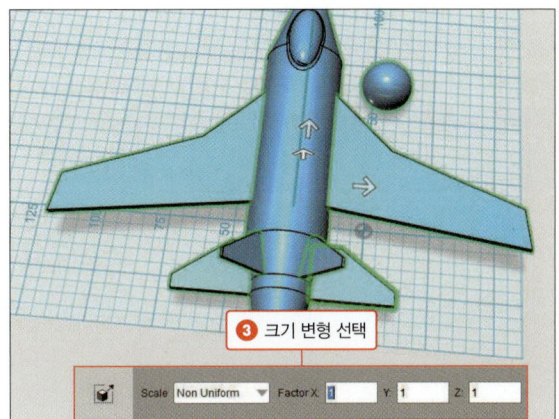

02 만들어진 구(Sphere)를 선택하고 크기 변경(Scale) 명령을 이용해 그림과 같이(0.5, 2, 0.5) 변형시킨 후 이동(Move)시킵니다.

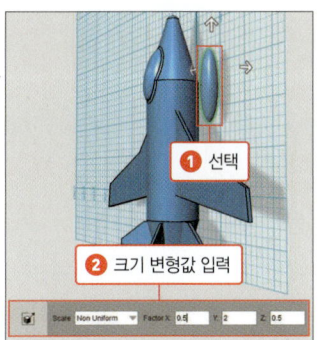 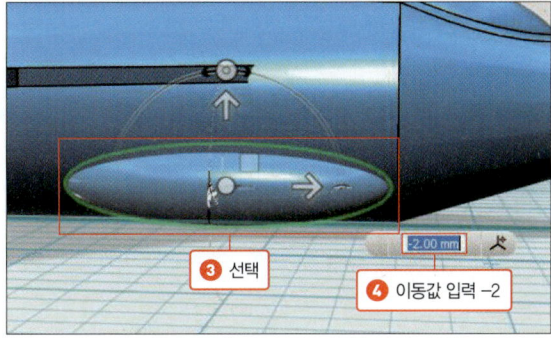

03 구(Sphere)를 선택하고 '패턴(Pattern)−대칭(Mirror)'을 선택한 후 앞에서 그려둔 기준선을 기준으로 기준선을 클릭하여 반대쪽에도 복사합니다.

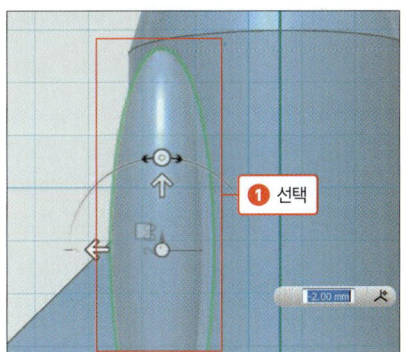  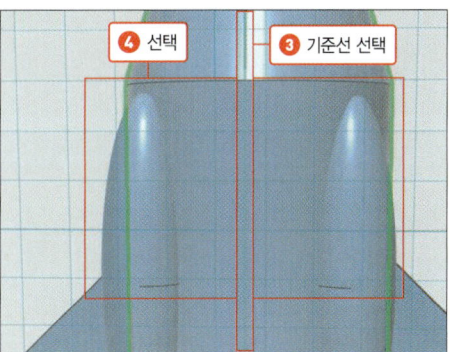

04 만들어진 두 구(Sphere)를 선택하여 상단 메뉴의 '결합(Combine)−빼기(Subtract)' 명령을 이용해
그림과 같이 만듭니다.

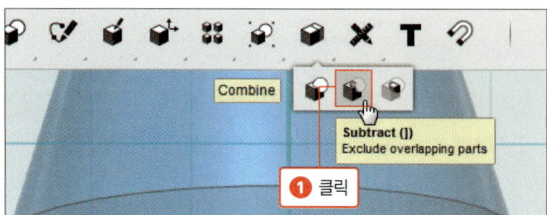
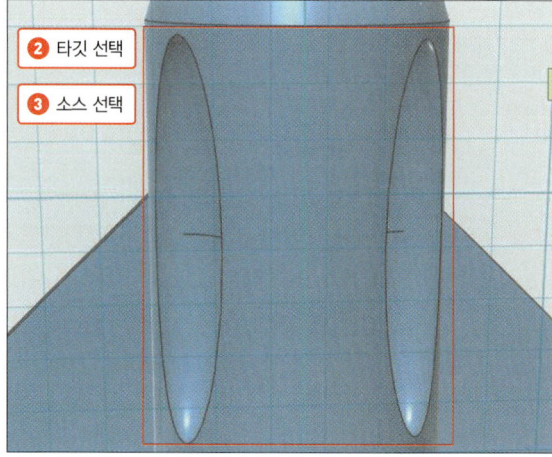

05 또 다른 위치의 모눈종이(Grid)에 '스케치(Sketch)−폴리선(Polyline)'을 선택한 후 그림과 같이
100mm의 직선을 그려줍니다.

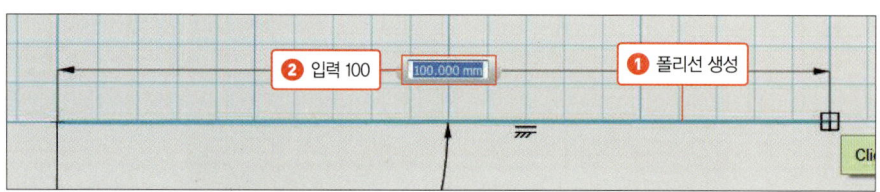

06 그림의 좌표를 참고해 나머지 직선도
그려줍니다.

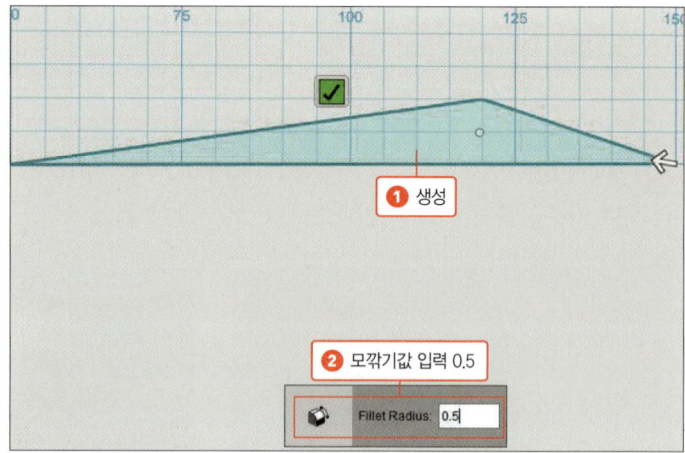

07 그려진 스케치의 꼭지점들을 '모깎기 (Fillet)'를 선택한 후 '0.3'을 입력하여 부드럽게 만들어 줍니다.

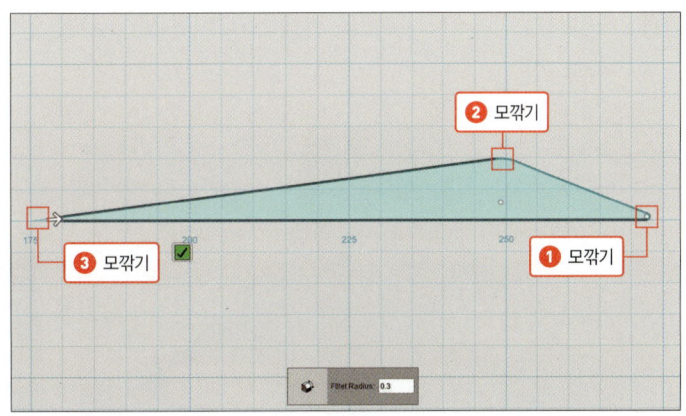

08 상단 메뉴의 '작성(Construct)-리볼브(Revolve)'를 선택합니다.

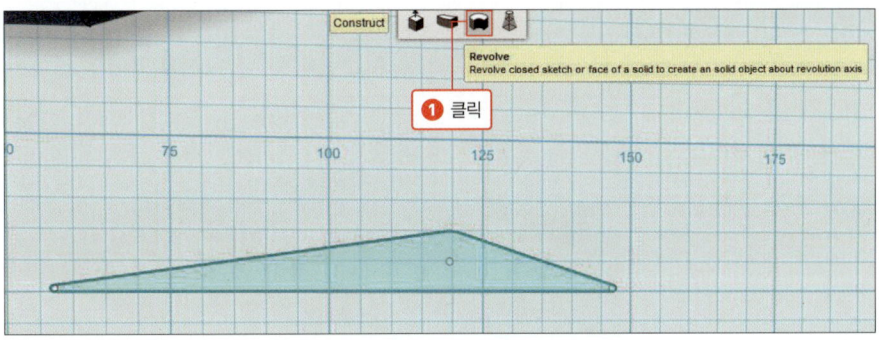

09 프로파일(Profile)에서 스케치의 면을 선택하고 회전축(Axis)은 100mm 의 밑변을 선택합니다. 회전은 180도로 합니다.

+ 플러스 Tip

마우스로 서서히 돌리면 채워져 가는 형태가 보입니다.

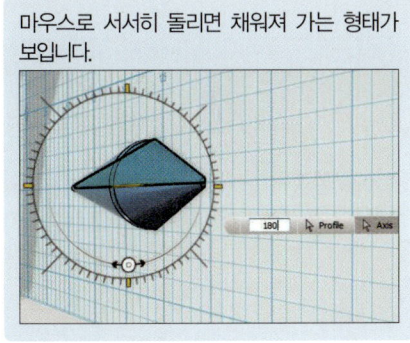

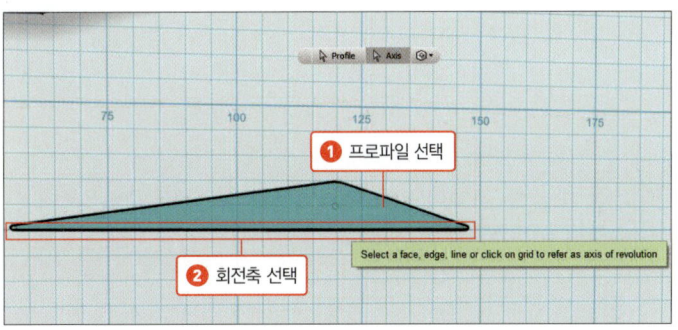

10 회전시켜 만들어진 부품을 선택하고 '이동(Move)'을 선택한 후 '3'을 입력하여 그림과 같은 위치로 이동 시킵니다.

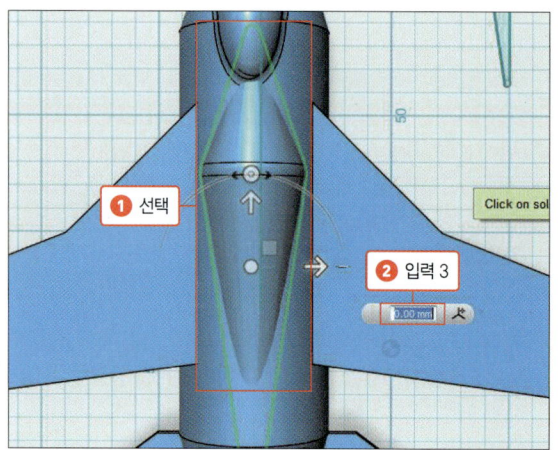

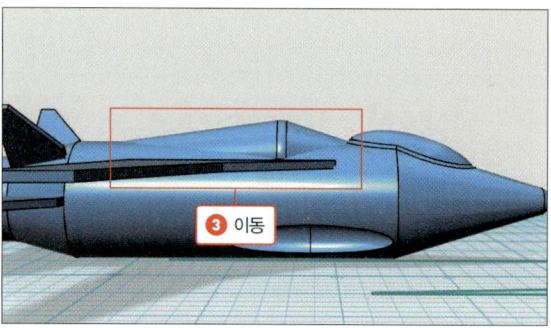

11 부품을 선택한 후 그림과 같이 크기 변경(Scale)의 자유크기 변경(Non Uniform)의 'Factor' X의 값을 2.5 로 설정합니다.

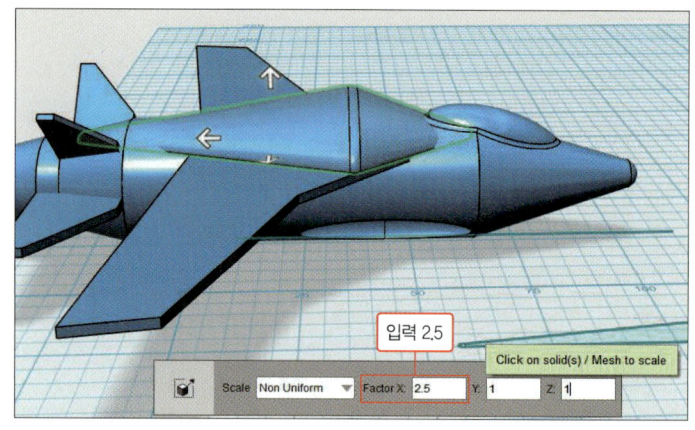

12 이 부품을 선택하여 키보드의 [Ctrl]+[C] 키, [Ctrl]+[V] 키를 이용해 복사합니다. 크기 변경(Scale)의 자유 크기 변경(Non Uniform) 값을 'X는 0.3, Y는 1, Z는 1.57'로 설정한 후 이동시킵니다.

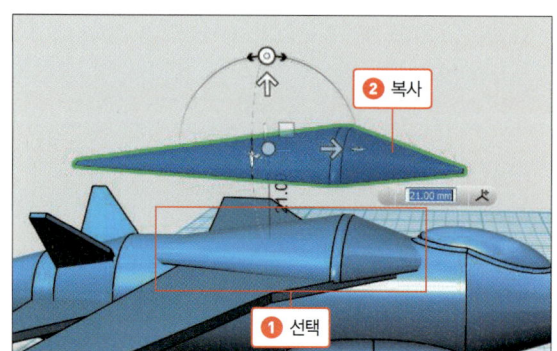

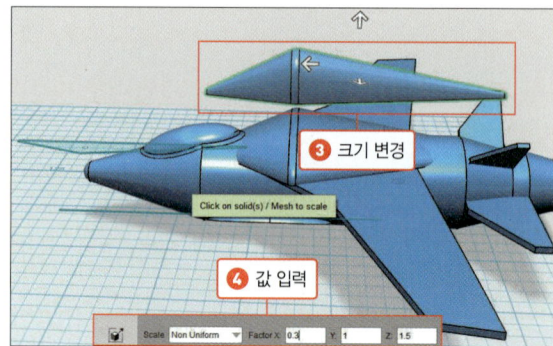

13 상단 메뉴 '패턴(Patten)-원형패턴(Circular Pattern)'을 선택한 후 **12**에 생성한 오브젝트를 선택하고 2개를 복사해 줍니다. 값을 3으로 설정합니다.

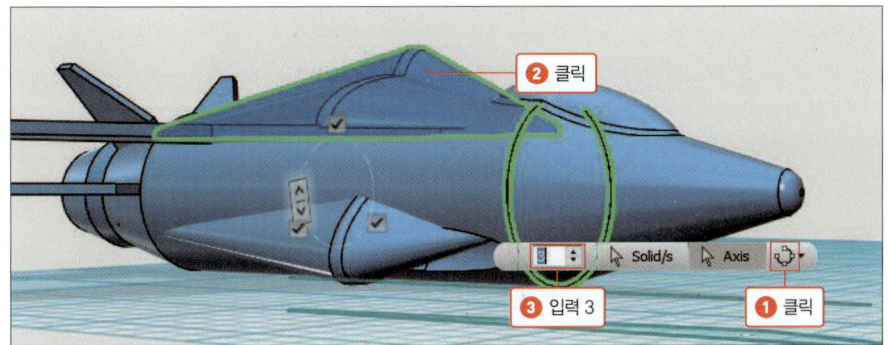

14 복사한 부품 2개의 크기 변경(Scale)의 고정크기(Uniform)는 'Factor' 값 '0.5'로 변경합니다.

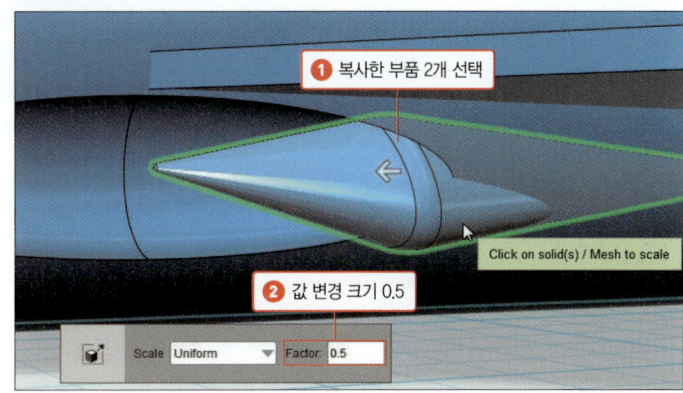

15 크기 변경한 부품을 그림처럼 −180도 회전(Rotate)시킵니다.

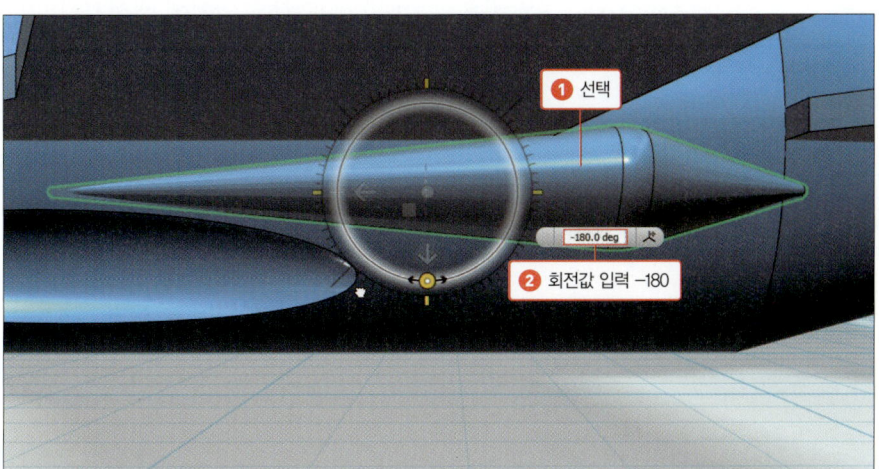

16 회전시킨 부품의 크기를 변경하기 위해 '크기 변경(Scale)'을 선택한 후 자유크기 변경(Non Uniform)의 'Factor X' 값을 1.5로 변경합니다.

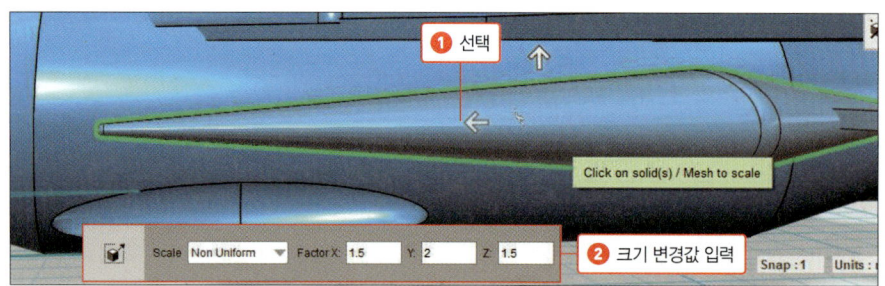

17 선택한 부품을 그림과 같이 위치시킵니다.

+ 플러스 Tip

비행기를 조정하여 중간 중간에 비행기 위 전체 모양을 확인해봅니다.

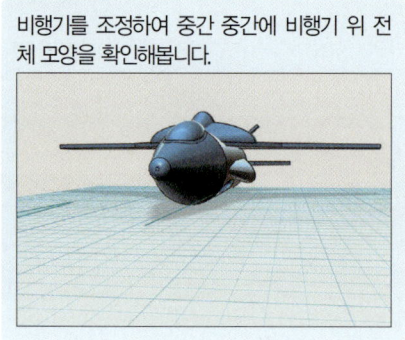

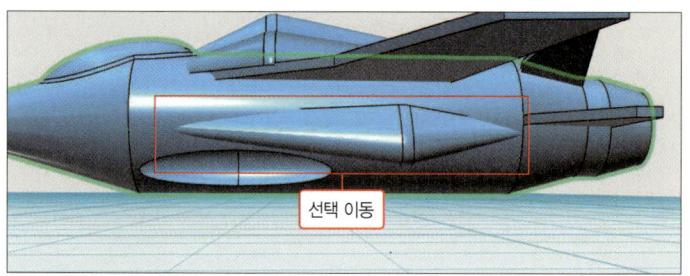

18 부품을 선택하여 '패턴(Pattern)-대칭(Mirror)'을 이용해 반대쪽에도 같은 위치에 생성시킵니다.

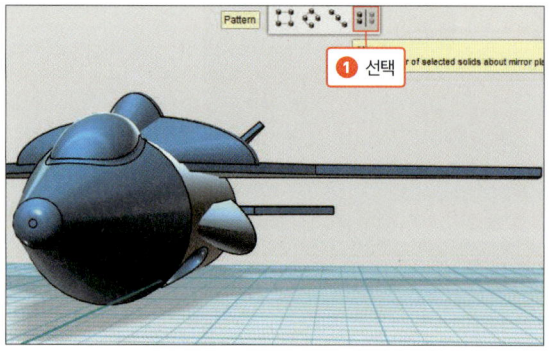

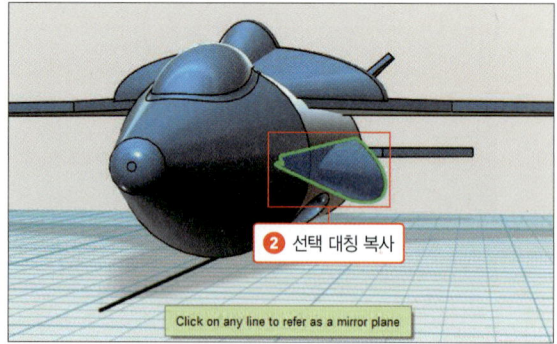

6) 비행기 바닥 만들기

01 모눈종이(Grid)에 '기본 도형(Primi
tives)−박스(Box)'를 선택한 후 그림
과 같이 'Legnth : 20, Width : 100,
Height : 20'을 입력한 후 박스를 만
들어줍니다.

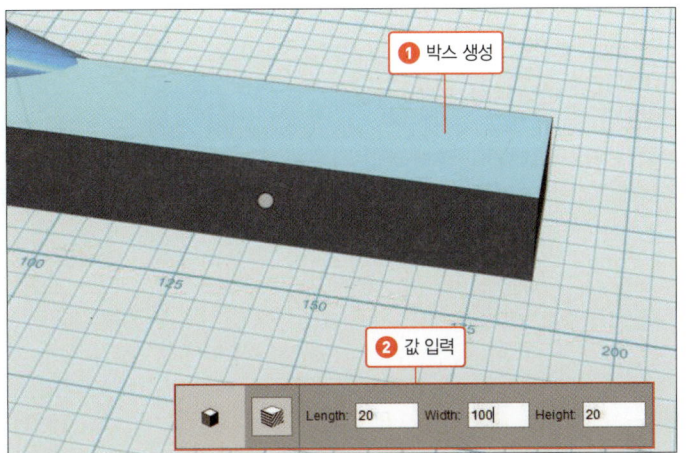

02 그림과 같이 비행기 아랫 부분에 위치
시킵니다.

+ 플러스 Tip

뒷면도 확인합니다.

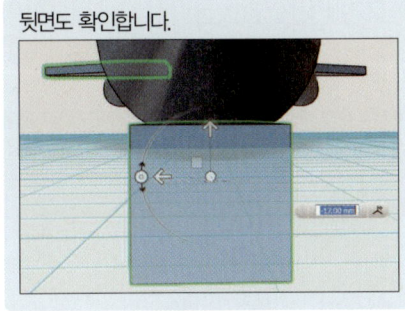

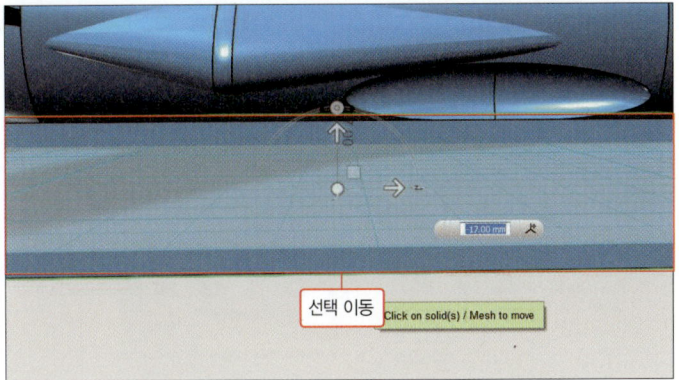

03 '결합(Combine)-빼기(Subtract)'
를 이용해 타깃(Target)은 비행기로
잡고, 소스(Source)는 박스(Box)로
잡아 바닥면을 평평하게 해줍니다.

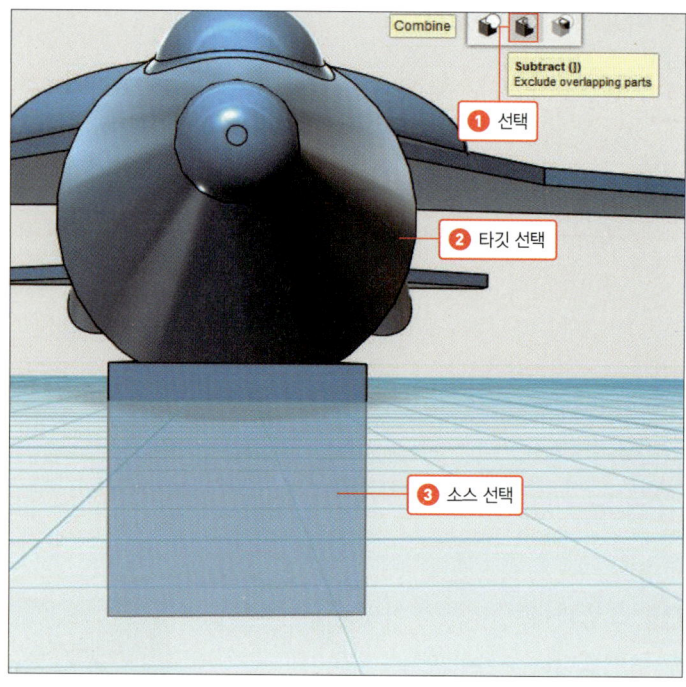

04 평평하게 된 비행기의 아랫 부분의 모서리 선을 선택해주고 '모깎기(Fillet)'를 클릭한 후 '3'을 입력하여
부드럽게 만들어 줍니다.

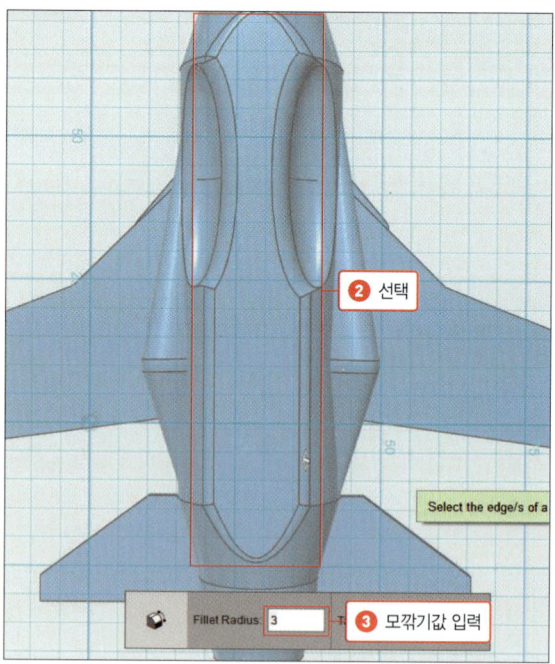

05 '결합(Combine)–합치기(Merge)'를 선택한 후 어색하게 튀어나온 날개 부분과 등을 합쳐주고 모깎기 (Fillet)를 이용하여 부드럽게 만들어 줍니다.

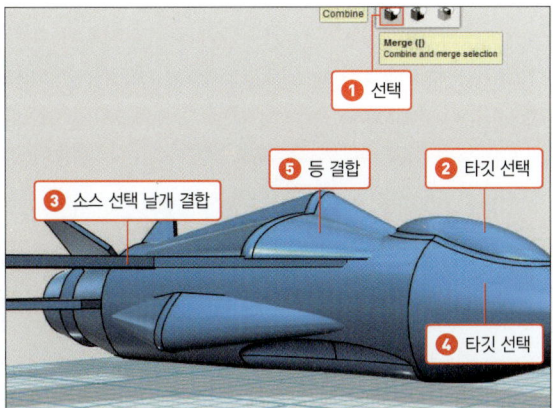 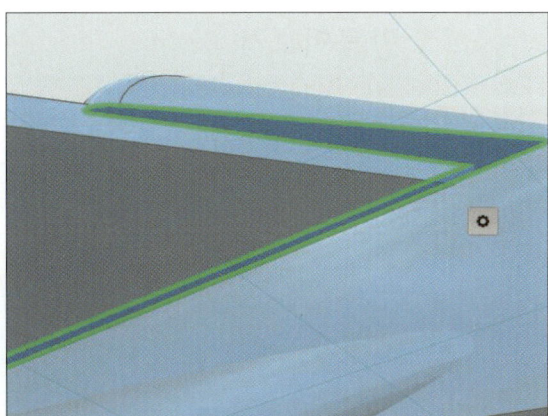

06 나만의 멋진 비행기가 완성되었습니다.

07 스케치 숨기기(Hide Sketch)를 적용시켜서 본 완성된 비행기 모습입니다.

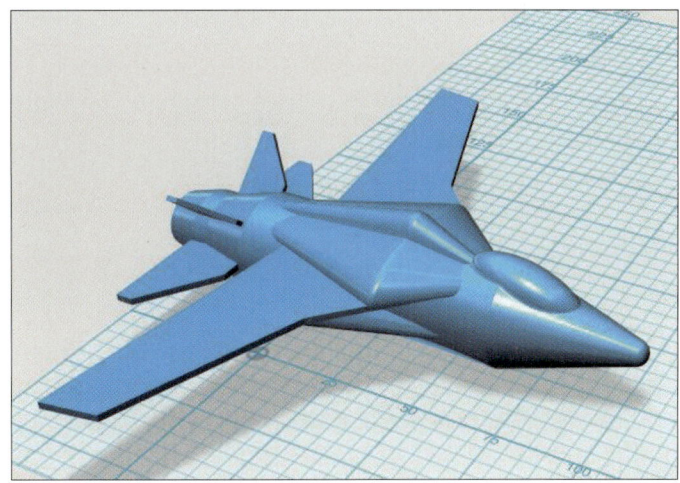

⠿ 만들어보기

- 실생활에서 여러 용도로 사용할 수 있는 고정판을 만들어 봅시다.
- 나만의 디자인을 더한 고정판을 완성해 봅니다.

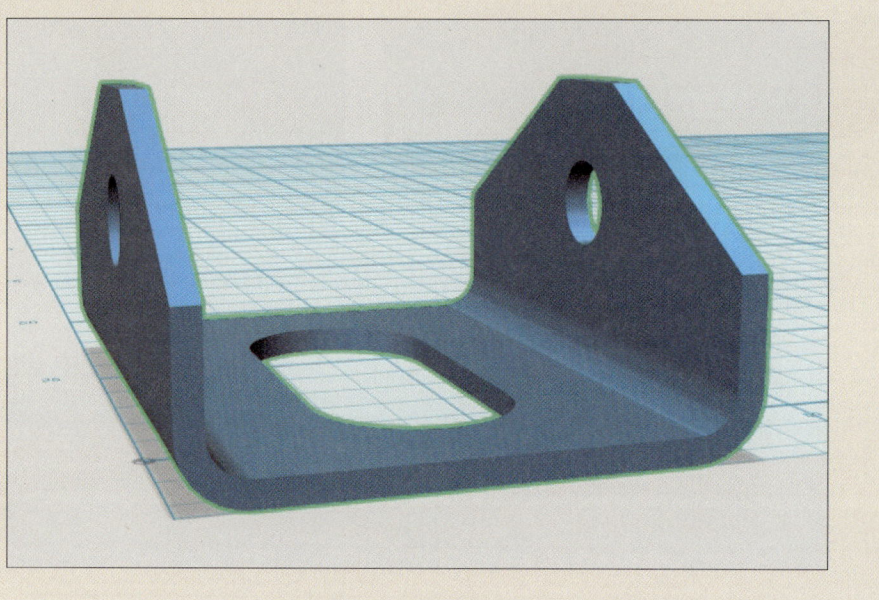

체·크·포·인·트

1. 호(Arc)를 이용해 고정판의 디자인을 스케치하여 봅시다.

2. 형상에 바로 스케치하여 모양을 만드는 것에 대해 배워 봅시다.

3. 복사(Ctrl+C 키), 붙여넣기(Ctrl+V 키)를 이용하여 스케치 모양을 만드는 방법을 배워 봅시다.

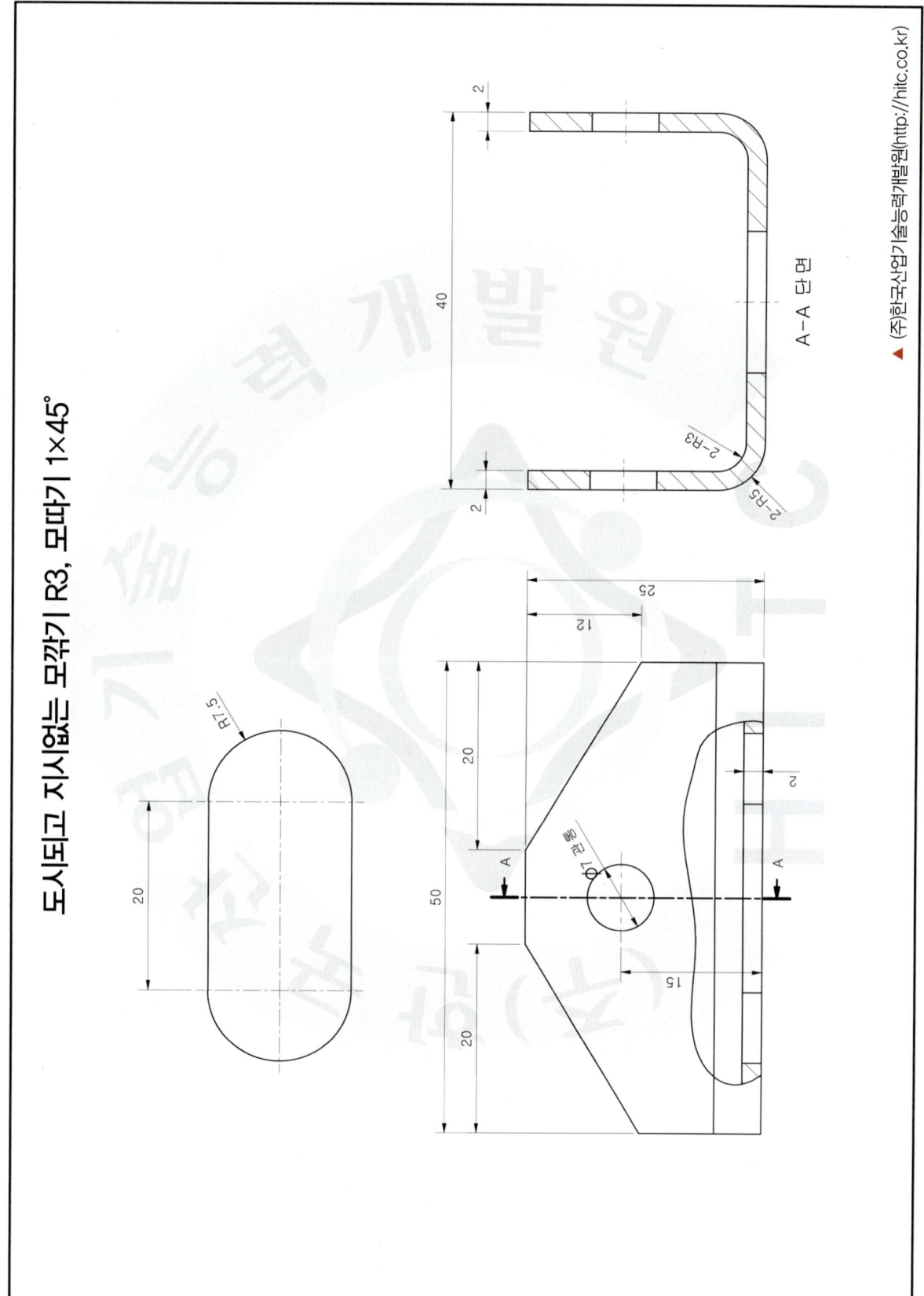

도시되고 지시없는 모깎기 R3, 모따기 1×45°

R7.5

20

50

20

25

12

20

15

2

Ø7 관통

A

A

40

2

2

2-R5

2-R3

A-A 단면

▲ (주)한국산업기술능력개발원(http://hitc.co.kr)

1) 밑그림 그리기

01 첨부된 제도를 보며 폴리라인(Polyline)
과 2점 호 그리기(Two Point Arc)를
이용하여 정면도 제도를 그립니다.

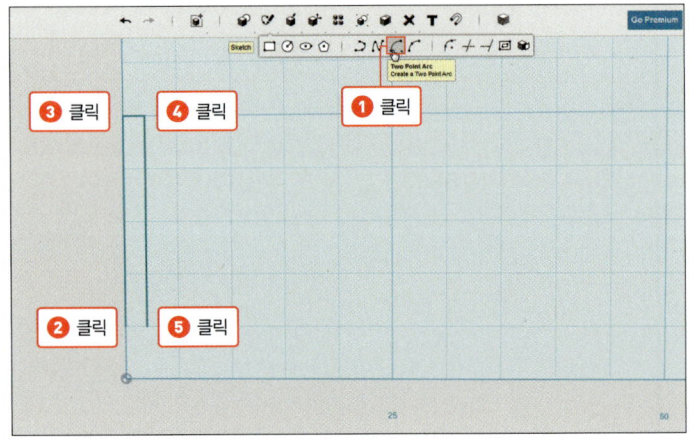

02 폴리라인(Polyline)을 이용해 직선
을 그립니다.

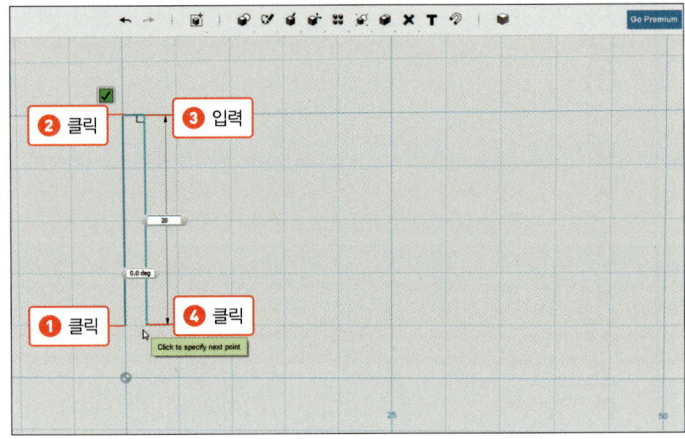

+ 플러스 Tip

❶ 클릭 (0.5)
❷ 클릭 (0.25)
❸ 입력 2mm(길이) 후 클릭
❹ 클릭 (2,5)

03 'Two Point Arc'를 선택하고 그림
과 같이 직선 몸 부분을 첫 번째로
클릭합니다.

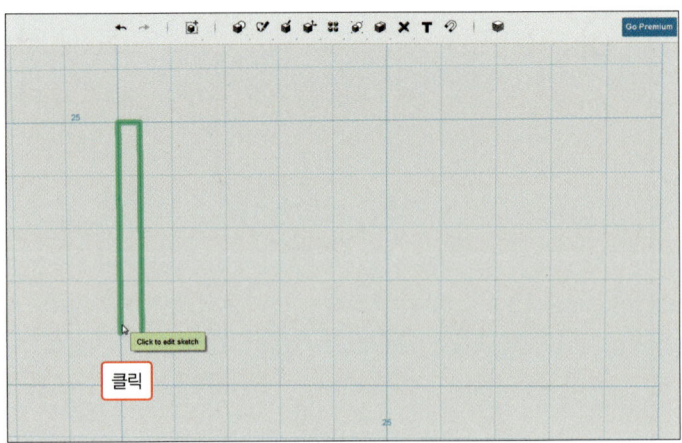

04 두 번째는 (5, 5) 부분에서 클릭합니다. 세 번째 (0,5) 부분에 클릭하면 호를 그릴 수 있는 화살표가 나타나는데 이를 끌어다 (5,0) 부분에 네 번째 클릭을 하여 호를 완성시킵니다.

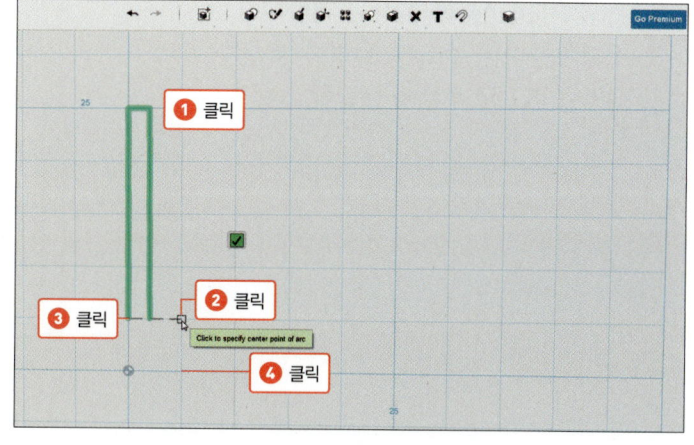

05 반지름 5mm, 각도 90을 설정한 후 바깥쪽 호를 그립니다. 똑같은 과정을 반복하여 안쪽 반지름 3mm의 호를 완성시킵니다.

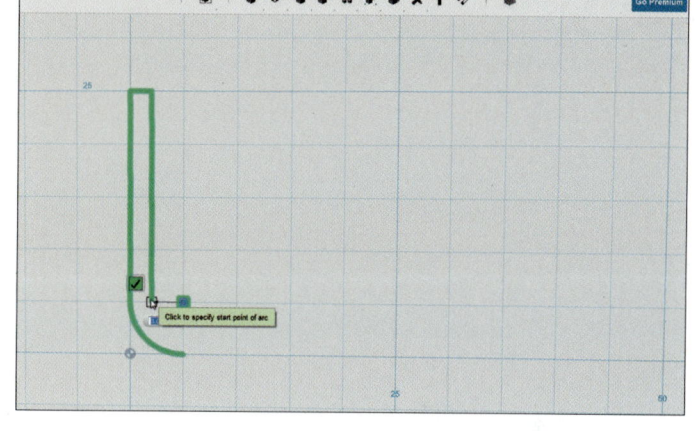

06 다시 폴리라인(Polyline)을 이용하여 직선 부분을 그립니다. 제도상 중간 직선 부분은 30mm입니다. 폴리라인을 선택한 후 이전에 그렸던 스케치를 클릭하여 스케치가 이어지도록 주의합니다.

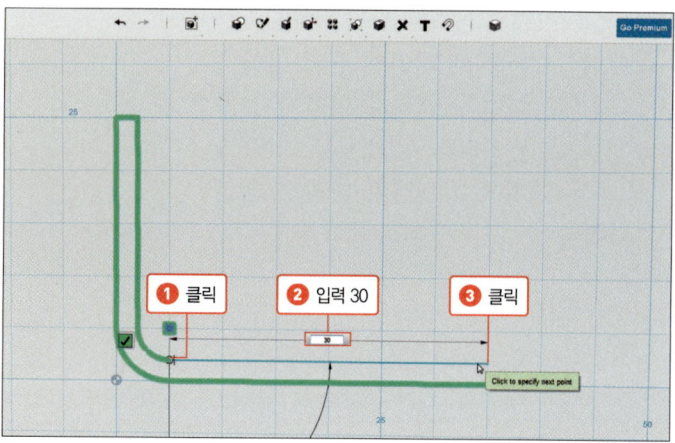

07 Two Point Arc를 다시 선택합니다. 스케치를 이어주도록 클릭한 후 중심점을 (35, 5) 부분에 클릭합니다.

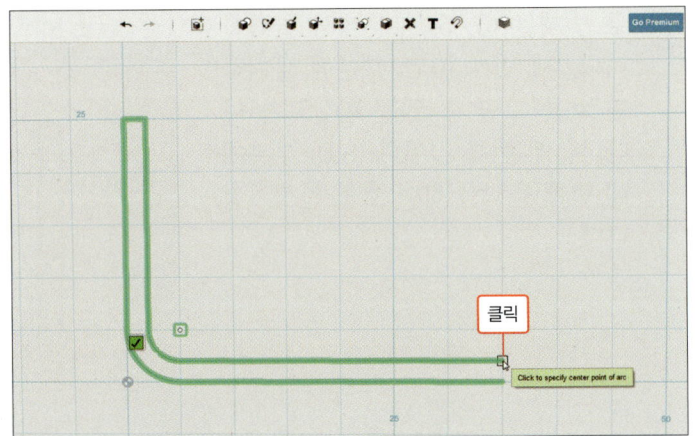

08 반대쪽과 같이 반지름 5mm, 3mm 의 호를 그립니다.

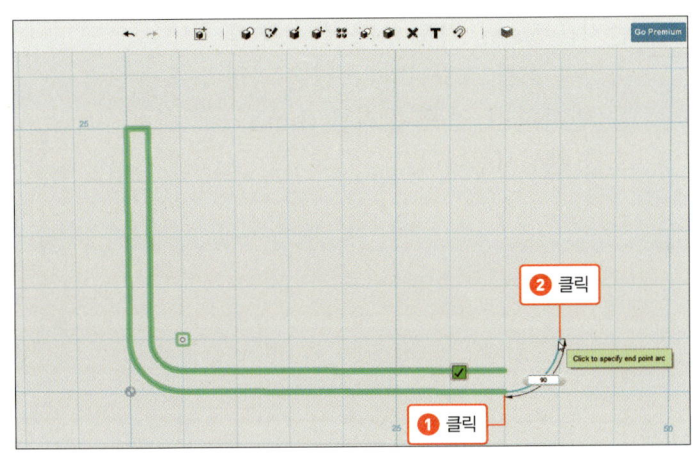

09 호를 그린 후에 남은 직선 부분을 완성합니다. 이때 파란색 면이 나타나지 않는다면 스케치가 이어지지 않았다는 뜻입니다. 스케치를 이어 그리는 과정에 유의하며 다시 그려봅시다.

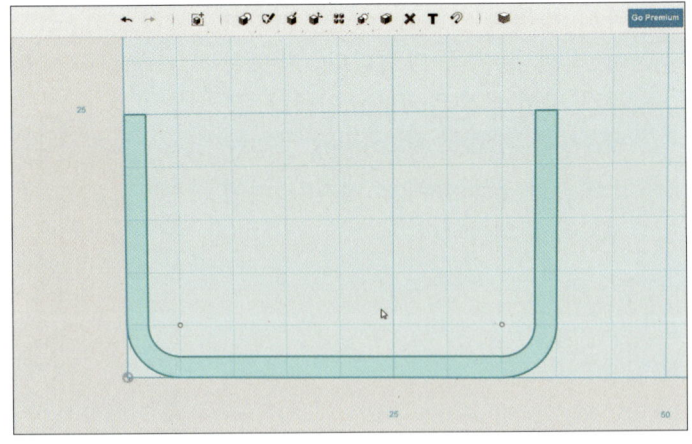

2) 몸통 부분 작업하기

01 파란색 면을 클릭한 후 돌출 기능을 이용하여 50mm 높이의 물체를 만듭니다.

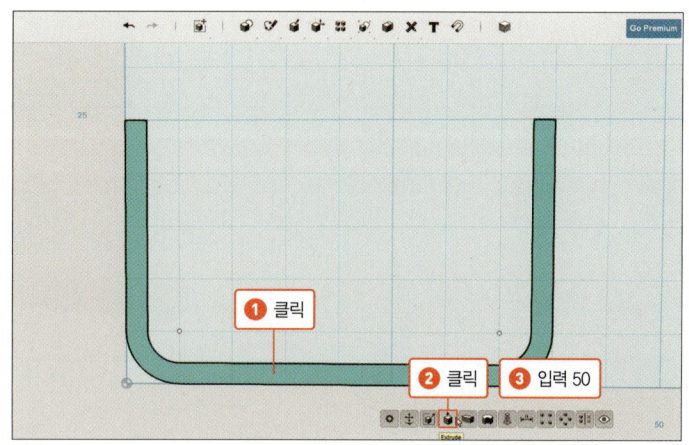

02 스케치나 물체가 이동하지 않도록 주의하며 시점을 오른쪽 면을 보도록 바꿉니다.

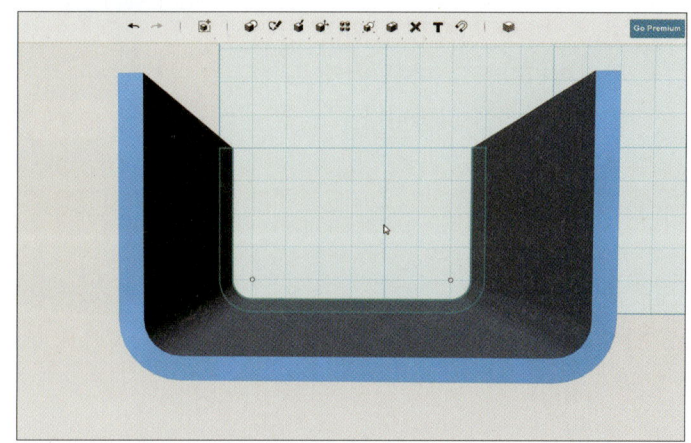

+ 플러스 Tip

뷰박스(Viewbox)를 이용합시다.

03 '폴리라인(Polyline)'을 선택한 후 옆면에 첫 번째 클릭을 합니다.

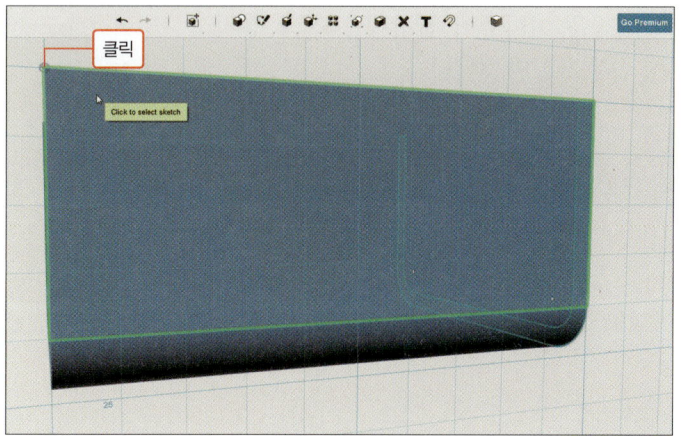

+ 플러스 Tip

폴리라인(Polyline) 선택의 첫 클릭을 옆면에 하면 가로 X축, Y축 눈금이 옆면 기준으로 재설정되었다 스케치가 끝나면 원래대로 되돌아갑니다.

04 다음 시작점을 왼쪽 상단 꼭짓점으로 설정한 후 오른쪽으로 뻗는 20mm 직선을 그립니다.

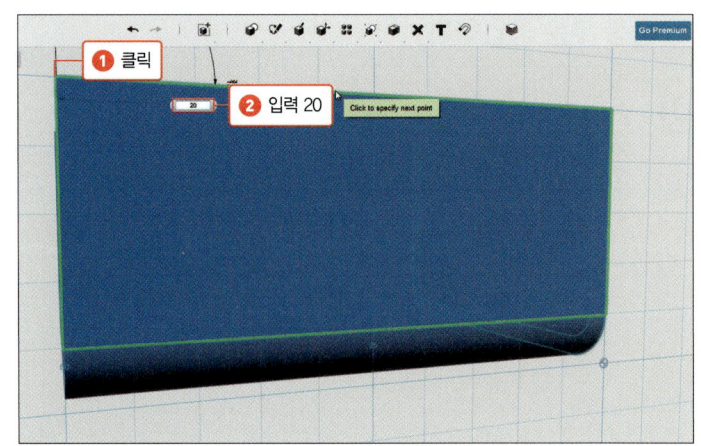

05 다시 폴리라인(Polyline)을 선택한 후 그려놨던 20mm 직선을 클릭한 후 다시 시작점을 왼쪽 상단에 클릭합니다. 그 다음 아래로 뻗는 12mm 직선을 그립니다.

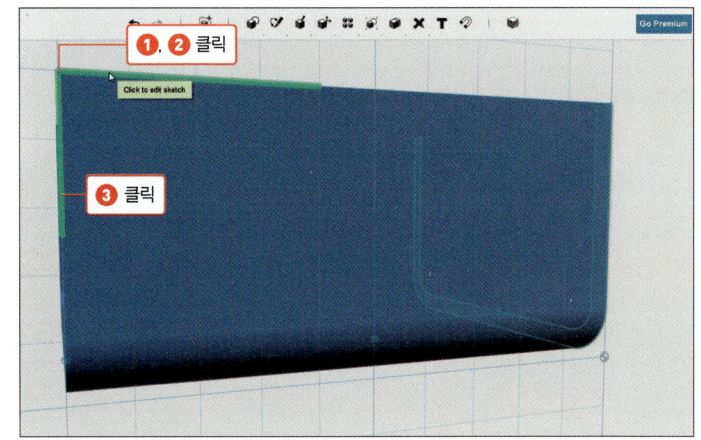

06 폴리라인(Polyline)을 선택한 후 그려놨던 스케치를 선택한 후에 양 끝점을 이어주어 삼각형을 직각 삼각형으로 완성합니다.

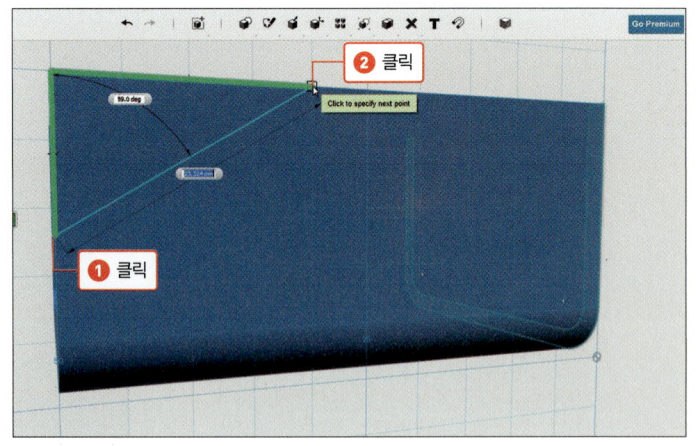

07 삼각형을 클릭하고 '돌출(Extrude)'
을 선택한 후 '−40mm'를 설정하면
스케치 면적만큼 공간을 깎아낼 수
있습니다.

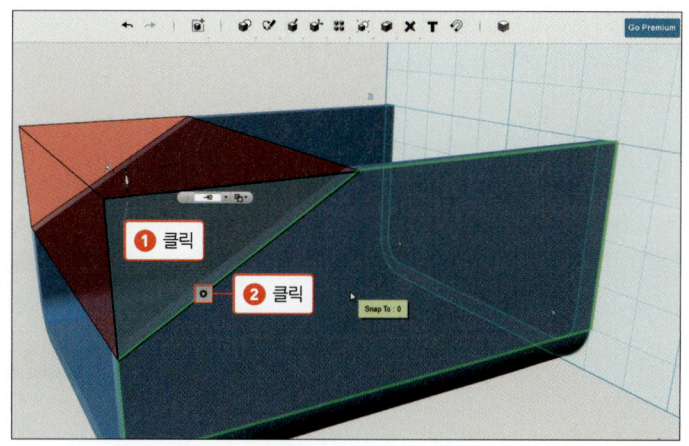

08 반대쪽도 같은 방법으로 공간을 깎
아냅니다.

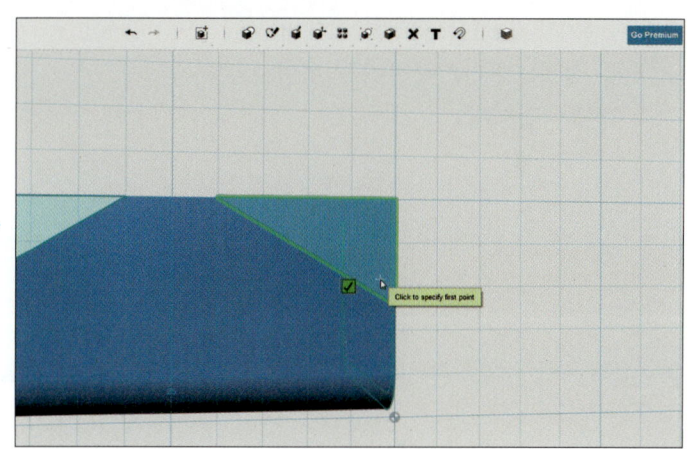

3) 옆면 작업하기

01 스케치(Sketch)를 이용해 원을 그
립니다. 이때 첫 번째 클릭은 옆
면에, 두 번째 클릭은 (25, 0) 지
점에 설정하여 7mm의 '원 스케치
(Sketch Circle)'를 그립니다.

+ 플러스 Tip

(25, 0) 부분이 허공일테지만 분명 그곳을 클릭
해야 합니다.

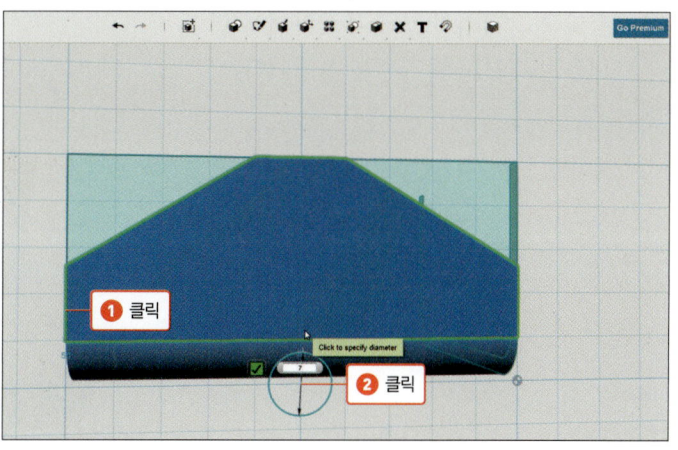

02 '이동(Move)'을 선택한 후 원을 y축 방향으로 15mm 이동합니다.

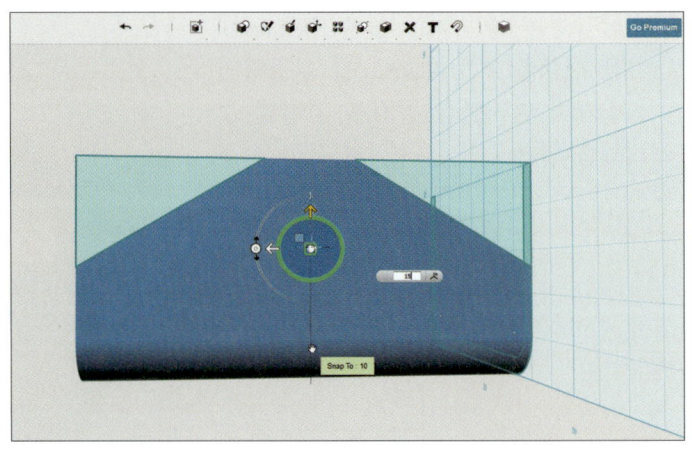

03 '돌출(Extrude)'을 선택한 후 '−40mm' 를 설정하면 양 벽면에 원모양으로 깎여 나갑니다.

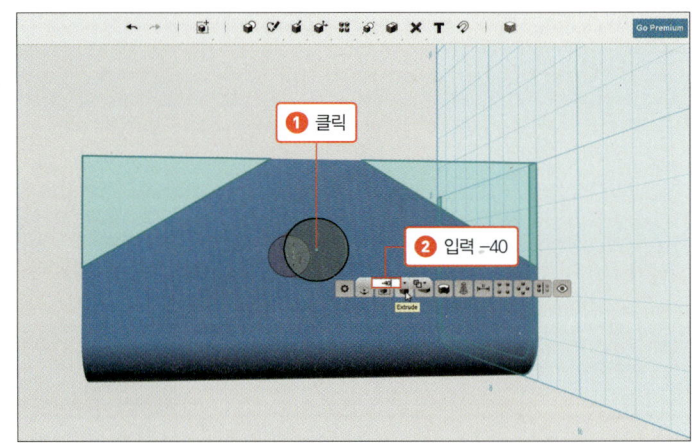

4) 바닥 작업하기

01 물체를 움직이지 않게 주의하면서 밑 면을 바라보도록 시점을 옮깁니다.

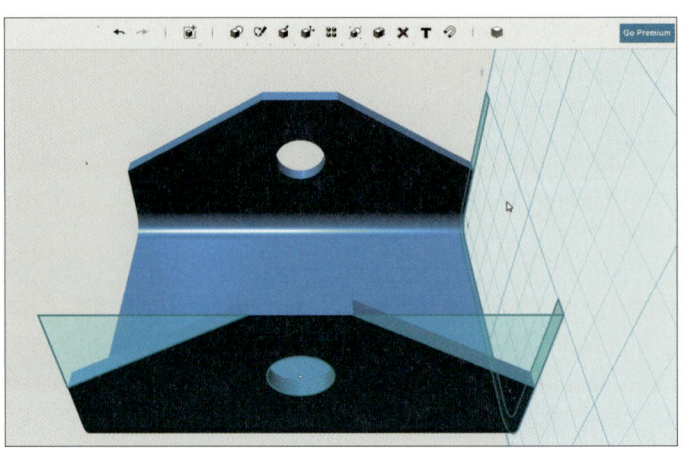

02 시점을 이동해 아래 면(20, 25) 부분에 지름 15mm의 원(Sketch Circle)을 그립니다.

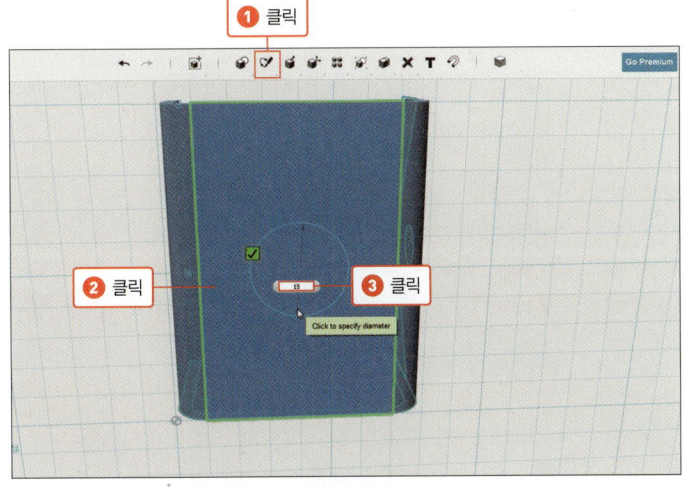

03 Ctrl + C 키, Ctrl + V 키로 원을 복사한 후, y축으로 10mm, −10mm로 이동(Move)하여 원 두 개를 생성합니다.

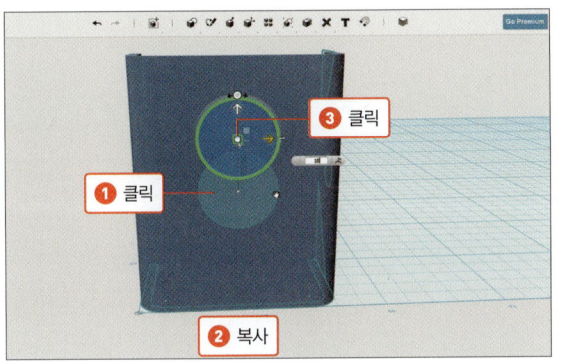 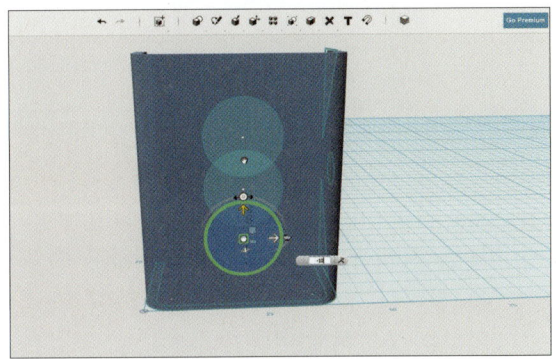

04 원 중심을 기준으로 폴리라인을 이용하여 15×20mm의 직사각형을 그립니다.

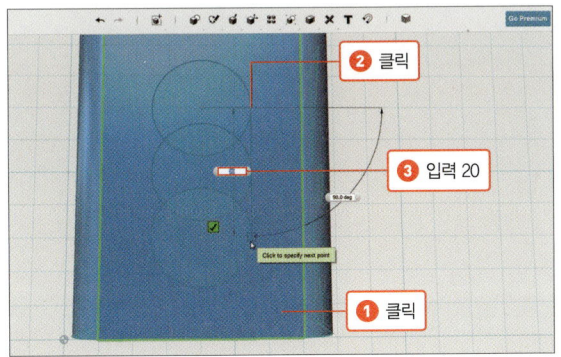 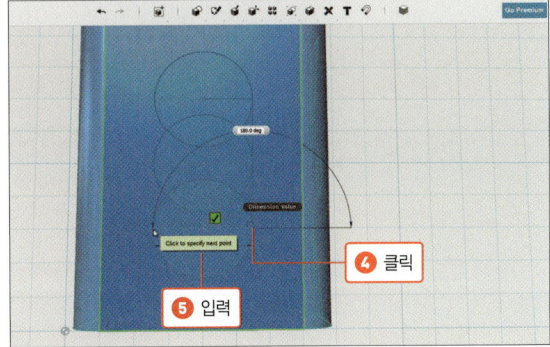

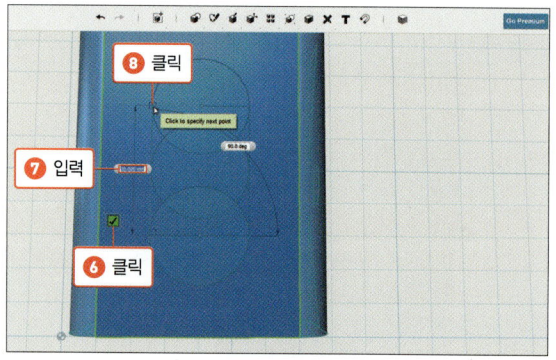

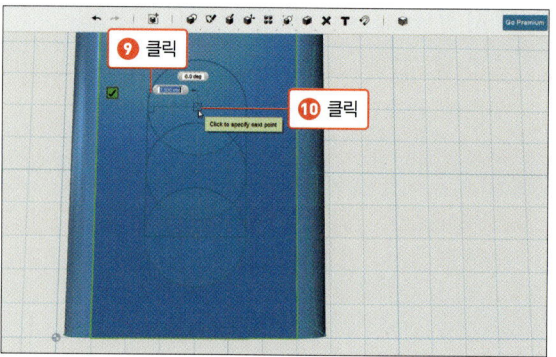

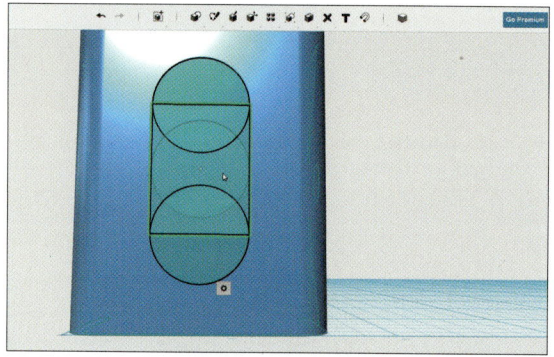

+ 플러스 Tip

5 입력상자는 Click to Specity next point에 가려진 겁니다.

05 Shift 키를 이용해 원과 직사각형을 모두 선택합니다. '돌출(Extrude)'을 선택한 후 '−2'mm를 입력하면 원하는 공간이 깎여나갑니다.

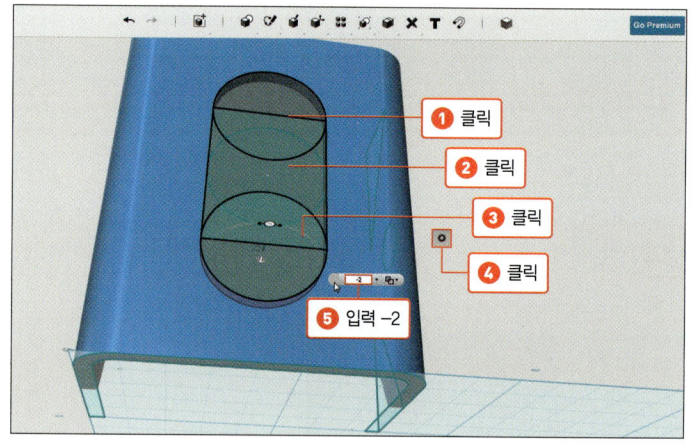

06 완성된 제도를 Move 기능을 이용해 적당히 돌려놓습니다.

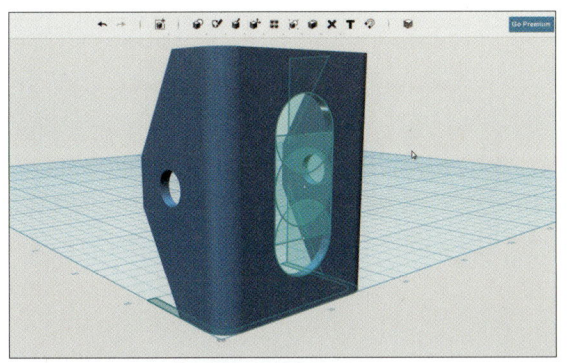
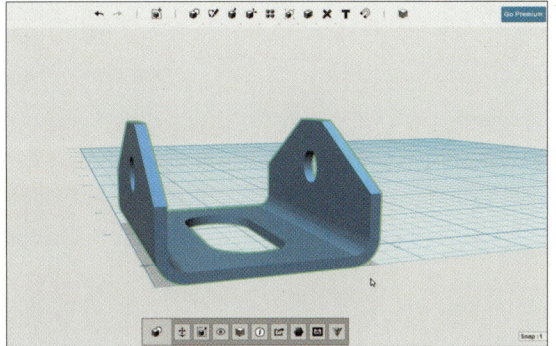

+ 플러스 Tip

실제 활용 예

3D 프린팅 출력을 위한 **파일 변환 소프트웨어**

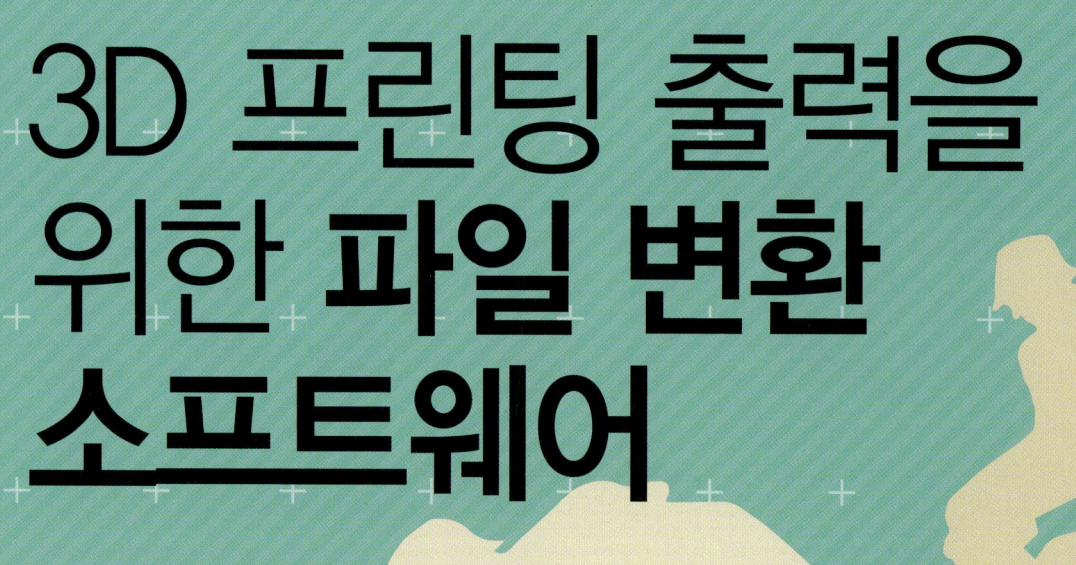

PART 05

123D 디자인으로 모델링한 파일을 실제 출력할 수 있도록 슬라이서 프로그램으로 변환시키는

무료 소프트웨어인 큐라와 슬라이서 그리고 Creator K의 변환 프로그램을 이용하여 3D 프린

터의 기계 제어 및 3D 프린터 운용에 관한 실질적인 방법을 익힙니다.

파일 변환 큐라 1

대표적인 공개형 슬라이서 프로그램인 큐라(Cura)의 설치 방법과 모델링된 데이터 파일을 여는 방법을 알아봅니다.

1 슬라이서 프로그램이란?

슬라이서 프로그램은 3D 프린터에서 인쇄 시 사용하는 표준 파일 형식인 .stl 파일을 층별로 분류하고 인쇄 환경에 맞게 설정하여 3D 프린터가 인식 가능한 .gcode 파일로 변환해줍니다. 슬라이서 프로그램은 크게 두 가지로 분류됩니다. 3D시스템(3DSystems)의 '큐브소프트웨어(Cube Software)'와 메이커봇(Makerbot)의 '메이커웨어(Makerware)' 등 제조사에서 개발하여 제공하는 프로그램을 사용하거나 큐라(Cura), 슬라이서(Slic3r), 키슬라이서(KISSlicer) 등의 오픈소스 프로그램을 사용하는 경우입니다. 여기서는 울티메이커(Ultimaker)와 알몬드(Almond) 등에 사용되는 대표적인 공개형 슬라이서 프로그램인 큐라 프로그램을 설치하고 모델링된 데이터 파일을 열어보는 방법을 알아보겠습니다.

2 큐라(Cura) 슬라이서 프로그램 설치

1) 큐라 프로그램 설치

01 https://software.ultimaker.com에서 View all versions으로 들어간 후 Windows – Version: 15.04를 다운로드합니다.

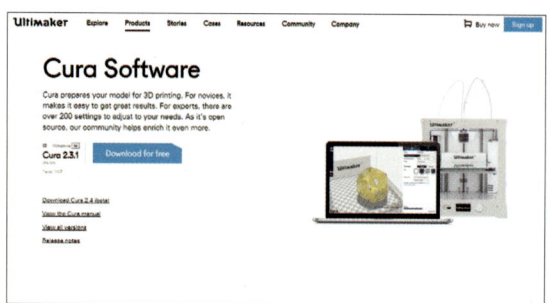

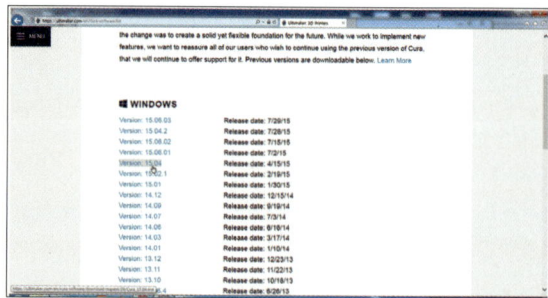

+ 플러스 Tip

> 큐라 슬라이서 프로그램을 다운받으려고 할 때도, 익스플로러 11 이상 혹은 크롬을 이용하여 다운받기 바랍니다.

02 큐라(Cura)를 다운받으려고 할 때, 자동 다운로드 봇인지 확인하는 창이 나타납니다. 당황하지 말고 'I'm not a robot'이라고 적힌 곳을 체크합니다.

+ 플러스 Tip

만약 봇 확인창이 나타나지 않는다면 I'll be using Cura for:을 클릭하신 후 I don't want to share any information을 클릭하시고 Download를 진행합니다.

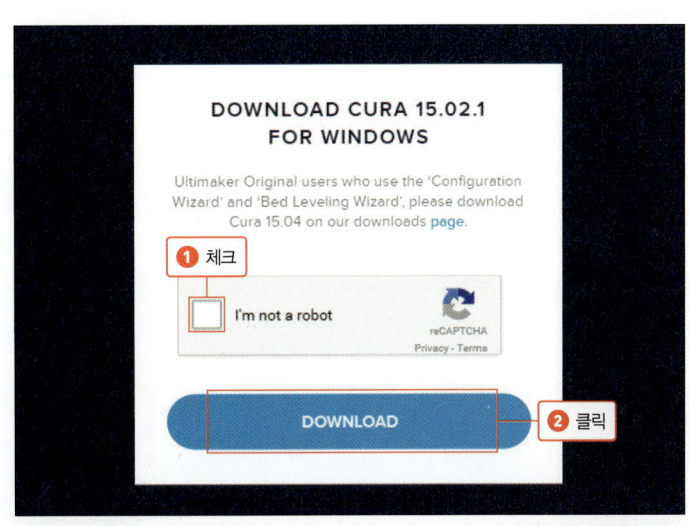

03 무작위로 사진이 나타나면서, 'Select all image with cookies'와 같이 사진 위에 과자(cookie)나 식품(food) 같은 단어가 나타납니다. 단어에 맞는 사진을 체크한 후 [Verify] 버튼을 클릭합니다.

04 초록색 체크가 생기면서 다운로드가 가능합니다.

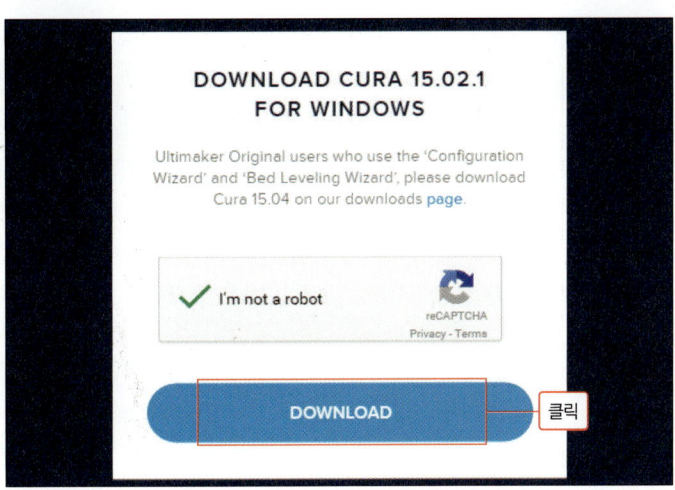

PART 05 3D 프린팅 출력을 위한 파일 변환 소프트웨어

05 프로그램을 설치할 드라이브와 폴더를
설정하는 단계로 [Next] 버튼을 클릭
합니다.

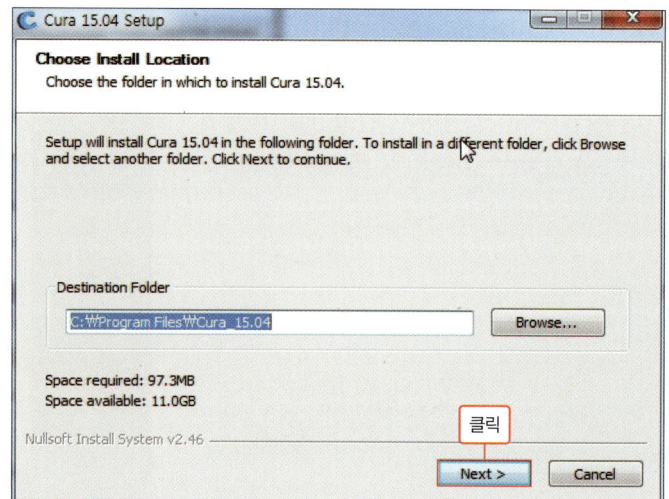

06 구성요소를 선택하는 단계로 모든 항목
을 체크한 후 [Install] 버튼을 클릭합
니다.

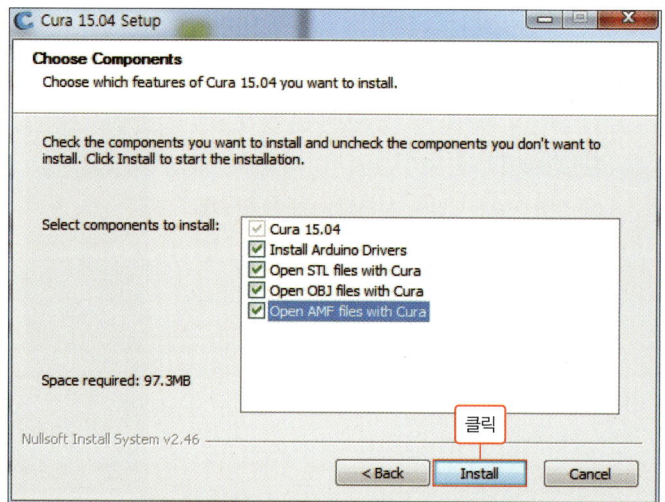

07 설치가 진행되는 동안 다음과 같이 장
치 드라이버 설치 창이 나타나면 [다음]
버튼을 클릭합니다.

08 장치 드라이버 설치가 성공되면 [마침] 버튼을 클릭합니다.

09 설치가 완료되면 [Next] 버튼을 클릭합니다.

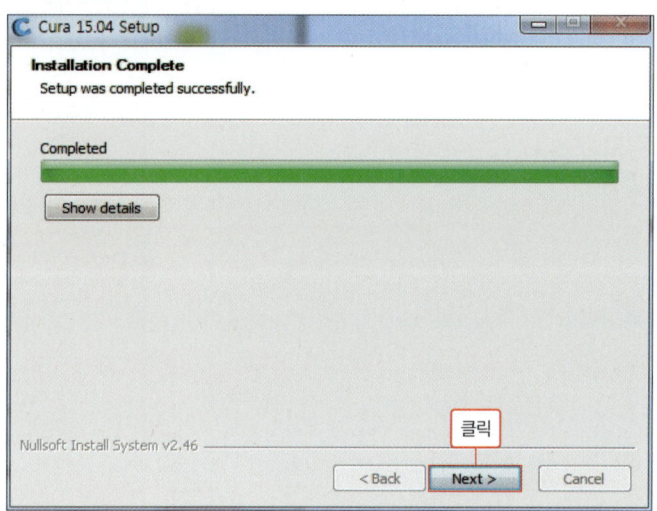

10 설치가 완료되었다는 창이 나타나면 [Finish] 버튼을 클릭합니다.

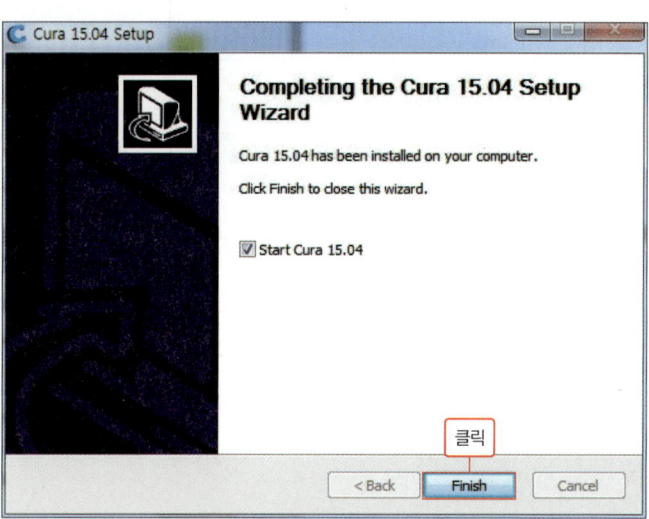

2) 큐라 프로그램 실행하기

01 큐라 프로그램을 처음 실행하면 나타
나는 환경설정 창에서 사용할 언어를
선택합니다. '영어(English)'를 선택
하고 [Next] 버튼을 클릭합니다.

02 3D 프린터 종류를 선택하는 단계로,
보유하고 있는 3D 프린터를 선택하
고 [Next] 버튼을 클릭합니다. 울티
메이커2 사용자라면 제일 위에 있는
'Ultimaker2'를 선택합니다.

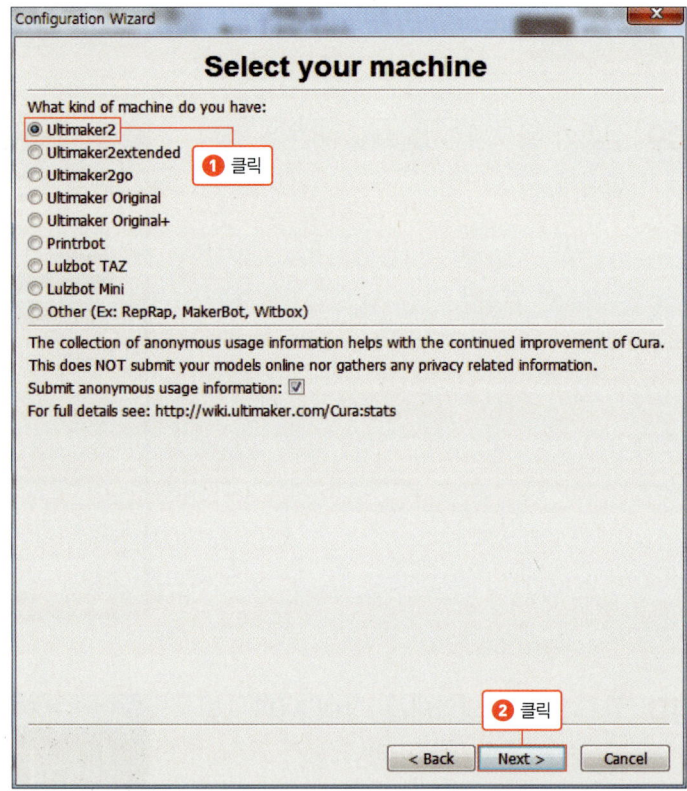

+ 플러스 Tip

대부분은 'Other(reprap)'를 선택합니다.

03 3D 프린터 설정이 완료되고 [Finish]
버튼을 클릭하면 큐라 프로그램이 실
행됩니다.

3) 큐라 프로그램 세팅하기

01 큐라 프로그램이 실행되면 3D 프린터 사양에 맞게 환경설정을 하기 위해 [Machine]–[Machine settings...] 메뉴를 클릭합니다.

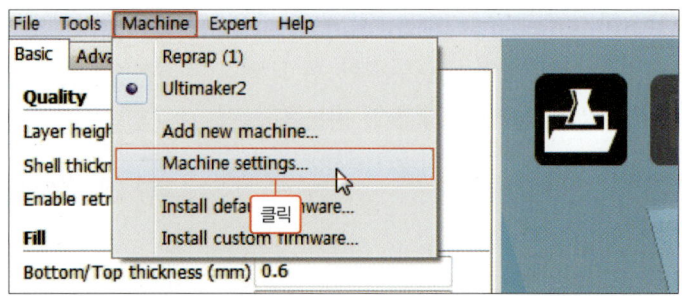

02 대화창이 나타나면 설정영역 값을 입력하고 [OK] 버튼을 클릭합니다.

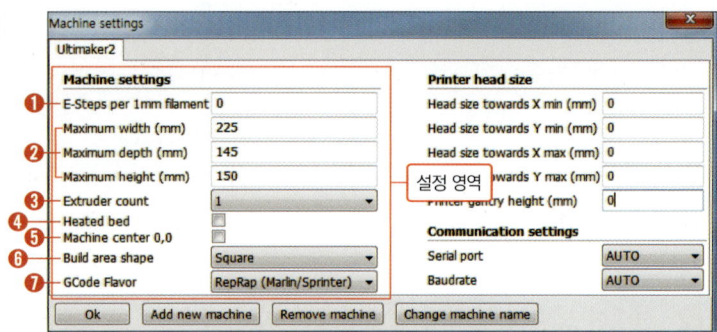

❶ 1mm 필라멘트당 E–스텝(E–Steps Per 1mm Filament) : 필라멘트 1mm 이동 시 피딩 모터 회전 수. 공차 조절 시 사용(기본 값 0)

❷ 최대 두께, 길이, 높이(Maximum width, depth, height) : 최대 출력 가능한 출력 범위(3D 프린터에서 제시하는 최대 조형 크기)

❸ 익스트루더 수(Extruder count) : 노즐(압축기) 수

❹ 히팅베드(Heated bed) : 히팅베드 사용 유무

❺ 기기 중심 0, 0(Machine center 0, 0) : 선택 시 좌측 끝을 센터로 인식, 미선택시 중앙을 센터로 인식

❻ 빌드 영역의 형상(Build area shape) : 히팅베드 상판 모양을 선택(대부분 Square)

❼ G코드 형태(GCode Flavor) : 사용하고자 하는 GCode 유형으로 제조사별 프린터 소스코드 선택

+ 플러스 Tip

3D 프린팅 제조사별 기본값이 있습니다. 큐라 프로그램의 세팅을 잘해야 합니다.

3) 출력물 가져오기

01 모델링 파일을 불러오기 위해 [열기(Load)] 아이콘을 클릭한 후 모델링 파일을 선택하고 [열기] 버튼을 클릭합니다.

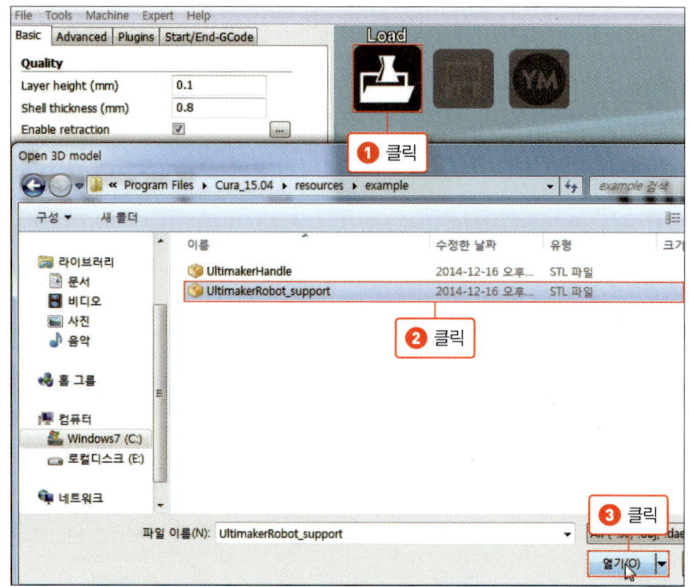

02 선택한 모델링 데이터가 미리보기 화면에 노란색으로 표시되면 인쇄 가능한 사이즈를 의미하며, 회색으로 표시되면 출력 가능한 사이즈보다 크다는 뜻입니다.

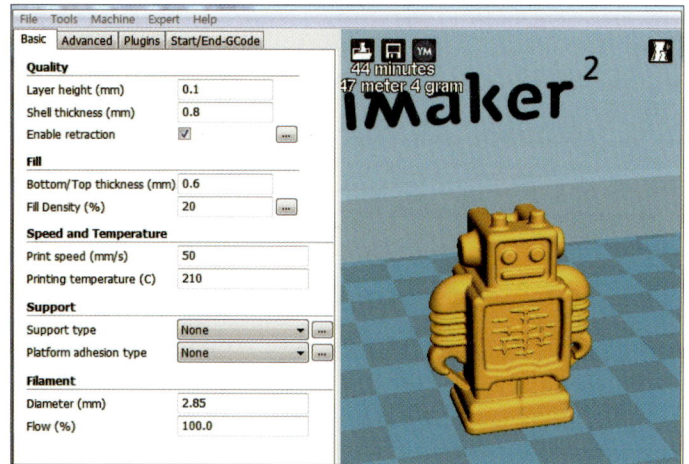

4) 큐라 출력물 다루기

출력물을 선택하면 나타나는 하단의 도구를 활용해 방향이나 크기 등을 변환합니다.

01 [회전(Rotate)] 도구를 클릭하면 출력물을 회전시킬 수 있으며, 회전 가이드라인이 나타납니다.

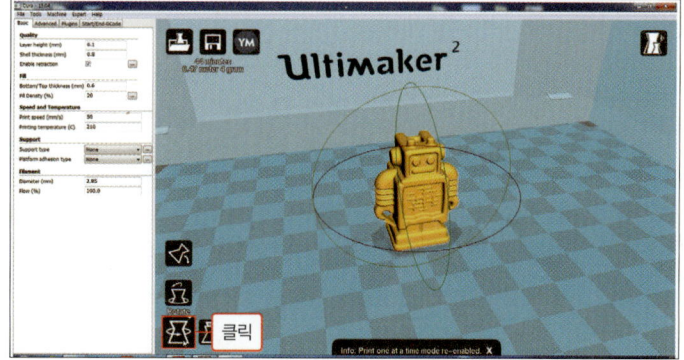

02 회전(Rotate) 가이드라인을 드래그하면 X, Y, Z 방향으로 회전합니다.

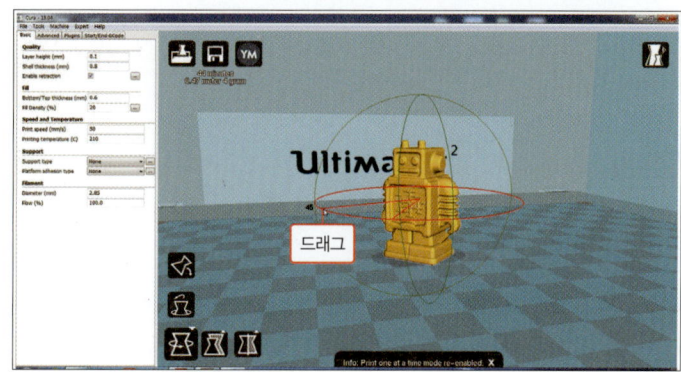

03 [크기 변경(Scale)] 도구를 클릭하면 출력물 크기를 조절할 수 있도록 X, Y, Z축이 표시되고 값을 입력하는 창이 나타납니다.

04 사각형 안에 있는 X, Y, Z축에 해당
하는 상자를 드래그하여 크기 조절을
할 수 있습니다. 정확한 크기 조절을
위해 수치 값을 입력합니다.

+ 플러스 Tip

크기 변경X(Scale X), 크기 변경Y(Scale Y), 크
기 변경Z(Scale Z) 값은 비율을 입력해 크기를
조절하며 1.0은 원본 크기입니다.
크기X(Size X), 크기Y(Size Y), 크기Z(Size Z) 값
은 mm 단위로 수치를 직접 입력하여 크기를
조절하며 한 축만 변경해도 나머지 축의 크
기도 자동으로 변경됩니다. 자유 크기 변경
(Uniform Scale)의 자물쇠 모양을 클릭하여 해
제하면 특정 축만 사이즈 조절이 가능합니다.

5) 뷰모드(View Mode) 활용하기

01 오버행(Overhang) 보기는 3D 프린터 자체가 아래에서 위쪽으로 쌓는 적층 방식으로 불가피하게 3D
프린터가 형상을 출력하기 힘든 부분을 빨간색으로 표시해주는 기능입니다. 최대한 빨간색 면이 적게
나오는 방향으로 형상을 조절하여 출력하는 것이 좋으며, 서포트 사용 시 불필요한 필라멘트 낭비를 줄
일 수 있습니다.

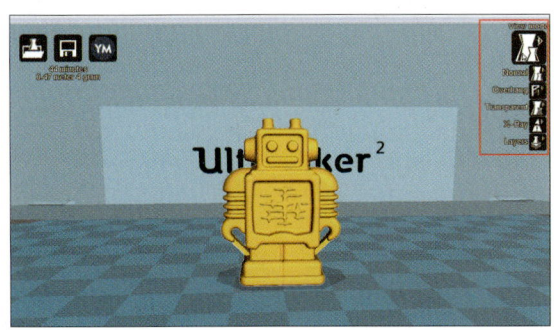 

02 층(Layers) 보기는 적층 방식으로 출력될 때 층(Layers)들이 어떻게 인쇄되는지 확인할 수 있습니다. 그림을 보면 오른쪽의 바를 스크롤하여 총 336개의 층에서 195번째 층의 출력 모양을 보여주고 있습니다.

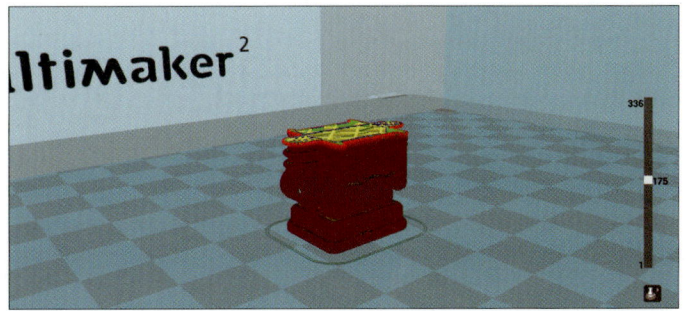

03 출력물을 90도 회전시켜 눕혀 둔 상태이며, 오버행(Overhang) 보기에서 빨간색으로 표시되고 있는 왼쪽 그림과 층(Layers) 보기에서 빨간색 부분에 서포트가 적층되어 있는 모양을 보여주고 있습니다.

큐라 2 옵션

큐라(Cura) 프로그램의 옵션에 대해 살펴보고 큐라 프로그램의 한글 배치 방법과 한글 패치된 큐라의 설정값을 설정하는 방법을 알아봅니다.

1 큐라 프로그램의 옵션 알아보기

1) 큐라 옵션값 설정, G코드(GCode) 생성하기

옵션설정창은 기본적으로 표시되지만 [전문가설정(Expert)]-[자세한 설정으로 전환(Swich to Full settings...)] 메뉴를 클릭하면 나타납니다.

2) 기본(Basic)탭 옵션 설정하기

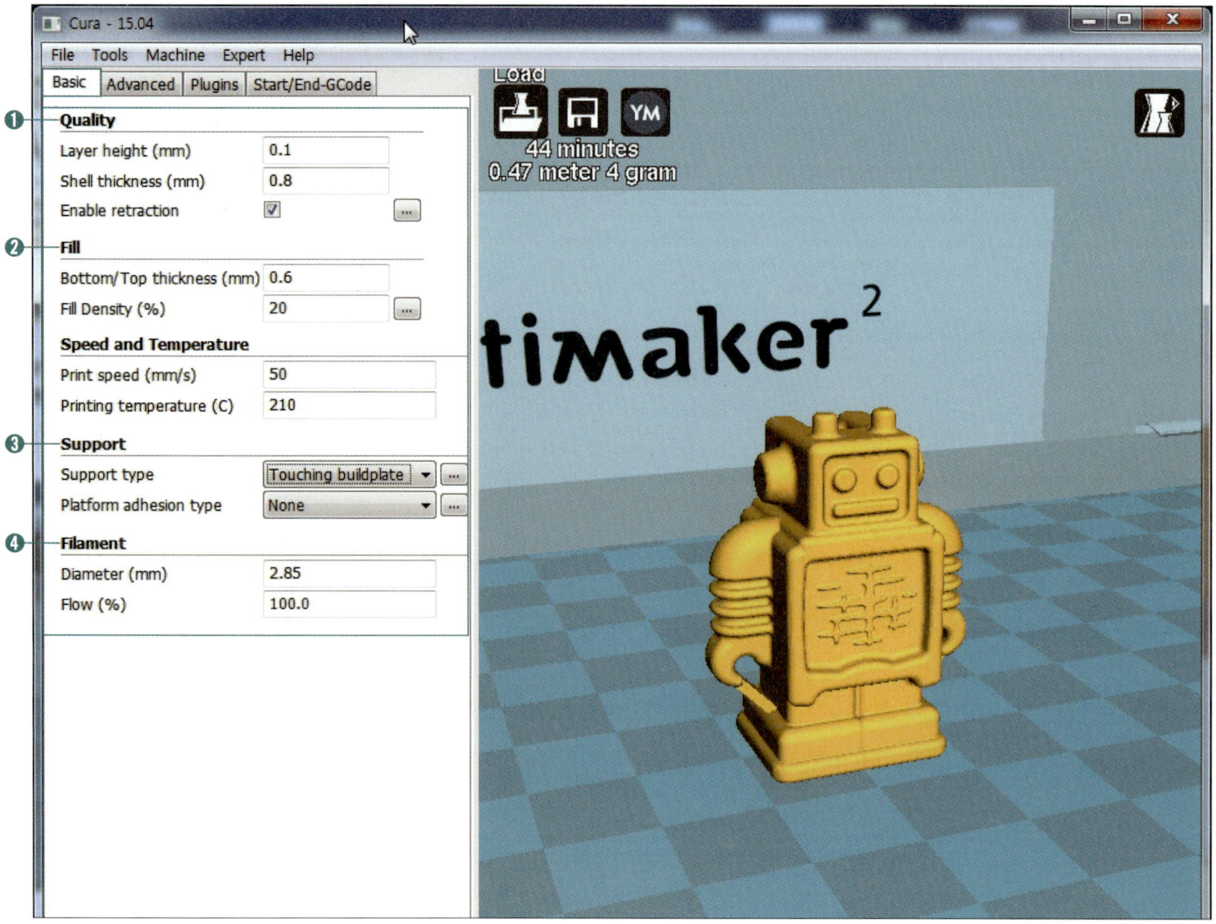

❶ 품질(Quality) : 출력물의 품질(두께)을 설정합니다.

- 층 높이(Layer height) : 출력 시 적층 두께를 지정하며 수치가 낮을수록 정교한 인쇄가 가능하지만 출력 속도는 느려집니다(일반 출력 시 0.1이나 0.2를 사용하지만 3D 프린터에서 지원하는 최소 높이를 참조합니다).

- 셸 두께(Shell thickness) : 바깥쪽 외벽의 두께를 설정해주는 곳으로 적당히 1mm 내외 정도면 평균적으로 괜찮았습니다.

- 리트렉션 활성화(Enable retraction) : 노즐 이동 시 필라멘트가 흘러내리는 것을 방지하기 위하여 정해진 값만큼 되감아주는 기능입니다(층이 쌓일 때마다 생기는 뭉개짐을 제거합니다).

❷ 채우기(Fill) : 출력물의 내부 채움 방식을 설정합니다.

- 아래/위 두께(Bottom/Top thickness) : 바닥이나 윗면의 두께를 설정해주는 곳으로 기본 값은 0.6이지만 내부채움 정도에 따라 두께를 조절할 수 있습니다.

- 채우기 밀도(Fill density) : 내부채움의 밀도를 설정해주는 곳으로 0~100%까지 설정 가능하며 20~70% 사이에 설정하면 됩니다(수치가 높을수록 출력 속도는 느려집니다).

- 속도 및 온도(Speed & Temperature) : 출력 속도와 노즐의 온도를 설정합니다.

- 출력 속도(Print speed) : 출력되는 속도를 설정해주는 곳으로 수치를 높일수록 속도가 빨라지고 품질은 떨어집니다(일반 : 50, 고퀄리티 설정 시 : 20~30 권장).

- 출력 온도(Printing temperature) : 노즐의 온도를 설정해주는 곳으로 재료에 따라 온도 조절이 필요하지만 보통 200도 내외로 설정합니다.

❸ 서포트(Support) : 출력물 인쇄 시 지지대 설정과 바닥판에 고정해주는 플랫폼을 설정합니다.

- 서포트 종류(Support type) : 3D 프린터가 일정 각도를 벗어날 경우 허공에 인쇄하게 되어 적층이 불가능한 부분에 지지대를 만듭니다.

  • 사용 안 함(None): 지지대 사용 안 함.

  • 빌드플레이트에 접촉(Touching buildplate) : 출력물이 바닥에 닿는 부분만 지지대가 생성됩니다.

  • 모든 곳(Everywhere) : 일정 각도를 벗어나는 모든 부분에 지지대가 생성됩니다.

- 플랫폼 고정 타입(Platform adhesion type) : 출력물 인쇄 시 인쇄물을 바닥에 고정시켜주고, 인쇄 후 인쇄물이 바닥판에서 잘 떨어지도록 해줍니다.

  • 사용 안 함(None) : 플랫폼 사용 안 함

  • 브림(Brim) : 첫 번째 레이어 출력 시 바깥쪽에 플랫폼이 출력됩니다.

  • 래프트(Raft) : 출력물 바닥과 바깥쪽에 모두 플랫폼이 출력됩니다.

❹ 필라멘트(Filament) : 필라멘트(재료)에 관련된 옵션을 설정합니다.

- 지름(Diameter) : 필라멘트의 직경 두께를 설정합니다. (보통 1.75mm 직경을 주로 사용)

- 분사(Flow) : 필라멘트 분사량을 백분율로 설정합니다. (보통 100으로 설정)

3) 고급(Advanced)탭 옵션 설정하기

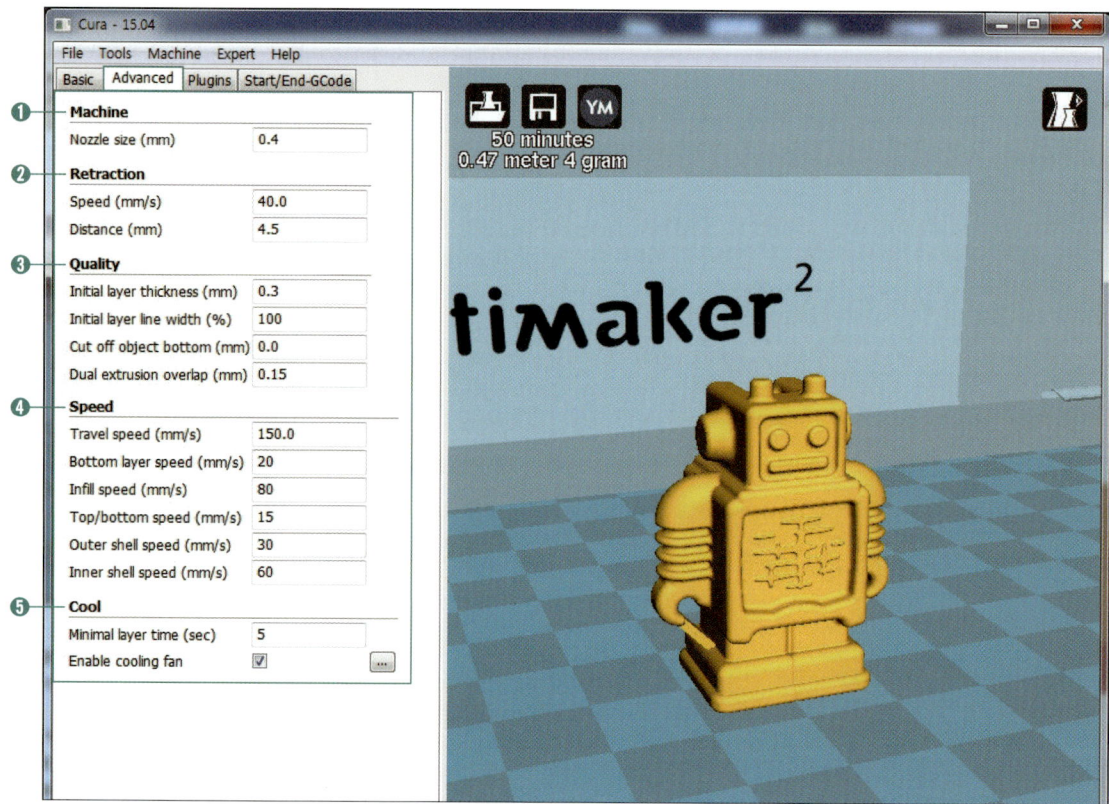

❶ 기기(Machine)

- 노즐 크기(Nozzle size) : 3D 프린터에 장착된 노즐의 크기를 입력합니다. (보통 0.4mm 사용)

❷ 리트렉션(Retraction) : 출력 시 노즐에서 필라멘트가 흘러내리는 것을 방지하기 위해 역출력 옵션을 설정합니다.

- 속도(Speed) : 역출력 속도를 설정합니다. (기본 : 40)

- 지름(Distance) : 역출력 길이를 설정합니다. (기본 : 4.5)

❸ 품질(Quality) : 출력 품질을 높이기 위한 옵션을 설정합니다.

- 첫 번째 레이어 두께(Initial layer thickness) : 첫 번째 레이어 두께를 설정합니다.

  ('0'을 입력하면 [기본(Basic)]-[층 높이(Layer height)]값 또는 [기본(Basic)]-[바닥두께(Bottom thickness)]에 지정한 값 적용)

- 오브젝트 하단 잘라내기(Cut off object bottom) : 출력물 아래 부분을 지정한 값만큼 잘라낼 수 있습니다(바닥이 평평하지 않은 경우 사용).

- 이중 압출 오버랩(Dual extrusion overlap) : 듀얼헤드 사용 시 두 개의 노즐로 나온 출력물이 중첩되는 정도를 설정합니다.

❹ 속도(Speed) : 인쇄 속도를 조절하기 위한 옵션을 설정합니다.

　– 이동 속도(Travel speed) : 필라멘트가 분사되지 않는 상태에서 헤드를 이동시키는 속도입니다.

　– 바닥면 속도(Bottom layer speed) : 바닥 레이어 출력 속도를 설정합니다. (기본 : 20)

　– 내부 채움 속도(Infill speed) : 내부 채움 속도입니다.('0' 입력 시 기본 속도 적용)

　– 바깥면 속도(Outer shell speed) : 외벽 출력 속도입니다. ('0' 입력 시 기본 속도 적용)

　– 안쪽면 속도(Inner shell speed) : 내벽 출력 속도입니다. ('0' 입력 시 기본 속도 적용)

❺ 냉각(Cool) : 노즐에서 출력된 재료를 굳게 만들기 위한 옵션을 설정합니다.

　– 최소 레이어 시간(Minimal layer time) : 한 층이 굳는데 필요한 최소 시간을 설정합니다. (기본 : 5)

　– 쿨링팬 활성화(Enable cooling fan) : 쿨링팬 사용 여부

4) G코드 생성을 위해 설정하기

옵션 설정이 끝나면 SD카드에 G코드(Gcode) 생성을 위해 [SD로 보내기(Toolpath to SD)] 아이콘을 클릭한 후 나타난 대화상자에서 저장할 SD카드를 선택한 후 [OK] 버튼을 클릭합니다.

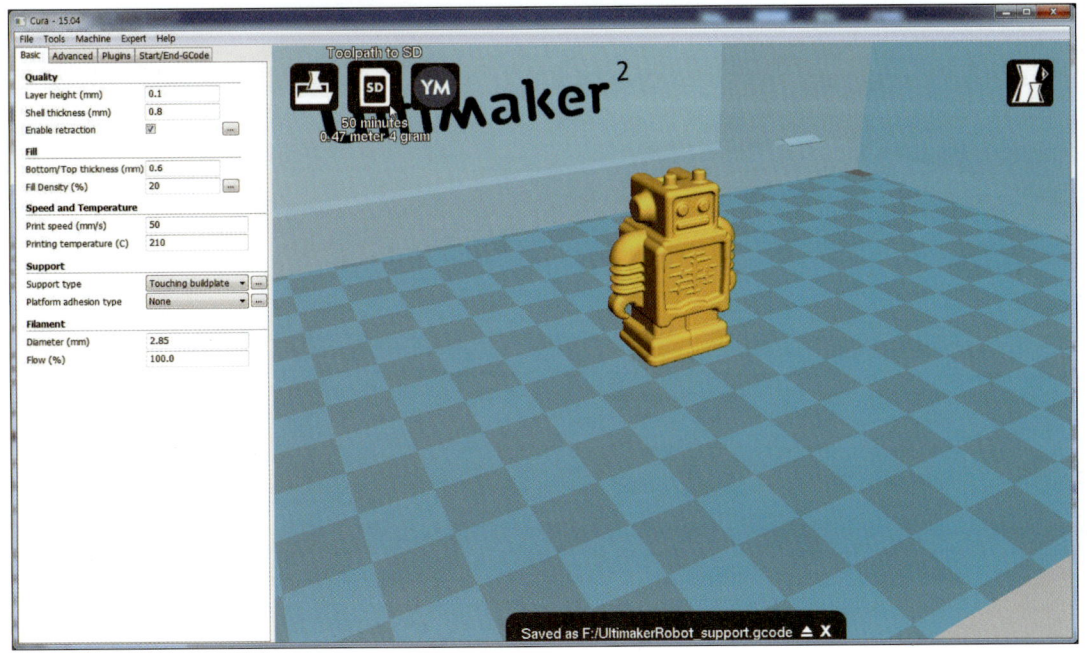

2 큐라 프로그램 한글패치

01 먼저 큐라를 다운받고 설치합니다.

+ 플러스 Tip

큐라 인터페이스 한글 패치는 큐라(cura) 15.02 버전을 기준으로 합니다.

02 설치된 큐라 프로그램의 폴더 경로
C:\Program files\Cura_15.02.1\
resources\locale\ko\LC_
MESSAGES에서 내부 파일들을 모
두 복사합니다.

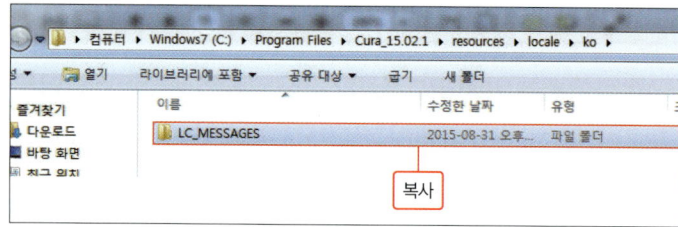

+ 플러스 Tip

사용자 설정에 따라 위치가 다를 수 있습니다.

03 복사한 파일을 C:\Program files\
Cura_15.02.1\resources\locale\fr\
LC_MESSAGES에 붙여 넣습니다
(덮어쓰기도 허용됩니다).

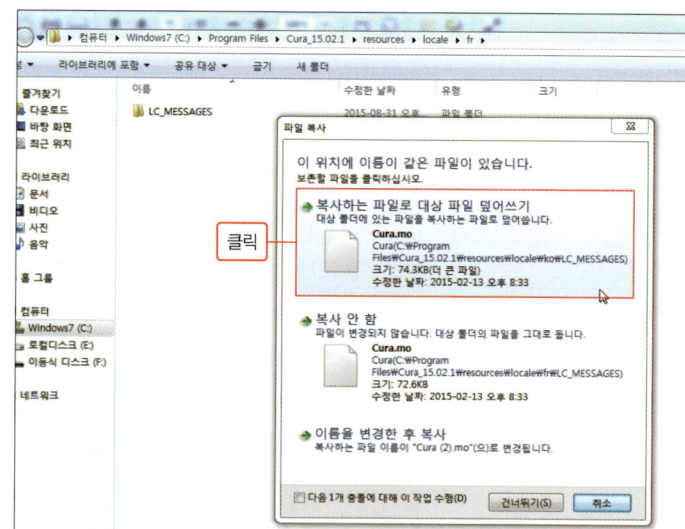

+ 플러스 Tip

처음 설치 시 프랑스어로 하면 [fr], 영어로 하면
[er] 폴더에 넣어야 합니다.

04 큐라를 실행한 후 언어 설정을 영어
(English)에서 프랑스어(French)로
변경합니다.

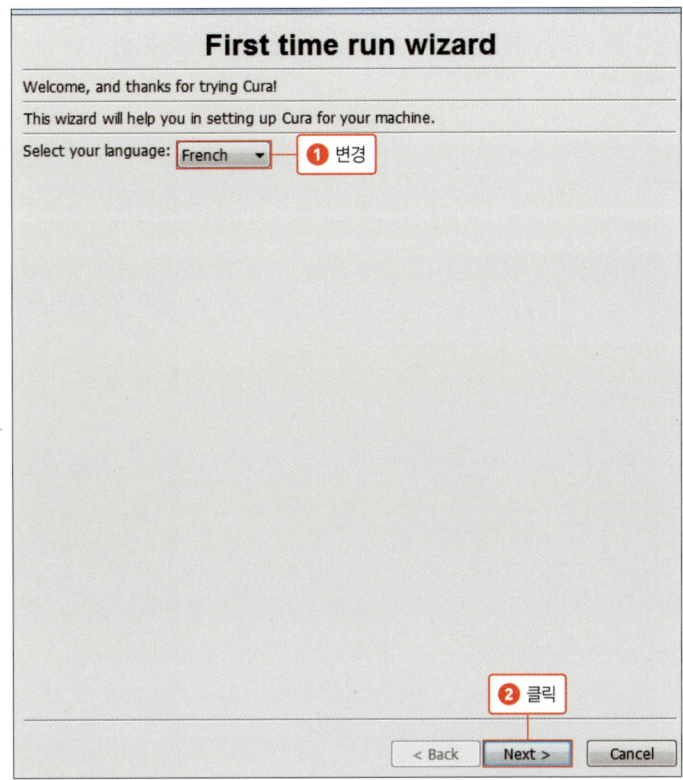

+ 플러스 Tip

3번에서 [fr] 폴더에 넣으면 꼭 프랑스어로, 4번
에서 모르고 영어설정을 하고 [en] 폴더에 넣으
면 한글패치가 완료됩니다.

05 한글패치가 완료되었습니다.

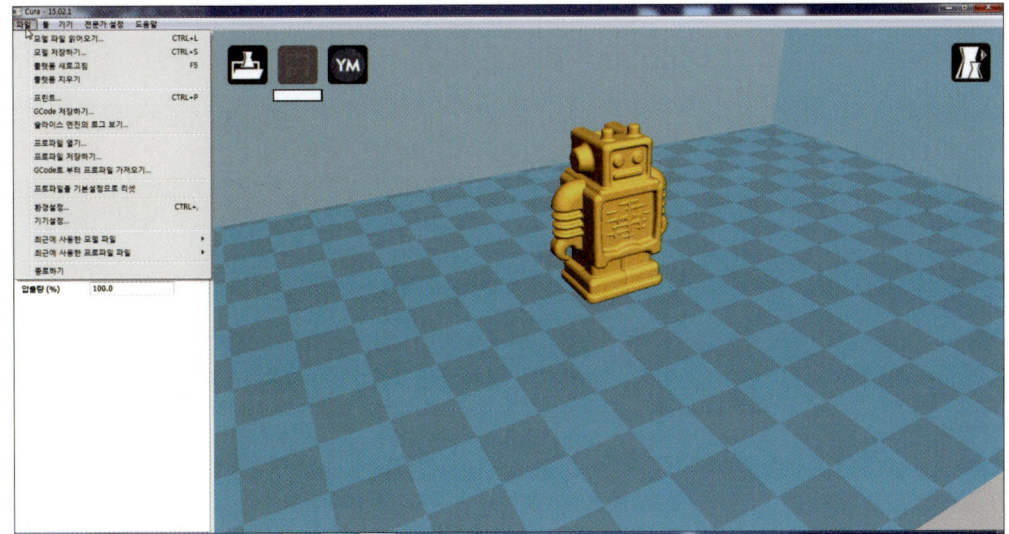

+ 플러스 Tip

한글 패치로 특정 디자인 프로그램은 버그가 있을 수 있으니, 영문으로 사용함을 추천합니다.

3 | 한글패치된 큐라 설정값 설정하기

01 전문가 설정값은 그림처럼 설정합니다.

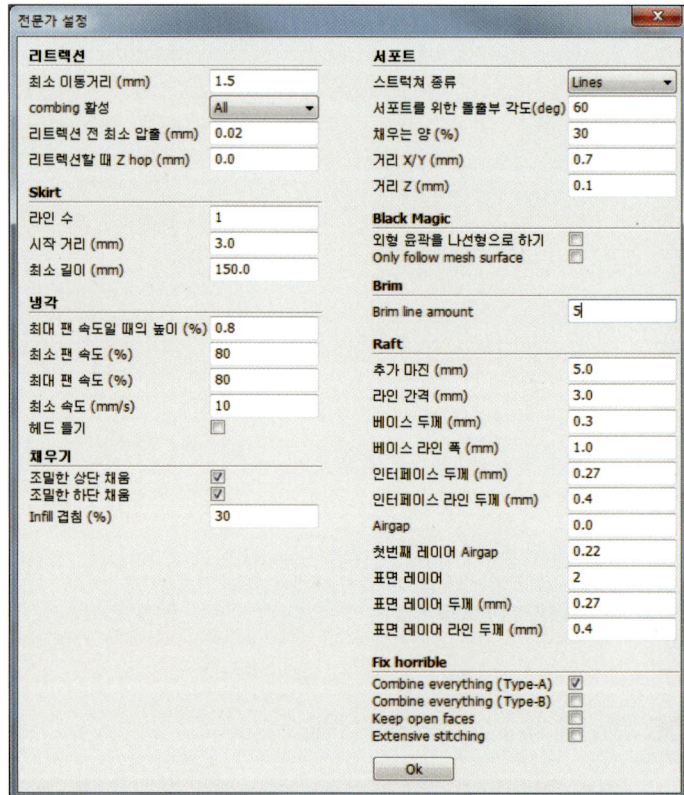

+ 플러스 Tip

위와 같이 참조만 하고 기계와 소재에 따라 설정 값은 변경해야 좋은 출력물이 나옵니다.

02 기본 값은 그림처럼 설정합니다.

| 기본 | 고급 | 플러그인 | Start/End-GCode |

품질

레이어 높이 (mm)	0.1
쉘 두께 (mm)	0.6
리트렉션 활성화	✓	...

채우기

| 아래/위 두께 (mm) | 0.8 |
| 채우기 밀도 (%) | 50 | ... |

속도 및 온도

| 프린트 속도 (mm/s) | 40 |
| 프린팅 온도 (C) | 195 |

서포트

| 서포트 종류 | Touching buildplate | ... |
| 플랫폼 고정 타입 | 사용 안함 | ... |

필라멘트

| 지름(mm) | 1.75 |
| 압출량 (%) | 100.0 |

+ 플러스 Tip

기계와 소재에 따라서 설정값은 차이가 있습니다. 많은 출력 연습으로 본인의 3D 프린터 및 소재의 종류에 따라 최적화된 설정값을 찾아야 합니다.

03 고급 값은 그림처럼 설정합니다.

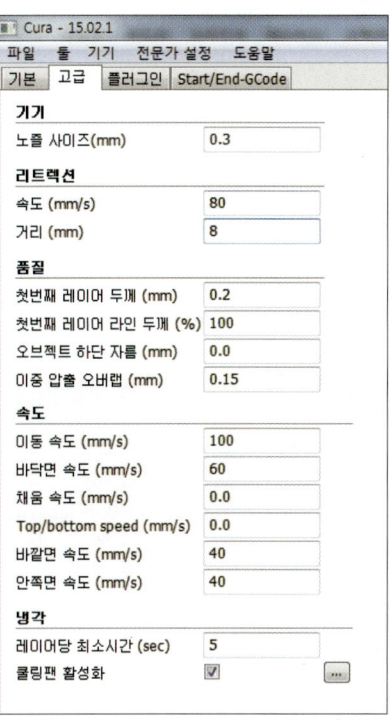

CHAPTER 03
03

기타 파일 변환 프로그램

3D 파일을 변환하기 위해 필요한 크리에이터(Creator) K 프로그램, 슬라이서(slic3r) 프로그램의 활용 방법을 알아봅니다.

1 로킷사의 크리에이터 K(Creator K) 프로그램 활용하기

크리에이터 K(Creator K)란 STL 혹은 OBJ 파일을 에디슨프린터기기에서 출력 가능한 G-Code 파일이나 s3g(펌웨어 5.5 버전), x3g(펌웨어 7.5 버전) 파일 형태로 변환할 수 있는 로킷만의 3D프린트 출력 프로그램입니다.

1) 크리에이터K 설치하기

01 http://www.3disonprinter.com 에서 프로그램을 다운로드합니다.

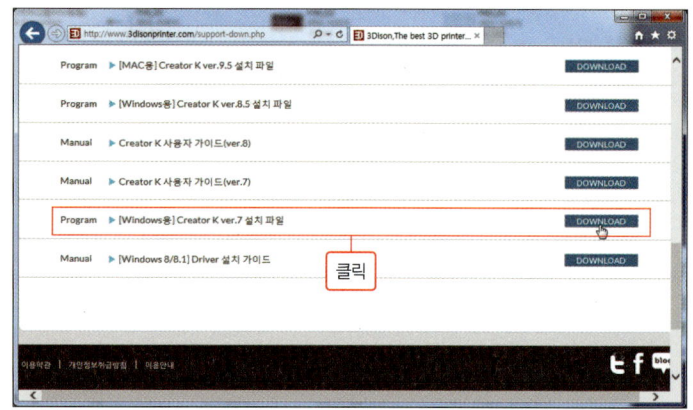

02 출력물을 90도 회전시켜 눕혀 둔 상태이며, 오버행(Overhang) 보기에서 빨간색으로 표시되는 왼쪽 그림과 층(Layers) 보기에서 빨간색 부분에 서포트가 적층되어 있는 모양을 보여주고 있습니다.

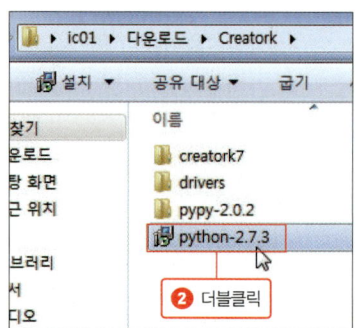

03 [권장설정 설치(Install for users)]
를 선택한 후 [Next] 버튼을 클릭합
니다.

04 프로그램을 설치할 드라이브와 폴
더를 설정하는 단계로 [Next] 버튼
을 클릭합니다.

05 구성요소를 선택하는 단계로 여기
서는 [Next] 버튼을 클릭합니다.

06 설치가 완료되었다는 창이 나타나
면 [Finish] 버튼을 클릭합니다.

2) 크리에이터K 실행하여 설정하기

01 [크리에이터 K7(Creator K7)] 폴더에서 [크리에이터V7(CreatorkV7)] 파일을 더블클릭하여 프로그램을 실행합니다.

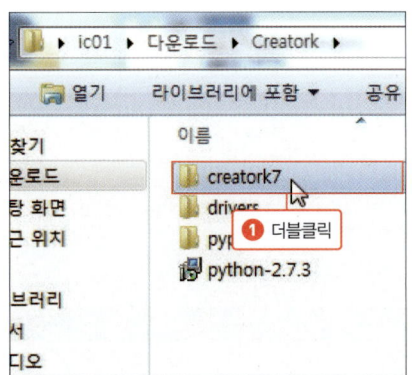 

02 크리에이터K(CreatorK) 프로그램이 실행되면 파이썬(python) 프로그램을 연결시키기 위해 [파일]−[환경설정] 메뉴를 선택합니다.

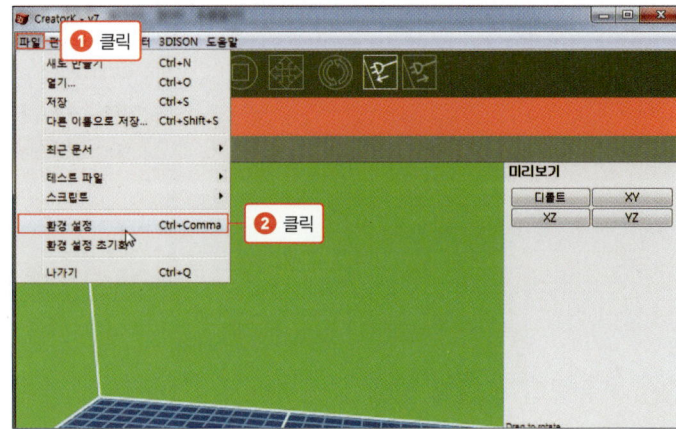

03 환경설정을 하기 위해 [Preferences] 대화상자의 [고급 설정]탭을 선택하고 [Select Python interpreter…] 버튼을 클릭합니다.

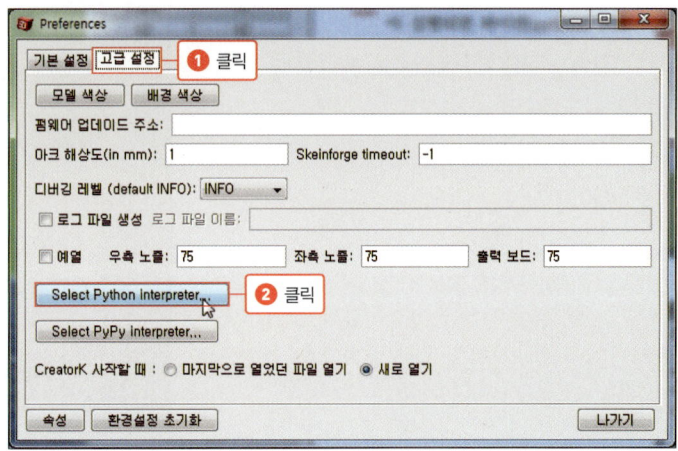

04 파일선택 창의 [C\Python27\ python]을 선택한 후 [Select] 버튼을 클릭합니다.

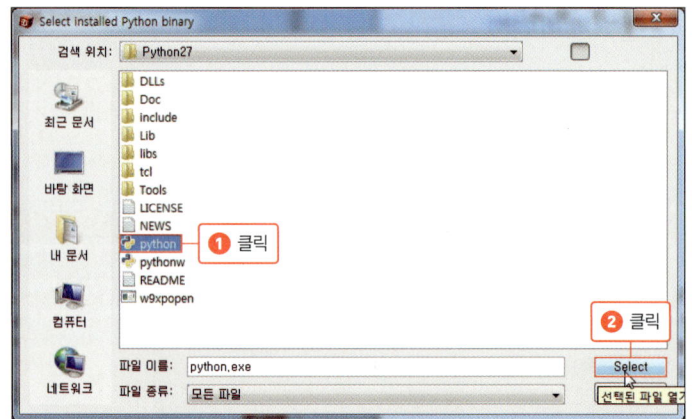

05 설정이 완료되면 [나가기] 버튼을 클릭합니다.

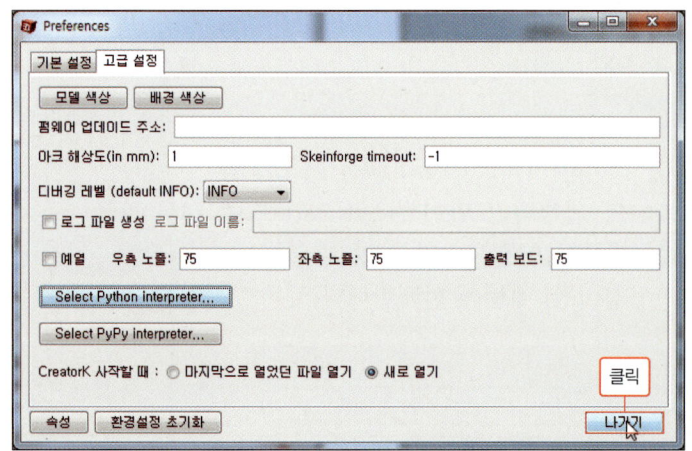

06 보유중인 프린터 타입을 선택하기 위해 [프린터]-[프린터 타입] 메뉴에서 해당 프린터를 선택합니다. (The 3DISON+Single 사용자면 'The 3DISON+Single'을 선택)

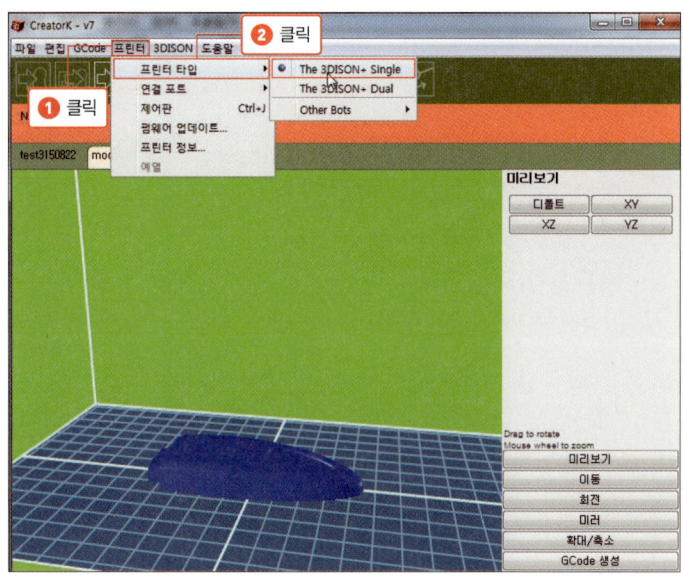

3) 출력물 가져와 G코드 생성하기

01 옵션 설정이 끝났으면 모델링 파일을 불러오기 위해 [파일]- [열기...] 메뉴를 클릭한 후 모델링 파일 'Vase3'을 선택하고 [열기] 버튼을 클릭합니다.

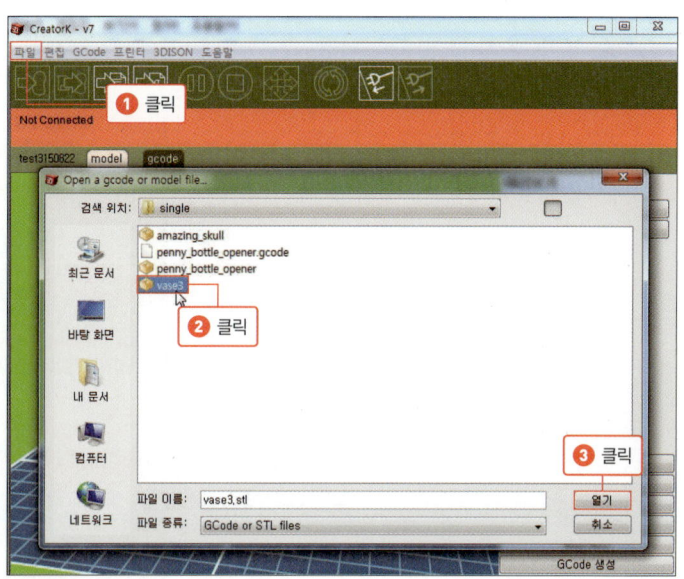

02 모델링 파일이 열리고 오른쪽 도구 메뉴에서 '미리보기'가 기본적으로 적용되며 XY, XZ, YZ 단추를 클릭할 때마다 형상을 보는 위치가 바뀝니다.

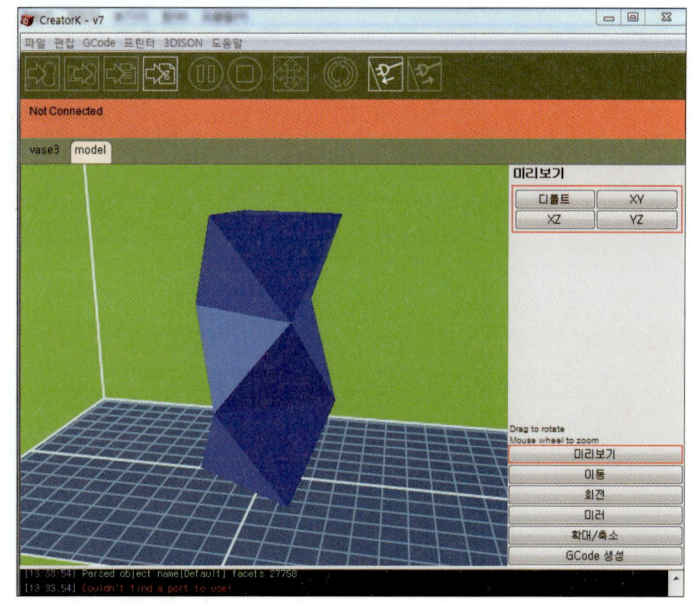

03 도구 메뉴에서 [이동] 버튼을 클릭하면 형상물을 마우스로 드래그하거나 X, Y, Z 단추를 클릭해서 X, Y, Z 방향으로 이동이 가능합니다(이동 도구를 이용하여 변경한 경우에는 반드시 [가운데로 놓기], [플랫폼에 놓기] 버튼을 꼭 클릭해야 합니다).

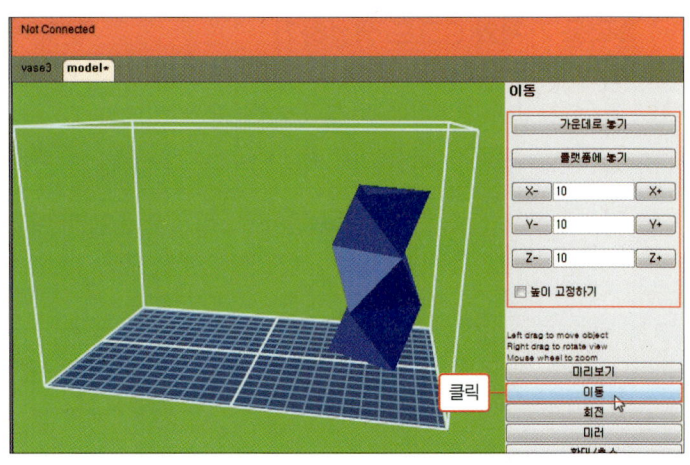

04 도구 메뉴에서 [회전] 버튼을 클릭하면 형상물을 마우스로 드래그하거나 X, Y, Z 단추를 클릭해서 X, Y, Z 방향으로 회전이 가능하며, 회전 후에는 [플랫폼에 놓기] 버튼을 클릭합니다(플랫폼에 놓기가 실행되지 않으면 이동 도구에서 [플랫폼에 놓기] 버튼을 클릭해야 합니다).

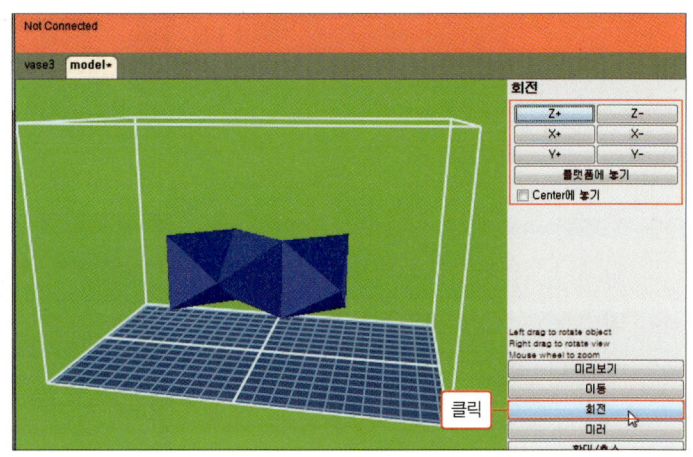

05 도구 메뉴에서 [미러] 버튼을 클릭하면 형상물을 마우스로 드래그하거나 X, Y, Z 반영 버튼을 클릭해서 X, Y, Z 방향으로 대칭 이동이 가능합니다.

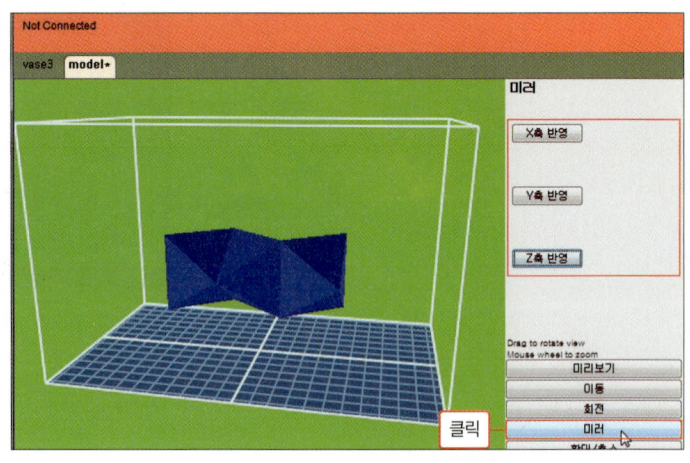

06 도구 메뉴에서 [확대/축소] 버튼을 선택하고 형상물을 마우스로 드래그하거나 값(배수)을 직접 입력하고 입력 상자 옆에 있는 [확대/축소] 버튼을 클릭하면 크기 조절이 가능합니다.

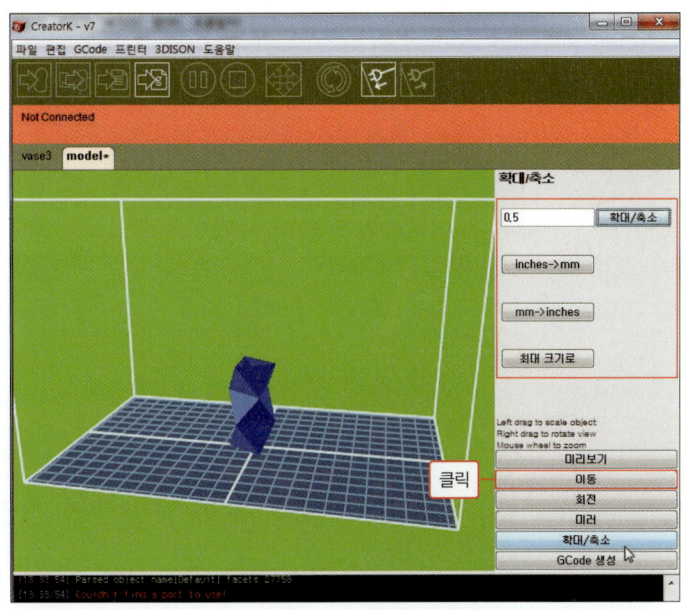

07 변경이 완료되면 출력하기 위해 [GCode 생성] 버튼을 클릭한 후 모델링 저장 여부를 물어보는 창이 나타나면 [예] 버튼을 클릭해 저장합니다(저장이 끝나면 GCode 설정창이 나타납니다).

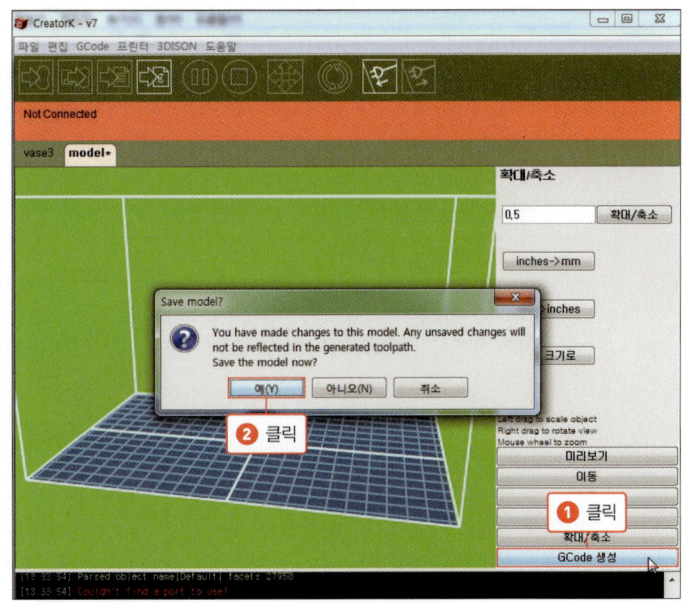

– 베이스/서포터 사용 : 베이스는 Cura의 플랫폼과 같은 기능이며 서포터 설정도 상황에 따라 선택합니다.
- None : '서포터 없음'이라는 의미로 바닥에 베이스만 깔려서 출력됩니다.
- 부분 서포터 : 도면과 바닥에 빈 공간이 있을 경우 선택합니다.
- 전부 서포터 : 도면과 도면 사이에 빈 공간이 있을 경우 선택합니다.

[기본설정]탭
– 채우기 (%) : 출력물의 내부를 비우려면 0을, 완전히 채우려면 '100'을 입력합니다. 하지만 형상을 유지하기 위해서 10 이상을 입력하기를 권합니다.
– 레이어 높이(mm) : 출력물의 층(layer)의 높이를 결정합니다. 0.05에서 0.3 사이의 값을 입력합니다.
– 셸 : 출력물의 외부를 얼마나 두껍게 할지 결정합니다. 0을 선택하면 출력물의 내부를 볼 수 있고, 채우기 값으로 형상을 유지합니다.
– 출력 속도 (mm/s) : 출력할 때 1초에 노즐이 움직이는 속도를 나타냅니다. 40에서 200 사이의 값을 입력합니다. 속도가 낮을수록 진동이 적고 출력물 표면이 부드럽습니다.
– 여유시간 속도 : 출력하지 않을 때 1초에 노즐이 움직이는 속도를 나타냅니다. 40에서 200 사이의 값을 입력합니다.
– 출력 온도: 노즐에서 필라멘트가 녹는 온도를 결정합니다. 200에서 220 사이의 값을 입력합니다. 출력물이 작을 경우 온도를 낮게 설정하는 것이 좋습니다.

[재료]탭
– 재료 직경(mm) : 필라멘트의 직경 두께를 설정합니다. (보통 1.75mm 직경을 주로 사용)

[노즐]탭
– 노즐 직경(mm) : 3D 프린터에 장착된 노즐의 크기를 입력합니다. (보통 0.4mm 사용)
– G코드 생성(Generate Gcode) 버튼 : 모든 설정이 끝나고 이 버튼을 클릭해서 GCode 파일을 생성합니다. 도면 크기에 따라 G코드를 생성하는데 시간이 많이 걸릴 수 있습니다.

08 G코드가 성공적으로 생성되면 도면 상단의 [model]탭 옆에 [gcode]탭이 생성됩니다.

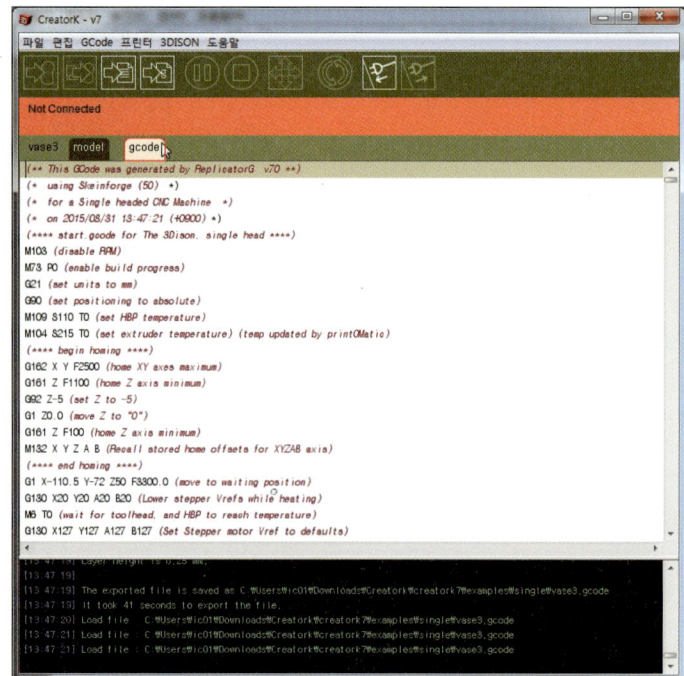

09 마지막으로 G코드가 생성된 형상물을
출력하기 위해 [SD카드 출력파일 생
성] 아이콘을 클릭하고, 저장 위치를
지정한 후 [저장] 버튼을 클릭합니다.

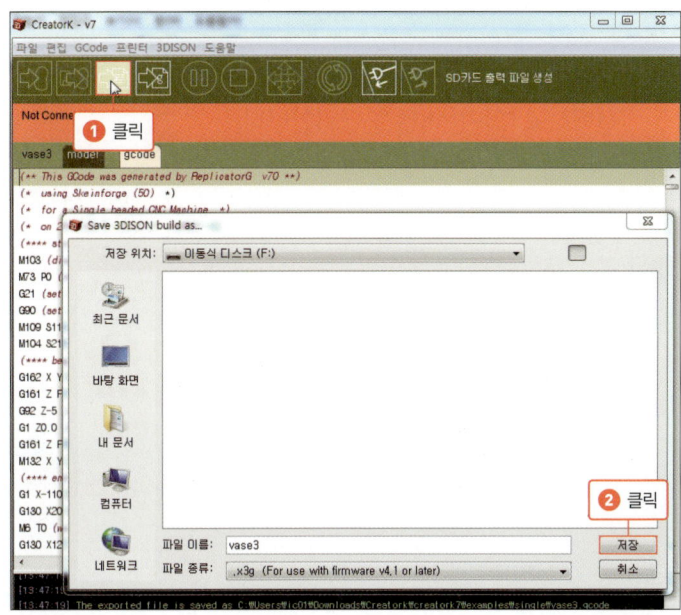

2 슬라이서(slic3r) 프로그램 활용하기

1) 슬라이서 프로그램 설치하기

01 http://slic3r.org 사이트에서 프로
그램을 다운로드한 후 실행합니다.

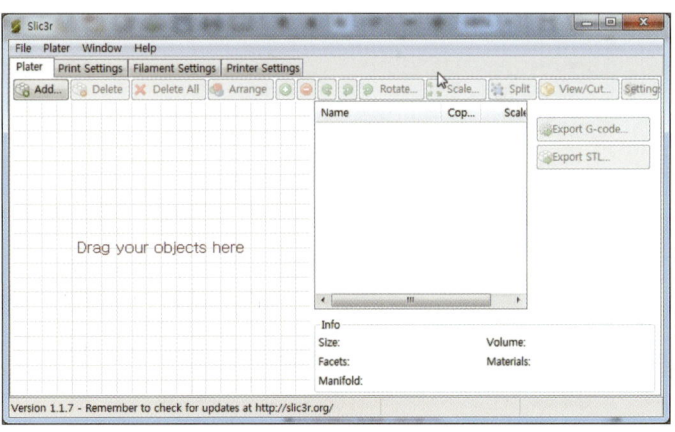

02 모델링 파일을 불러오기 위해 [더하기 (add)]를 클릭한 후, 모델링 파일을 선택하고 [열기] 버튼을 클릭합니다.

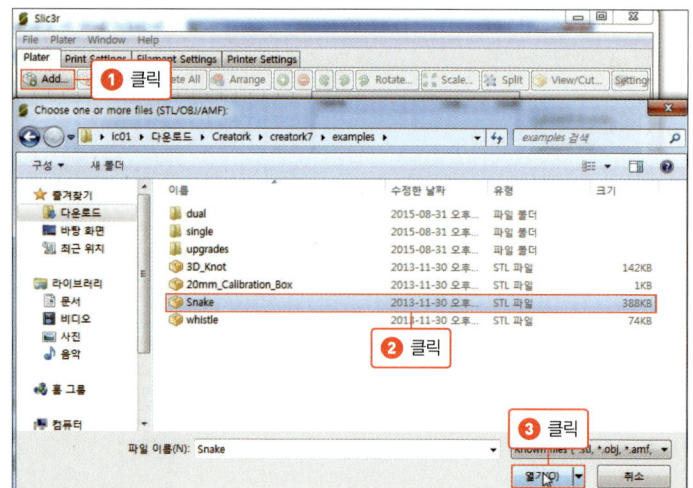

03 출력을 위한 환경설정을 위해 [Print settings], [Filament Settings], [Printer Settings]탭을 차례대로 선택하여 입력합니다.

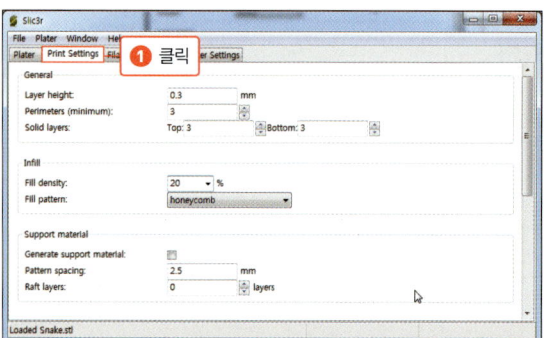

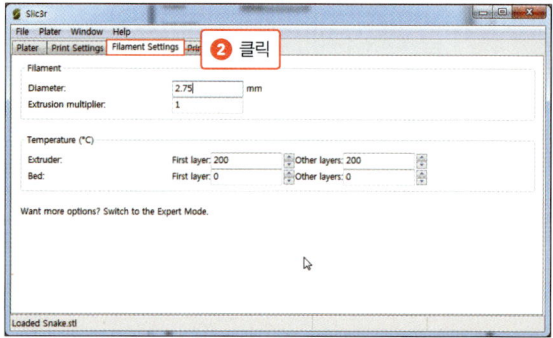

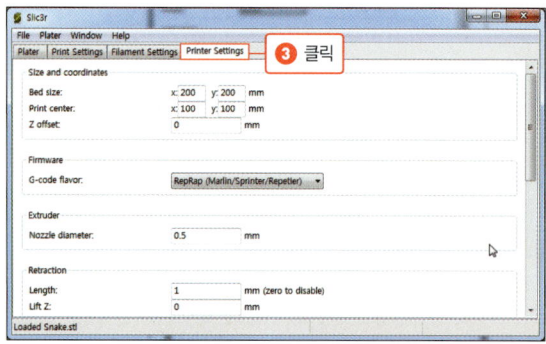

04 상단에 있는 도구들을 이용해 회전시키거나 크기 조절 등의 변경이 가능합니다.

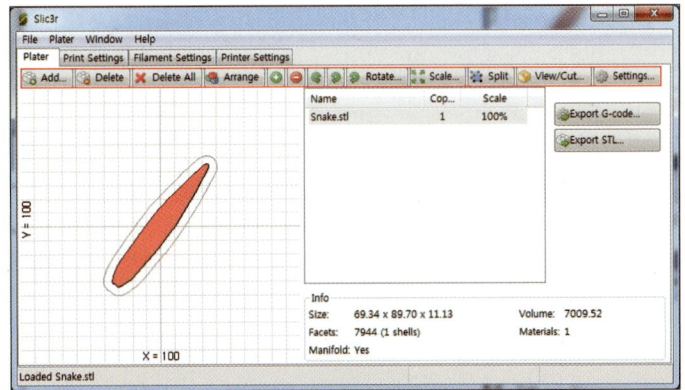

05 환경설정 및 변경 작업이 끝나면 G 코드(GCode) 생성을 위해 [Export G-code...] 단추를 클릭하고 저장할 위치와 이름을 입력하고 [저장] 버튼을 클릭합니다.

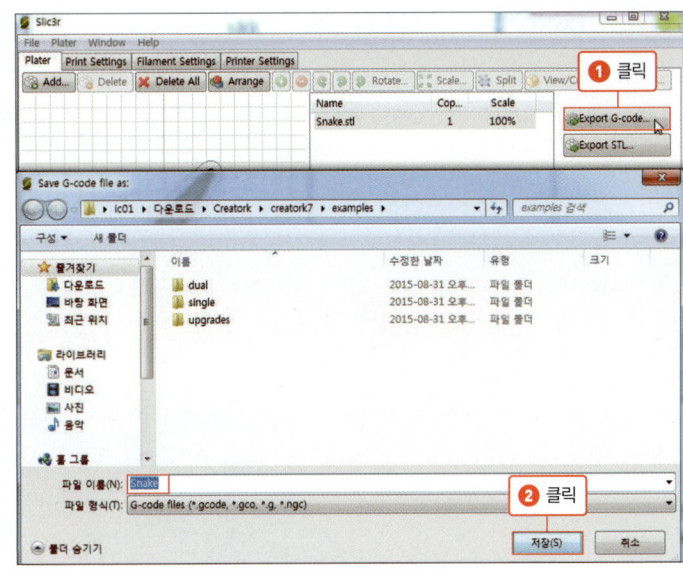

3D 프린팅 출력
후가공 및 마무리

PART 06

123D 디자인으로 모델링한 파일을 SD카드에 저장하여 실제 3D 프린터로 출력한 작품은 100% 완성된 것이 아닙니다. 베드판에서 작품을 잘 뜯어내고 플랫폼과 서포트 등을 조심스럽게 제거하여 품질이 좋은 작품이 되도록 후가공하는 방법을 알아봅시다.

CHAPTER 01

01

3D 프린팅 **후가공**

3D 프린팅 후가공에 필요한 사항을 알아봅니다. 좋은 출력물을 얻기 위해 주의해야 할
점과 후가공에 사용되는 도구들에 대해 살펴봅니다.

1 좋은 출력물을 얻기 위하여 주의해야 할 사항

① 너무 빠른 속도로 인쇄하지 않는 것

출력물은 많은 시간이 걸립니다. 대부분의 사람은 출력시간을 단축하기 위하여 출력시간을 빠르게 하지만,
섬세한 부분이나 첫 안착이 되는 곳은 속도를 늦추어 시간을 조절하는 것이 좋습니다.

② 히팅베드가 충분히 가열된 상태에서 출력하는 것

히팅베드의 온도가 충분히 가열된 상태는 출력물이 베드에 안착이 잘 되어 좋은 출력물이 형성됩니다. 또한
ABS 소재의 출력은 히팅베드가 필수이며 PLA 소재 또한 히팅베드가 필요없다고 하지만 충분히 가열할 수
있는 베드가 있다면 좋은 출력물이 됩니다.

③ 매뉴얼을 꼭 읽을 것

구입한 3D 프린터 제조사에서 나온 매뉴얼을 꼭 읽어보고 출력해야 합니다.

④ 자신의 프린터에 맞는 세팅 값을 찾을 것

슬라이싱 프로그램의 기본 세팅 값은 있지만 3D 프린터 및 소재에 따라 출력의 세팅 값이 다를 수 있습니다.
많은 제품을 출력하면서 자신의 프린터와 소재에 맞는 슬라이싱 세팅 값을 만들어야 합니다.

⑤ 프린터 관리를 철저히 할 것

평편한 위치와 프린팅 주변 온도 유지 및 표면 온도를 균일하게 유지해야 합니다.

⑥ 재료의 색상은 출력물에 어울리는 색상으로 선택하는 것이 좋습니다.

+ 플러스 Tip

출력에는 소재의 색상에 색이 없는 내추럴이 제일 좋습니다.

전문적으로 후가공을 하기 위해서는 다음과 같은 준비물이 필요합니다. 컴프레서, 에어브러시, 스프레이부스, 도료, 서페이서, 퍼티, 락카, 마스킹테이프, 신나, 붓, 사포, 니퍼, 롱로즈, 전동사포, 쇠줄 등이 필요하고, 먼지나 페인트 등이 많이 발생하므로 전문 가공실이 필요합니다.

컴프레서	에어브러시	스프레이부스
도료	서페이서	퍼티

3 3D 프린팅 출력 후가공 방법

1) 출력물 뜯어내기

01 출력물이 완성되더라도 아직 히팅베드판이 열로 뜨거워져 있기 때문에 열이 식을 때까지 기다립니다.

02 열이 식으면 칼이나 자를 이용하여 출력물의 밑부분을 조심스럽게 뜯어냅니다.

2) 다듬질(샌딩) 작업

01 출력물에 묻어 있는 서포트나 기타 거친 부분을 칼로 조심스럽게 제거합니다.

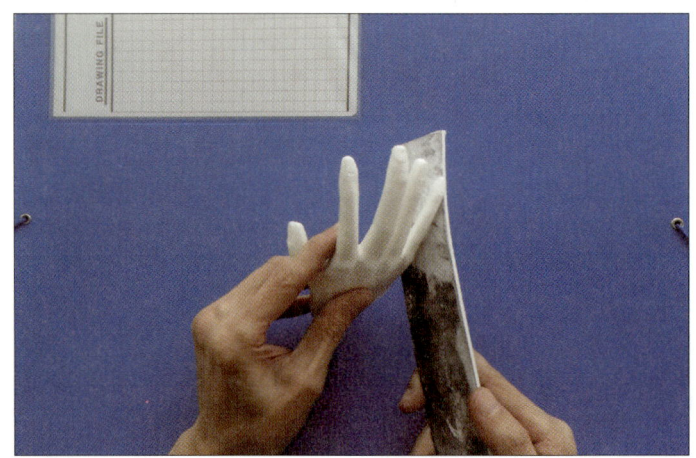

02 사포 또는 연마기를 사용하여 출력물이 없는 부분을 제거합니다.

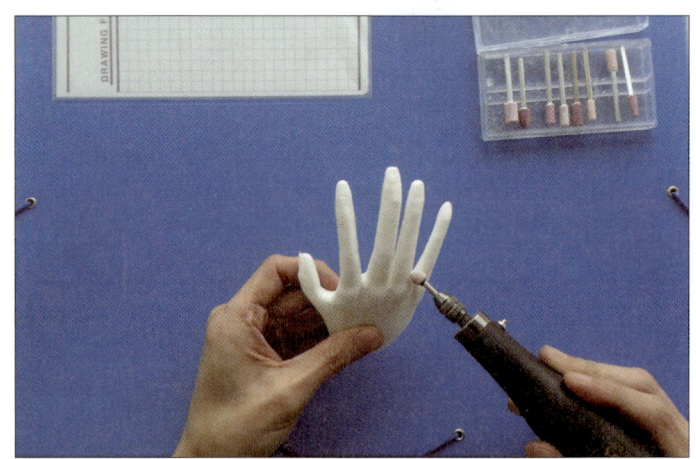

+ 플러스 Tip

색을 칠할 경우 꼭 필요한 작업입니다.

03 퍼티(폴리퍼티)를 발라줍니다. 표면의 이음새를 메워줍니다.

04 아세톤 훈증 기법을 사용하여 광택 및 표면층을 없앱니다.(생략 가능)

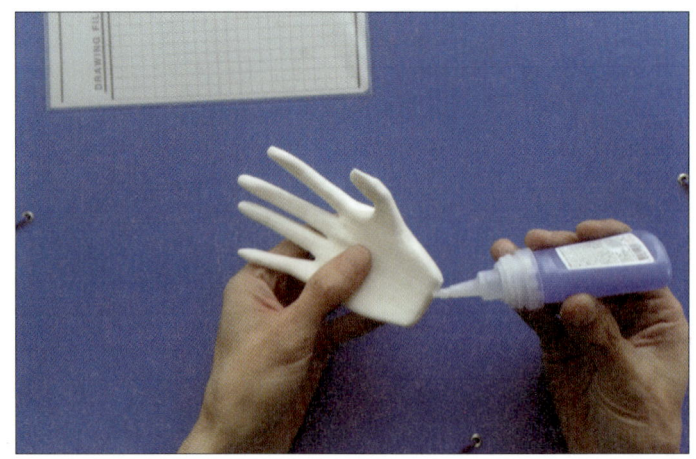

05 서페이스 작업을 합니다. 도색을 위해서 락카로 뿌려줍니다.

06 도색 작업을 합니다. 붓이나 에어브러시로 채색을 입혀줍니다.

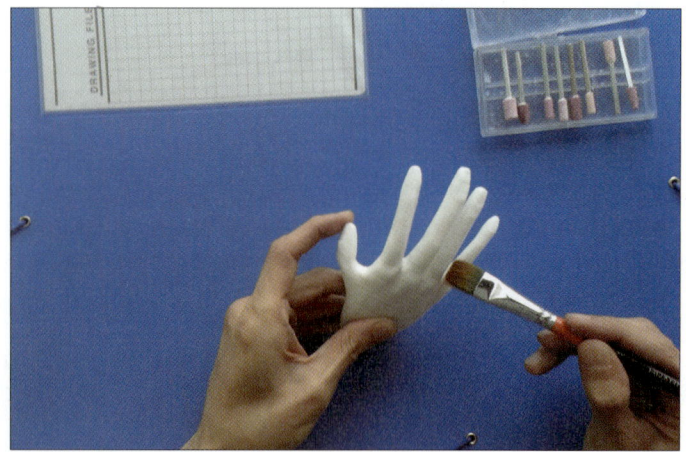

+ 플러스 Tip

▲ 출력

▲ 보정

◀ 완성

3D 프린팅 관련 **자격증**

출처 : 한국민간자격개발인증원–http://www.letsit.kr/~mito2/
3D 프린터 활용자격 시험이란 무엇인지, 자격 공통 사항 그리고 3D 프린터활용 3급, 2급, 1급에 대해 알아봅니다.

1 3D 프린터활용자격 시험 정의

3D 프린터활용자격 시험은 3D 프린팅 강사, 3D 프린팅 운용사로 자격 등급이 나뉘어져 있습니다.

3D 프린터활용자격 시험은 기존의 3D 프린터운용기술자격 시험과는 차별화된 자격시험으로 3D 프린터운용기술자격은 전문적인 3DCAD프로그램을 이용한 성인 대상의 고레벨 디자인 및 출력시험이라면, 3D 프린터활용자격은 현재 공개되어져 있는 모든 3D 모델링 프로그램을 활용하는 저레벨 자격시험으로, 3D 프린터 사용자의 저변 확대와 인프라를 구축하기 위해서, 초/중/고교의 학생을 대상으로 합니다.

3D 프린터활용 자격은 3D 프린터를 이용한 출력 방법의 이해 및 디자인 콘텐츠를 직접 제작하고, 출력 및 표면가공까지의 필요한 모든 내용을 담고 있으며 초, 중, 고교의 눈높이에 맞추어진 자격시험입니다. 이 3D 프린터활용은 산업 현장보다는 3D 프린터에 대한 기본적인 개념을 이해하고, 어릴 때부터 친숙하게 접근함으로써, 나아가 산업발전에 이바지하는 전문 인력을 양성하기 위한 자리를 만들어가고자 하는 것을 목적으로 하고 있습니다.

3D 프린터활용자격 시험의 주된 핵심은 기본적으로 주어지는 간단한 모형을 3D 프린터를 이용한 출력과 제공하는 형상을 보고 직접 콘텐츠 제작 및 출력, 그리고, 두 개 이상의 형상을 모델링 및 출력, 마지막으로 표면가공을 통한 조립품 형식으로, 기획에서 디자인, 결과물 출력까지 3D 프린터 분야에서 필요한 가장 기본적인 업무프로세스를 평가하는 시험입니다.

한국산업기술능력개발원에서 시행하고 있는 CAD실무능력자격, 3D 프린터운용기술자격, 3D시뮬레이션실무능력자격 시험은 산업설계에서 꼭 필요로 하는 기초 제도에 대한 지식과 이에 상응하는 프로그램 활용 능력을 검증하고 평가하는 자격시험이라면, 3D 프린터활용 자격은 Fun를 가미한 3D 프린터 입문용 자격시험이며, 프로토타입과 목업이라는 부분까지 이해할 수 있는 시험이라고 볼 수 있습니다.

2 | 3D 프린터활용자격 공통사항

1) 모델링을 위한 3D프로그램 : 현재 On/OffLine 상에서 활용되어지고 있는 유/무료 3D소프트웨어

① 3D 프린터 : 국내외 사용되어지는 모든 종류

② 슬라이싱 프로그램 : 제공되는 모든 G코드 생성 프로그램

③ 주된 시험 대상 : 초등학생, 중학생과 고교 이상의 일반인

3 | 3D 프린터활용 3급 정의

3D 프린터활용 3급 자격시험은 별도의 모델링 작업 없이 제공되는 문제 모형(*.STL) 파일을 슬라이싱 프로그램을 이용하여 G코드를 생성하고, 3D 프린터를 이용하여 시간 내에 출력하여 결과물을 제출하는 평가시험입니다.

3D 프린팅운용사 시험은 제공되는 문제 모델링 형상을 슬라이싱 프로그램을 통해 출력 방향 및 출력지지대(서포터) 생성에 대한 부분을 결정하여 3D 프린터 출력 코드인 G코드로 변환하여 출력합니다.

❶ 응시조건 : 응시제한 없음

❷ 시험 형태 : 제공하는 문제를 3D 프린터로 출력하고 제출(3D 프린터 100%)

❸ 시험시간 : 60분(변경될 수 있음)

❹ 응시료 : 20,000

❺ 문제출제 형태 : STL 파일로 만들어진 모형 1~2개 출제

❻ 검증 내용 : 문제의 형태를 정확하게 이해하고, 출력 방향 및 서포터 생성 등을 판단하여, 시간내에 결과물을 출력하고 서포트, 출력 퀄리티, 출력 완성도로 평가(변경될 수 있음)

4 | 3D 프린팅운용사 정의

3D 프린팅운용사 자격시험은 3D 모델링 프로그램을 이용하여, 제공하는 도면과 비슷하게 모델링하여 3D 프린터를 이용하여 출력 후, 출력물을 깨끗하게 처리할 수 있는 능력을 평가하는 시험입니다.

3D 모델링 프로그램의 기본적인 사용 능력과 문제 형상을 이해하고, 모델링할 수 있는 능력을 평가하고, 작성된 모델링 형상을 슬라이싱 프로그램을 통해 출력 방향 및 출력지지대(서포터) 생성에 대한 부분을 결정하

여 3D 프린터 출력코드인 G코드로 변환하여 출력하고, 표면을 깔끔하게 처리하는 능력을 평가합니다.

❶ 응시 조건 : 16시간 이상 3D 프린팅기본교육과정 이수자

❷ 시험 형태 :

   ① 3D 모델링 프로그램을 이용하여, 1~2개의 형상을 모델링 작성(컴퓨터 50%)

   ② 3D 프린터를 이용한 모델링 출력 및 표면가공(3D 프린터 50%)

❸ 시험시간 : 60분(변경될 수 있음)

❹ 응시료 : 50,000원

❺ 문제출제 형태 : 도면 형식과 3DPDF로 제공되어지는 2, 3차원 형상 문제

❻ 검증 내용 : 문제의 형태를 정확하게 이해하고, 직접 모델링을 통한 콘텐츠 제작 능력과 3D 프린터의 각종 설정 값의 적절한 세팅을 통한 효율적이고 깨끗한 결과물을 출력할 수 있는 능력을 검증합니다.

5   3D 프린팅 강사 정의

3D 프린팅 강사 자격시험은 3D 모델링 프로그램을 이용하여, 제공하는 도면과 똑같이 모델링하여 3D 프린터를 이용하여 출력 후, 출력물을 깨끗하게 처리하여, 출력된 결과물을 조립 후, 제출하는 것을 평가하는 시험입니다.

3D 프린팅 강사 자격시험은 문제에서 제시하는 2~3개 이상의 부품 형상을 답안으로 작성하고, 작성된 모델링 형상을 슬라이싱 프로그램을 통해 출력 방향 및 출력지지대(서포터) 생성 및 출력 퀄리티, 출력 속도 등을 조절하여 시간 내에 최상으로 출력될 수 있도록 출력 속성을 변경하여 3D 프린터를 이용하여 결과물을 출력합니다.

출력 후, 출력된 결과물의 표면을 각종 가공용품을 이용하여 깨끗하게 다듬고, 원활한 조립을 위해서 조립부분를 추가적으로 가공하거나, 원본 모델링 파일을 수정하여, 예초에 출력 가공공차 부여하여 조립을 원활하게 할 수 있는 능력을 평가하는 시험입니다.

❶ 응시 조건 : 8시간 이상 3D 프린팅 기본교육과정이수자

❷ 시험 형태 :

   ① 3D 모델링 프로그램을 이용하여 2~3개의 형상을 모델링 작성(컴퓨터 50%)

   ② 3D 프린터를 이용한 모델링 출력 및 표면가공과 조립(3D 프린터 50%)

❸ 시험시간 : 60분(변경될 수 있음)

❹ 응시료 : 70,000원

❺ 문제출제 형태 : 3DPDF로 만들어진 3차원 문제 및 2차원 도면 문제

❻ 검증 내용 : 문제의 형태를 정확하게 이해하고, 직접 형상 모델링을 통해 3D 모델링 프로그램의 고급 활용 방법과 모델링 능력을 검증하고, 모델링 형상을 실제 출력될 때 3D 프린팅 프로그램의 정확한 사용 방법과 각종 설정 값 세팅 등을 통해 효율적이고 깨끗한 결과물을 출력할 수 있는 능력과 조립품 구성을 이해하는지를 검증합니다.

6 3D 프린팅운용사 응시조건

1) 응시조건

- 문제로 제공하는 3차원 형상 및 도면의 치수를 참고하여, 응시자가 원하는 3차원 프로그램으로 3차원 모형을 모델링하고, 작성된 3차원 모델링을 형상을 3D 프린터를 이용하여 출력 후, 각종 표면가공용 공구를 이용하여 표면 후처리 한다.
- 3차원 모델링 형상을 출력하기 위해서 해당 3차원 캐드 프로그램에서 STL 파일 생성하고, 3D 프린터 출력을 위해 사용되어지는 전용 프로그램을 이용하여, G-Code 를 생성 후, 3D 프린터로 출력한다.
- 3D 프린터를 위한 전용 소프트웨어 설정 값은 응시자가 임의로 설정하되, 정해진 시간 내에 출력이 될 수 있도록 한다.
- 지지대용 서포터를 생성은 3D 프린터 전용 소프트웨어에서 제공하는 기능을 이용하거나 또는 직접 모델링하여 출력해도 무관하다. 또한, MeshMixer 등 다른 응용 프로그램을 사용해서 출력하셔도 무관합니다.
- 시험시간은 60분이며, 연장 30분을 사용할 수 있으며, 연장시간 사용시 감점이 발생한다.
- 의무사항은 응시자가 반드시 지켜야 할 사항이며, 의무사항 및 실격사항 중 한 가지 이상 해당 될 경우 채점여부와 상관없이 불합격 처리된다.
- 평가항목을 기준으로 채점한 결과가 총 100점 만점 중 60점 이상이면 합격이다.

2) 의무사항

사용 가능한 3차원 캐드 및 그래픽 프로그램으로, 기본적으로 치수에 의한 모델링이 가능한 모든 응용프로그램(AutoCAD, 라이노, 3D 맥스, 스케치업, 123D 등)으로 시험을 실시해야하며, 종류는 구분하지 않는다.

❶ 바탕화면에 폴더 생성

- 시험 시작하기 전, 응시자의 컴퓨터시스템의 바탕화면에 응시자 수험번호로 폴더를 생성하고, 시험에서 작성된 답안파일을 수험번호 폴더에 저장한다.

❷ 답안작성

- 응시자가 원하는 3차원 프로그램을 이용하여, 문제에서 제시하는 형상과 치수를 참고로, 정확하게 3차원 모델링 형상을 현척(1:1)으로 작성한다.

- 응시자가 작성한 3차원 모델링 형상은 수험번호.저장포맷(해당프로그램 전용 파일형식)으로 저장해야 하며, 3D 프린터용 출력 파일은 수험번호.STL 저장한다.

- 3D 프린터로 모델링 형상을 출력할 때, 3D 프린터 전용 소프트웨어 또는 호환 소프트웨어를 이용하여 출력하며, 전용 또는 호환 소프트웨어에 대한 각종 설정값은 응시자의 판단에 의해서 설정하며, 정해진 시간 내에 출력이 완료될 수 있도록 설정한다.

- 3D 프린터에 의해서 모형 출력이 완료된 후, 각종 공구를 이용하여 출력하면서 생성된 각종 서포터 및 찌꺼기를 말끔하게 제거한다.

❸ 파일제출

- 시험시작 전 생성 해놓은 폴더를 수험번호.ZIP 로 압축하여, 시험 문제창에 제공하는 파일 업로드 기능을 이용하여 파일을 제출한다.(수험번호.전용포맷 및 수험번호.STL)

- 답안파일 제출 후, 3D 프린터로 출력하기 전, 답안파일 제출 완료 버튼을 클릭하여, 컴퓨터작업 종료 후, 3D 프린팅을 실시한다.

- 출력 후, 후가공이 완료된 출력 결과물은 해당 감독관에게 제출하며, 제출 시 고사장에서 제공하는 제출용 봉투에 응시자의 수험번호 및 응시자명을 기재하고, 봉투에 넣어서 제출한다.

MEMO

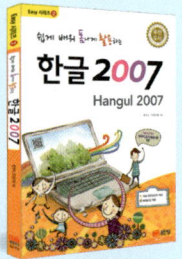

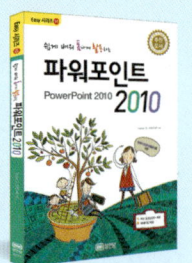

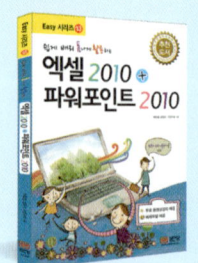